나를 변화시키는 혼자 있는 시간

지금 혼자 있다면 성장하고 있는 것입니다

# 나를 변화시키는
# 혼자 있는 시간

이선후 지음

좋은땅

들어가는 글

〈내 인생은 혼자 있는 시간과 혼자 있지 못한 시간으로 나뉜다〉

완전히 혼자가 된 지난 2년 동안 내 인생에는 많은 변화가 있었다. 불과 30년밖에 살지 않았지만, 그 변화의 밀도는 28년에 비하면 비교할 수 없을 정도다. 특히 정신적인 영역에서 생각해 보면 난 완전히 다른 사람이 되어 있었고 또 되어 가고 있는 중이다. 외로움 속에서 읽고 보았던 수많은 책과 영화, 다큐멘터리, 강의 등이 내면 깊이 뿌리 깊게 박혀 있던 자의식과 고정 관념, 업식 등을 송두리째 뽑아 버렸다. 그 비워진 부분에 새로운 지혜와 가치관이 채워지며 한층 더 성숙한 지성과 영적인 성장을 이룰 수 있었다. 혼자 있는 시간을 기회로 바꾸는 순간, 나의 삶은 180도 변화했다.

고등학교 1학년 입학식 날. 친구가 많은 것이 곧 인기가 많다고 생각하던 시절이었다. 새로운 친구들에게 인기를 얻으려고 발버둥 치는 친구들이 몇몇 보였다. 물론 나도 그중 한 명이었지만, 다행인지 아닌지 소심했던 성격의 나는 직접적인 행동으로는 옮기지 못했다. 물론 시간이 지나면서 친구도 많이 사귀고 함께 추억을 쌓으며 즐겁게 지냈다. 그러나 그 즐거움보다 더 괴로웠던 것은 그때만큼 내 삶이 허무하고 피곤했던 적은 없었다는 것이다. 늘 누군가를 원하고 옆에 두고 싶어 하는 마음은 오히려 나 자신을 온전히 서지 못하게 하고 스스로를 더 고립시키는 행위였다. 타인을 지나치게 의존하고 신경 쓰는 삶은 나 자신과의 관계를 더 멀어지게 만들었기 때문이다.

그것이 한이 되어서인가, 시간이 가도 타인의 사랑과 인정을 갈구하는 마음은 변하지 않았다. 20대 때엔 늘 만남과 술자리가 끊이질 않았다. 그런 삶이 타인에게 인기를 얻고 잘 사는 삶인 줄 착각하면서 말이다. 즐거움은 얻었지만, 마음은 공허했고 결국엔 건강과 시간 등 삶의 많은 부분에서 중요한 것들을 잃었다. 어떠한 경우에도 나 자신을 헤치고 괴롭게 하는 행위는 잘못된 삶이다. 그것은 진정한 희생도 사랑도 아닌, 자학일 뿐이다. 그리고 그런 나 자신에게 고통과 괴로움을 주는 행위는 남이 만드는 것이 아닌, 오직 나 스스로가 만든다는 것을 깨닫는 순간이 내 인생의 궁극적인 변화의 시작이었다.

완전한 독립을 하고 혼자 있는 시간을 가지면서 일상의 모든 행위부터 취미, 연락하는 사람들, 내면, 가치관, 생각까지 거의 모든 게 변했다. 처음엔 혼자 있는 것이 어색하고 급변하는 상황들을 받아들이고 이겨 내기가 쉽진 않았지만, 그보다 더 간절했던 것은 이제 내 삶을 좀 더 올바른 방향으로 살아보고 싶었다. 과연 내가 혼자 있는 시간을 가지지 않았더라면, 지금의 나는 어떤 모습일지 상상이 가지 않는다. 그 변화의 모든 것들을 이 책에 담았다.

외로움은 지독했지만, 지나고 보니 너무나 달콤했다. 그 고독의 긴 시간을 지나고 난 뒤의 모습은 나 스스로가 칭찬해 줄 만큼 참 멋있고 대견했다. '나는 이런 사람이구나.'하는 나만의 개성과 깊이가 조금씩 보이기 시작했다. 늘 남과 비교하며 살던 내가, 나 자신만으로 충분하고 당당하게 살 수 있다는 것을 깨달았다. 오히려 외로움을 잘 버틸수록 자연스레 타인과의 관계도 훨씬 좋아졌다. 그런 삶의 진리와 순리들을 깨달은 순간, 이 세상의 어떤 일이건 모든 문제 해결의 실마리는 밖이 아닌, 안의 '나'로부터 찾아야 한다는 것을 알았다.

이 세상에 자기 자신을 찾는 것보다 더 중요한 일이 있을까? 어쩌면 그것은 우리가 이 세상에 태어나 반드시 풀어야 될 하나의 과제이자 숙명일 것이다. 내면에 깊게 침잠하여 자신을 돌아보는 이 고독의 시간이 각자 개개인의 인생에서 정말 중요하다. 자신을 들여다보는 동시에 자신을 깨트리며 더 나아가 자신의 삶을 성장시킬 수 있는 시간은 단연코 혼자 있는 시간밖에 없다. 혼자 있는 시간을 잘 보내지 못하는 사람은 인생에서 절대 큰 변화는 없을 것이다. 성장하는 사람은 반드시 혼자가 되고 그 혼자인 시간 안에서 자신만의 보람과 행복을 느낀다. 누가 알아주지 않더라도 스스로가 당당하고 행복한 삶을 살아간다. 바로 이 혼자 있는 시간을 어떻게 보내느냐에 따라 고립이 될지, 아니면 자신의 삶을 바꾸는 터닝 포인트가 될지 결정될 것이다.

# 목차

# 혼자 있는 시간이 필요한 이유 I

# 본질,
## 인간은 본질적으로 외롭고 혼자 있는 존재다

　살아 있는 생명체로 태어난 이상 외로움에서 완전히 벗어날 수 없다. 외로움은 태어난 순간부터 죽는 그 날까지 평생을 함께하는 동반자 같은 것이다. 마치 문신처럼 새겨져 떼어 낼 수 없다. 물론 인간은 사회적 동물이기도 하다. 사람들과 공동체 생활을 이루고 함께 어울리며 살아간다. 하지만 자신의 주변에 아무리 사람이 많아도 외로움은 결코 사라지지 않는다. 또한 절대 남이 해결해 줄 수 없다. 수많은 사람 속에 있다가도 혼자가 되면 불현듯 다시 찾아온다. 이렇듯 외로움은 인간이 피할 수 없는 '본질'이다.

## (1) 살아 있는 모든 것은 외롭다

"격하게 외로운 시간을 가져야 합니다. 외로움이 '존재의 본질'이기 때문입니다. 바쁘고 정신없을수록 자신과 마주하는 시간을 가져야 합니다. 사람도 좀 적게 만나야 합니다. 우리는 너무 바쁘게들 삽니다. 그렇게 사는 게 성공적인 삶이라고 생각합니다. 그래서 자꾸 모임을 만듭니다. 착각입니다. 절대 그런 거 아닙니다. 바쁠수록 마음은 공허해집니다. 형편없이 망가진 내 자신을 마주 대하는 것이 두렵기 때문에 자꾸 그러는 겁니다. 아무리 먹고 살기 바빠도 자기 자신과 마주하는 시간을 놓치면 안 됩니다. 동물들은 상처가 생기면 병이 나을 때까지 꼼짝 안 합니다. 상처 난 곳을 그저 핥으며 웅크리고 있습니다. 먹지도 않고, 그냥 가만히 있습니다. 상처가 아물면 그때서야 엉금엉금 기어 나옵니다. 그 하찮은 동물도 몸에 작은 상처가 생기면 그렇게 끝없이 외로운 시간을 보냅니다."

김정운『가끔은 격하게 외로워야 한다』

살다 보면 외로움이 뜻하지 않게 찾아오는 경우가 많다. 직장 1년 차, 3교대 근무를 처음 시작하면서 몸이 안 좋아졌고 생체 리듬 적응도 쉽지 않았다. 신입이다 보니 잘 모르거나 실수하는 부분도 많았다. 육체적, 정신적으로 힘이 드니 이 '외로움'이라는 녀석은 더 크게 다가왔다. 그 당시엔 가족은 물론 누구도 위로해 줄 사람이 없었다. 힘든 것을 잘 말하지 않는 스타일이라 혼자 삼키곤 했다. 그때부터 일부러 친구들을 많이 만났던 것 같다. 힘들고 초라한 나 자신을 마주하는 것이 싫었을까. 무작정 약속을 잡고 허기진 마음을 달래기 위해 맛집을 찾아다녔다. 물론 재밌고 행복했었지만, 그 순간을 벗어났을 때 외로움은 어김없이 다시 찾아왔다.

그날도 친구들과의 약속을 끝내고 집으로 돌아오는 새벽이었다. 길을 걷다가 갑자기 찾아온 외로움에 몸서리를 쳤다. 휴대폰을 보니 수많은 연락처 중 딱히 연락할 사람도 없었다. 갑자기 가슴이 답답했고 외로움은 더 깊게 나를 파고 들어왔다. 나 혼자만 이런 외로운 감정을 느끼는 것 같은 생각이 들어 쓸쓸함과 허전함은 더 크게 느껴졌다. 그런데 참 이상했다. 분명히 즐겁게 시간을 보내고 돌아오는 길이었는데도, 외로움은 불현듯 나를 찾아와 괴롭혔다. 그때 깨달았다. 외로움은 내가 평생 안고 가야 할 '숙명' 같은 것이라는 것을.

살아 있는 모든 것들은 근원적인 외로움을 안고 살아간다. 외로움을 피하려고 많은 사람을 만나며 살고 있지는 않은가? 그러나 바쁘게 산다고 외로움이 없어지는 것은 아니다. 바쁠수록, 만남이 많을수록 오히려 더 크게 다가오는 것이 외로움이다. 자신을 마주하는 시간이 적을수록 마음속의 공허함은 커진다. 살아 있는 모든 것은 외롭다. 인간만이 그런 것이 아니라 하찮은 동물들조차도 말이다. 인간에게 외로움은 삶에서 절대 피해 갈 수 없는 본질이다.

(2) 나만 외로운 것이 아니다

　많은 사람이 외로움을 피하려 한다. 대표적으로 SNS다. SNS를 통해 주변 친구들이나 모르는 사람들의 일상과 나의 일상을 비교한다. 그러나 SNS에 올라오는 것들은 대부분 자신이 가장 잘나고 멋진 모습만을 올린다. 특히 여러 사람과 함께 즐겁게 보낸 사진을 많이 올린다. 마치 그 사람의 일상이 항상 사람들과 즐겁게 보내고 있는 것처럼 말이다. 그래야 타인에게 외롭지 않은 사람, 인기가 많고 잘난 사람으로 인정받을 수 있기 때문이다. '좋아요'와 '팔로우'가 많을수록 타인에게 인정받는 느낌이 들기 때문에 외로움에서 벗어난 기분이 든다. 그러나 이것 또한 잠시일 뿐이다.

　이렇게 잘 지내고 있는 것처럼 보이는 타인의 일상을 자주 보다 보면 나만 혼자 있는 것처럼 느껴진다. 그러면서 부정적인 생각으로 자신을 더 깊은 외로움 속에 밀어 넣는다. 하지만 그것은 착각이다. 그 행복한 모습의 뒷면을 보는 사람은 많지 않다. 대부분 타인의 부러움과 인기를 사기 위해 진짜 자신을 숨기며 더 화려하고 멋지게 포장한다. 그러나 자신이 아닌 타인의 인정과 사랑만으로 채워진 행복은 혼자 있을 때 더 큰 공허함과 외로움으로 다가온다. 그것을 피하기 위해 더 많은 타인의 인정과 사랑을 갈망한다. 외로움의 도피로 인한 악순환의 반복이다.

"피할 수 없는 마지막 하나는 외로움이다. 우리는 죽는 그날까지 외로움으로부터 벗어날 수 없다. 외로움은 평생을 함께하는 그림자이자 '또 다른 나'이기 때문이다. 많은 사람이 혼자 있으면 외로움을 느낀다. 그래서 TV 또는 컴퓨터를 켠다. 친구에게 전화를 걸고, TV 프로그램을 보며 킥킥 웃는다. 인터넷 서핑에 빠져들거나 누군가의 이야기에 귀를 기울인다. 그러나 TV와 컴퓨터를 끄고 전화를 끊은 뒤에는 어김없이 다가오는 공허함, 사람들에게 둘러싸여도 외롭다. 떠들썩한 파티에서도, 현란한 조명의 무도회장에서도, 즐겁게 어울리는 사이에도, 이따금 명치를 콕콕 찌르는 익숙한 느낌. 그것이 외로움이다. 외로움은 사람들 사이에 있을 때 더욱 아프다."

한상복 『지금 외롭다면 잘되고 있는 것이다』

　현대인에게 혼자 있는 것은 익숙하지 않다. 거의 대부분 혼자 있는 것을 두려워하여 이 사람 저 사람을 찾고 이곳저곳을 기웃거린다. 그러나 외로움은 뭔가 특별하고 나만 가지고 있는 감정이 아니다. 분명한 사실은 누구나 다 외롭다. 모두가 외롭지만, 아닌 척 숨기고 있을 뿐이다. 타인에게 외롭게 보이는 자신의 모습이 싫어서 좀 더 행복한 모습을 보여 주고 싶어 자신을 꾸미고 숨긴다. 그러나 인간의 근본적인 외로움은 절대 사라지지 않는다. 오히려 많은 사람 속에 함께 있을 때 더 크게 다가온다. 무엇을 하건 누가 옆에 있든 없든 인생에서 외로움을 완전히 피할 수는 없다. 죽기 직전까지 안고 가야 할 필연적인 것 중 하나다.

살아 있는 것은 모두 외로운 존재다. 아무리 많은 사람과 함께 있더라도 외로움은 없어지지 않는다. 외로움이 이 세상 모든 살아 있는 존재의 '본질'이기 때문이다. 누구도 대신해 줄 수 없는, 피할 수 없는 숙명이다. 이것을 먼저 인정한 다음 외로움 속에서도 홀로 당당히 설 수 있어야 한다. 외로움을 두려워할 대상이 아니라, 함께 가야 할 인생의 동반자로 여길 수 있어야 한다. 그때 외로움은 나를 외롭고 쓸쓸하게 만드는 요소가 아닌, 늘 내 곁에서 나를 돕는 조력자가 될 수 있다.

# 2

## 자기 대면,
## 혼자 있을 때 우리는 진정한 자신과 만날 수 있다

　살면서 우리는 얼마나 자기 자신을 들여다볼까? 빠르게 흐르고 변화하는 사회 속에서 우리는 자신을 들여다볼 여유가 없다. 내가 나를 어떻게 생각하는지, 내가 누구인지, 무엇을 좋아하는지 등 타인에게 관심은 많지만 정작 나에게는 무관심한 경우가 많다. 불현듯 찾아오는 삶의 허무함과 허탈함은 대부분 살아가는 과정에 자신이 없을 때 온다. 자기 자신을 제대로 알려면 혼자만의 시간을 반드시 가져야 한다. 그 고독의 긴 시간이 진정한 자기 자신을 만나게 해 줄 것이다.

(1) 나는 어떤 존재일까?

   우리 대부분은 자기 자신을 잘 모른다. '나는 누구인가?', '나는 어떤 사람이지?', '난 어떤 성향일까?' 등의 질문을 거의 하지 않기 때문이다. 살면서 한 번도 질문할 기회도 없고 교육받은 적도 없다. 대부분은 자본주의 아래의 교육 시스템에서 돈과 지위, 사회적 성공만을 위한 교육을 받고 달려왔다. 그러나 막상 목표했던 대학이나 직장에 들어가도 행복하지 않은 경우가 많다. 내가 누구인지, 내가 뭘 원하는지도 모른 채 세상과 남이 정해 놓은 목표만을 향해 달려왔기 때문이다. 그 긴 과정에 '자신'은 없었다. 안타까운 것은 그것을 깨닫는 순간에는 대부분 너무 늦었다는 것이다.

   나조차도 '내가 어떤 존재일까?'라는 생각은 거의 해 본 적이 없다. 그냥 세상이 정해 놓은 성공의 기준대로 살아왔다. 공부 잘하는 것이 좋다고 하니 공부를 했고, 돈을 많이 버는 것이 좋다고 하니 아무런 의문 없이 살아왔다. 그러나 삶의 큰 목표였던 대학 졸업식 날. 시원함보다는 왠지 모를 허무함을 지울 수 없었다. 열심히는 살았던 것 같은데 정작 행복하다는 생각은 들지 않았다. '무엇 때문에 그렇게 열심히 달려왔을까.'라는 생각이 들면서 막연한 앞으로의 미래와 불안함이 갑자기 나를 감쌌다. 매 순간을 최선을 다해 사는 것도 중요하지만, 그보다 더 중요한 것은 방향이었다. 나 자신을 알고 내가 진정 원하는 길을 가는 것이 인생의 행복에 더 가까워지는 길이라 생각했다.

대학 졸업 후 이제는 정말 나를 위한 삶을 살아야겠다고 생각했다. 그렇다면 제일 먼저 해야 할 일이 무엇인지 고민했다. 그때 첫 질문이 '난 무엇을 할 때 행복할까?'였다. 그러기 위해선 나 자신이 언제 행복한 줄 아는 게 중요했다. 그런데 한 번도 내가 뭘 좋아하는지, 언제 행복한지 깊게 생각해 보지 않았다. 30년 가까이 나와 함께 살았는데, 정작 내가 나를 가장 모르고 있었다. 더 늦기 전에 '나'라는 존재에 대해 고민하고 질문하고 탐구해 나가야겠다는 생각이 들었다. 쉽지 않았지만, 묻고 또 물어야 했다. 끊임없는 자신과의 대면이 있어야만 진정한 자신을 찾을 수 있을 것 같았기 때문이다.

> "이제 앞으로 너는 나라고 하는 열차에서 내려서 홀로 걷게 될 것이다. 그때 너는 너 자신의 존재에 대해 인식하게 될 것이다. 너는 그것을 소중히 해야 한다. 자기 자신에 대해 따뜻하고 깊은 온유함을 지닌다면 너는 자기 자신을 최상의 벗으로 삼을 수 있다. 그리하여 참된 의미에서 풍요로운 삶을 살수 있을 것이다."
>
> 스즈키 히데코 『세상에서 가장 아름다운 이별 이야기』

나 자신을 이 세상의 최상의 벗으로 삼을 수 있어야 한다. 삶의 참된 풍요는 '나 자신'의 삶을 살 때 온다는 것을 알았다. 나를 깊게 들여다

보고 나의 존재에 대해 다시 생각해 보는 시간이 필요하다. 그러나 대부분은 남과 보내는 시간을 소중히 하고 나와 마주하는 시간을 소홀히 한다. 혼자 있는 시간을 통해 '나'라는 존재를 진하게 만나야 한다. 그래야 내가 어떤 존재인지 찾을 수 있고 그런 질문들과 자신과의 대화를 통해 진정한 나를 찾아 스스로가 정한 주체적인 삶을 살 수 있다.


## (2) 나를 만나는 축복의 시간

 쉬는 날에 집에 혼자 누워 있으면 어김없이 외로움이 찾아든다. 외로움이 몰려오면 자연스레 생각이 많아진다. 먹고 사는 일, 인간관계, 직장, 결혼 문제, 앞으로의 미래 등 그냥 생각만 하다가 시간을 보내는 경우가 많다. 하지만 생각만 한다고 해서 현실의 내 삶이 달라지는 것은 아무것도 없었다. 그런데도 구체적 행동 없이 귀찮다는 핑계로 생각만 하며 머리만 아프게 사는 경우가 많았다. 할 것 없이 빈둥거리다 지인을 만나거나 또 휴대폰을 만지작거린다. 혼자 있는 시간을 무의미하고 헛되게 보낼수록 외로움은 물론 쓸데없는 걱정과 불안은 깊어졌다.

 그러다 나와 첫 대화를 한 날이 기억난다. 직장 생활, 관계 문제 등으로 유난히도 힘든 날이었다. 누군가를 만날까 하다가 그것조차 귀찮았다. 집으로 가는 길에 문득 '내 인생은 왜 이럴까?' 하며 나의 처지를 한

탄했다. 묵묵히 잘 견뎌 내며 살아가고 있는 내가 대견하면서도 한 편으로는 불쌍했다. 그동안 남은 잘 챙기려고 노력했지만, 정작 나를 잘 챙겨 주지 못한 것 같아 미안했다. 늘 채찍만 했던 나에게 '괜찮아, 잘하고 있어.'라며 처음으로 위로를 건넸다. 신기하게도 대화하는 과정만으로 치유되는 느낌이었다. 굳이 누군가를 만나 이야기를 하지 않아도 나 스스로가 나를 돌보고 위로하고 있는 것만으로 큰 위안이 되었다. 나 자신과의 첫 대화는 관계가 아닌, 외로움을 담보로 얻은 첫 선물이었다.

> "인생을 살면서, '절대 고독'이 몰려오는 순간이 있습니다. 마침내 나를 만나는 시간이기도 합니다. 사람은 때때로 진정한 '자기 만남'의 시간이 필요합니다. 고독은 '자기 만남'을 가지라는 신호입니다. 홀로 설 때가 있습니다. 보이는 것은 오직 황량한 광야, 거센 바람과 모래 폭풍뿐입니다. 오로지 혼자 견디어야 할 시간입니다. 오롯이 나와 마주해야 할 순간입니다."
>
> 고도원 『절대 고독』

혼자 있는 시간은 '자기 만남'을 가지라는 신호라고 한다. 외로움 속의 황량한 광야와 거센 바람, 모래 폭풍은 오롯이 혼자 견뎌야만 하는 시간이다. 외로움의 시간이 무섭고 두려워서 피하려고만 해선 안 된다. 자기 자신을 마주하기 위해선 때론 이 힘든 산을 넘을 수 있어야 한다. 그 누구도 대신해 줄 수 없다. 그저 묵묵히 견뎌야 한다. 이 시간을 잘 견뎌 내야 진정한 나와 마주할 수 있다. 외로움은 고립이 아닌 나를 만나는 축복의 시간이다.

　나와 마주하는 시간을 가져야 한다. 자신과 마주할 기회는 온전히 혼자 있는 시간을 잘 견뎌 낸 사람만이 얻을 수 있다. 그 시간은 결코 고통스럽고 고립된 시간이 아니다. 자신을 알아가고 나와 대화하며 내가 어떤 삶, 어떤 방향과 가치관으로 살아갈지 고민하고 생각해 보는 시간이다. 혼자 있는 시간을 통해 그동안 내버려 두었던 나 자신과 대면하자. 그 시간은 자기 자신에게 해 줄 수 있는 인생에서 가장 의미 있고 뜻깊은 시간이다.

# 3

## 적극적 고독,
## 내가 일부러라도 혼자가 되는 이유

살아가면서 혼자만의 시간을 갖는 것은 생각보다 힘들다. 직장, 약속, 모임 등으로 저마다 바쁜 삶을 살아간다. 특히 직장인이라면 더욱 그렇다. 일단 직장을 마치면 쉬기 바쁘다. 각종 회식과 동료들이나 친구들과의 약속도 있을 수 있다. 그러나 하루 중 잠깐이라도 이 복잡한 세상과 인간관계에서 벗어나는 시간이 필요하다. 일상의 스트레스와 번뇌, 괴로움에서 잠시 떨어져 홀로 있는 시간을 가질 수 있어야 한다. 혼자 있는 시간을 만들어야 이 세상 속에서 나를 지킬 수 있고 재정비할 수 있다. 그 시간은 자신을 돌아보며 성장과 성찰, 치유, 회복 등을 할 수 있는 중요한 시간이다.

## (1) 하루를 돌아보는 유일한 시간

한때 시간이 어떻게 가는지 모를 정도로 바쁜 적이 있었다. 약속이나 모임이 유난히 많았고 매주 밴드 연습도 해야 했다. 그 밖에 직장동료와의 약속, 친구와의 만남 등 유난히도 약속이 끊이질 않았다. 돌아보면, 굳이 안 가도 되는 모임도 많았지만, 그냥 심심하고 딱히 할게 없으니 갔다. 그러나 이런 사교 모임들은 전혀 나에게 도움이 되질 않았다. 사람을 만나고 이야기하며 노는 것이 즐겁긴 했지만, 딱 그때뿐이었다. 몸은 갈수록 피곤해지고 돈과 시간 낭비도 컸다. 바쁘게 살다 보면 생각 없이 많은 것들을 무분별하게 수용해 버리게 된다. 살아지는 대로 생각하게 된다. 주변에 사람과 모임이 많아 무조건 바쁘게사는 것이 절대 좋은 삶은 아니었다.

"바쁠수록 누구와도 연결되지 않는 '여백'의 시간이 중요합니다. 혼자가 되는 시간은 일상의 스트레스를 치유해 주고, 성공을 위한 새로운 기회를 얻게 해 줍니다. 때로는 지금 여러 문제를 어떻게 극복할지에 대해 깊이 생각해 볼 수도 있습니다. 설령 얼마 안 되는 시간이라도 복잡한 인간관계에서 벗어나 자기다움을 되찾을 수 있습니다. 이런 시간이 없으면, 그저 바쁘기만 한 일상에 쫓기다 몸과 마음이 지칠 대로 지칠 수밖에 없습니다. 새로운 기회를 탐색하거나 문제를 해결할 방법을 생각할 시간이 없으면, 지금 상승세를 타는 중이라 하더라도 얼마 안 가서 그 기세가 꺾이고 말 겁니다. 그러니 바쁠수록 의식적으로 여백의 시간을 만들어야 합니다."

우에니시 아키라 『혼자 되어야만 얻을 수 있는 것』

중요한 것은 방향이었다. 나에겐 삶의 방향을 조절할 수 있는 여백의 시간이 없었다. 바쁜 세상 속에서 나를 돌아보는 시간이 없었다. 그렇게 약속과 일에 쫓기듯 살았다. 바쁘게 사는 것이 결코 나에게 좋은 것이 아니었다. 몸은 몸대로 마음은 마음대로 힘들었다. 누군가와 함께 있는 시간이 많을수록 혼자 있는 시간에 외로움은 더 크게 다가왔다. 얽매이는 곳이 많다는 것은 나 자신을 속박하는 것이 많다는 것을 뜻한다. 하루 중 일부러라도 여백의 시간을 가져 자신을 돌아보는 시간을 가져야 한다. 그런 사람이 자신을 더 잘 챙기고 좀 더 나은 내일을 준비할 수 있다.

하루를 돌아보며 잠깐이라도 자신의 삶을 정리하는 시간을 가져야 한다. 오늘 하루 무엇을 잘했고 못 했는지, 잘못된 점과 고쳐야 할 점 등을 돌아봐야 한다. 그렇게 자신을 들여다보고 이야기하는 시간을 가져야 한다. 적극적으로 혼자 있는 시간을 만들어야 한다. 그렇게 조금이라도 자신을 돌아보는 시간을 가져야만 자기반성을 할 수 있고 앞으로 스스로 무엇을 해야 하고, 고쳐야 할지 밑그림을 그려 나갈 수 있다. 혼자 있는 시간을 통하여 하루를 돌아보자. 짧은 시간일지라도 매일의 그 시간이 더해질수록 자신이 원하고 그리는 삶에 좀 더 가까워질 수 있다.


## ⑵ '혼밥'도 괜찮아

같은 직장인으로서 나조차도 혼자 있는 시간을 내기가 힘들었다. 하루 반나절 이상 동료들과 함께 있어야 했고, 일이 끝나면 약속에 가거나 피곤하여 쉬기 바빴다. 개인적으로는 직장에서 동료들과 대화하고 이야기를 나누는 것조차 힘들었다. 내가 관심도 없는 분야에 관한 이야기까지 듣고 있어야 하는 경우가 많다. 물론 직장 생활에서 내가 하고 싶은 이야기만 할 수는 없지만, 내가 관심도 없는 낚시, 축구, 연애, 주식 등의 주제에 대화를 나누는 것이 힘들었다. 처음엔 이런 이야기에 끼지 않으면 소외될 것으로 생각하여 억지로라도 듣고 이야기했다. 하지만 시간이 지나면서 알게 된 것은 이런 소외의 느낌은 잠시뿐. 사람들은 그냥 각자 자기가 하고 싶은 이야기를 할 뿐이다. 굳이 이야기에 낄 필요도 없으며 적당히 받아 주면서 나는 나의 일만 하면 된다는 것을 알았다.

직장 1년 차쯤부터는 혼자만의 시간을 만들기 위해 밥을 일부러 혼자 먹었다. 난 3교대 근무를 하므로 교대로 밥을 먹는다. 두 명씩 교대로 먹는데 난 선배나 동료들이 다 먹고 마지막으로 밥을 먹는다. 간혹 같이 가자고 하면 나중에 따로 가겠다고 정중히 거절한다. 왜냐하면, 밥을 먹을 때조차 형식적인 이야기를 하는 게 싫었다. 밥 먹을 때는 먹는 것에 집중하고 싶었고 그보다 더 큰 이유는 침묵 속에서 나를 돌아보기 위해서다. 내가 잘못한 일은 없었는지, 무엇을 실수했는지 등 혼자 밥을 먹으면서 그날 현재의 나를 돌아볼 수 있었다. 잠시라도 혼자만의 시간을 가지며 나를 돌아보고 다시 일을 시작하면 훨씬 더 마음 정리도 잘되고 일의 능률도 오른다.

"얼핏 이기적이고 게으르게 들리겠지만 나는 내게 적합한 이 구조가 최대한 오래 지속될 수 있도록 나름의 노력을 기울인다. 통장 잔고가 일정 수준 이하로 떨어지지 않도록 일을 만들어 내고, 너무 오래 고립감을 느끼거나 불필요한 관계에 치이지 않도록 세심하게 사람들과 거리를 조정하고, 언제나 나 자신을 내 세계의 중심에 두기 위해 노력한다. 혼자일 때 완전한 사람이어야 타인과도 잘 지낼 수 있다고 믿기 때문이다. 나는 내게 다가오는 모든 사람도 그와 같기를 기대한다. 넘치지도 모자라지도 않은, 그리하여 나를 침범하거나 내가 보탤 필요 없는, 딱 1인분의 인간 말이다."

이숙명 『혼자서 완전하게』

혼자만의 시간을 가질 수 있다면 남이 어떻게 보든 상관없다. 어차피 타인은 나에게 큰 관심이 없으니까. 중요한 것은 언제 어디서든 나 자신을 중심에 두기 위해 노력해야 한다는 것이다. 혼자만의 시간을 가지지 않는다면 내 신념과 생각을 지키기 힘들다. 세상과 주변에 휩쓸릴 가능성이 크다. 나를 침범하지 않고, 더 보탤 필요도 없는 타인과 나만의 적정선이 필요하다. 혼자서도 잘 지내고 완전한 사람이 될 수 있어야 직장에서도 사람들과 잘 협업하면서 나 자신을 지킬 수 있다. 나를 지키는 시간을 위해서라면 기꺼이 '혼밥'도 괜찮다.

　바쁜 세상을 살아가는 중에도 혼자만의 시간은 절대적으로 필요하다. 하루 중 잠깐이라도 시간을 만들어 보는 것이 어떨까? 혼밥을 하든 혼자 카페를 가든 뭐든 좋다. 조용한 공간에서 혼자만의 세계에 자신을 두자. 그렇게 그날 하루를 돌아보며 잘한 일은 칭찬해 주고 실수나 잘못한 일은 분석하고 반성하는 시간을 가져 보자. 복잡한 세상에서 나를 지키는 것은 생각보다 힘들다. 스스로가 적극적으로 혼자 있는 시간을 만들어 내야 한다. 세상에 공짜는 없다. 나 자신을 돌아보며 어제보다 나은 방향으로 한 발짝 내딛는 것. 그것이 내가 적극적으로 혼자 있는 시간을 만드는 이유다.

# 관계 과잉,
# 우리는 너무 많은 인간관계 속에서 자신을 잃고 있다

　흔히 주변에 사람이 많은 사람이 성공한 것처럼 보인다. 겉으로는 항상 즐겁고 외로울 틈이 없어 보이지만, 실제는 다르다. 오히려 많은 인맥이 자신을 더 불행하게 하는 경우가 많다. 항상 남에게 잘 보이기 위해서 남이 원하는 모습으로 자신을 바꿔야 한다. 자신이 원하지도 않은 많은 모임에 참석해야 한다. 그런데도 많은 사람이 관계 유지를 위해 힘을 쏟고 있다. 자신을 돌아볼 시간과 여유가 없는 삶은 자칫 삶의 방향을 잃을 수 있다. 관계 유지에 쏟는 시간을 줄여야 한다. 그 시간을 혼자 있는 시간에 투자해야 한다. 혼자 잘 지낼 수 있어야 타인이 아닌, 진정 혼자만으로 당당한 삶을 살 수 있다.

## (1) 관계가 많다고 항상 행복한 것은 아니다

영국의 정신 분석학과 심리학 분야 최고 권위자로 손꼽히는 앤서니 스토는 책『고독의 위로』에서 이렇게 말한다.

> "오늘날 우리는 인간관계에 지나치게 큰 의미를 두고 있다. 사실 인간관계
> 와 행복의 연결 고리는 매우 허약하다. 제대로 된 인간관계를 맺는다면 삶
> 이 더할 나위 없이 행복할 것이고, 행복하지 못하다면 그 인간관계가 분명
> 뭔가 잘못된 것이라는 우리의 생각은 지나친 게 아닐까?"
>
> 앤서니 스토『고독의 위로』

어렸을 때부터 주변에서 항상 듣는 말이 '인맥이 많아야 성공한다.'
라는 이야기였다. 가족부터 친구들 대다수가 내게 인맥을 강조했다.
물론 전적으로 동의는 한다. 주변에 도와줄 사람이 많고 아는 사람이
많으면 도움이 되는 경우가 분명히 있다. 하지만 시간이 지나면서 그
말이 항상 정답은 아니라는 것을 알았다. 오히려 관계가 많을수록 더
불행해졌다. 적어도 나에게는 그랬다. 원하지도 않는 약속이나 모임
에 늘 참석해야 했다. 늘 쫓기듯 바쁘게 살며 실속 없는 만남을 이어갔
다. 그런 만남 속에서 오히려 나의 정신에 해를 입히는 사람도 많았다.
만남이 많을수록 즐거움은 있을지언정, 마음은 더 공허해갔다.

난 주로 친구나 직장 동료를 자주 만났는데, 많이 만날 때엔 일주일에 4~5번은 만났던 것 같다. 대부분 밥이나 술을 마시며 일상을 이야기하는 자리였다. 물론 외로움에서 잠시 벗어날 수 있는 것이 좋았고 사람을 자주 만나는 것이 관계 유지에 도움이 될 것으로 생각했다. 그러나 관계에 힘을 많이 쏟을수록 몸은 피곤했고, 마음마저 복잡하고 혼잡해져 갔다. 사람을 자주 만나다 보니 어떤 만남이건 별로 즐겁지가 않았다. 사람을 만나면 앞 사람에게 집중하고 귀를 기울여야 하는데, 만남이 잦다 보면 그것조차 귀찮았다. 내게 얽혀 있는 관계들이 꼭 나에게 좋은 영향만을 미치는 것은 아니라는 것을 알았다. 많은 관계 속에서 헤어 나오지 못할수록 점점 나를 잃어 가고 있었다.

　우리는 너무나 많은 관계 유지를 위해 필요 이상으로 많은 에너지를 쏟고 있다. 물론 원만한 인간관계를 유지하는 것이 나쁘다는 것은 아니다. 너무 많은 관계 유지를 위해 집착하고 얽매이지 말자는 말이다. 인생은 관계로만 완성되지 않는다. 인생에서 가장 중요한 것은 '나'다. 약속이나 모임이 궁극적으로 나에게 안 좋은 영향을 미친다면 스스로가 끊어 낼 수 있어야 한다. 내게 얽힌 관계들은 스스로가 제어하지 않으면 눈덩이처럼 불어난다. 이제 관계 유지만을 위한 시간을 줄여야 한다. 많은 관계가 오히려 자신을 망칠 수도 있다는 것을 알아야 한다.

(2) 당당히 거절하다

　내게 얽힌 많은 모임을 거절할 수도 있었다. 하지만 궁극적으로 거절이 두려웠던 가장 큰 원인은 혼자 남겨지는 것이 두려워서였다. 막연하게 무리에서 떨어져 나온다는 것이 불안했다. 혼자 있으면 뭔가 외톨이가 되는 기분이 들었다. 그래서 어딘가에 소속되기 위해 애를 썼던 것 같다. 자주 보고 자주 만나는 것이 좋은 관계를 유지할 수 있다고 생각했다. 특히 새로운 사람이나 친한 친구와의 만남은 꼭 가졌다. 그러나 노력만으로 모든 관계를 유지할 수 없었다. 시간이 흐르면서 어느 순간 많은 관계는 자연스레 정리되었다. 그동안의 관계에 쏟은 많은 노력이 부질없이 느껴졌지만, 한 가지 크게 깨달은 것은 이 세상의 인연 즉, 사람과의 관계는 내 마음대로 될 수 없다는 것을 알았다. 시간을 많이 보낸다고 해서 친해지는 것도 아니며, 관계가 오래가는 것도 아니었다. 관계에는 내가 알 수 없는 모호성이 존재했다.

　"친밀도는 시간의 양이 아니라 밀도로 결정된다. 적은 시간이라도 깊이 있는 친밀도를 형성하고 커뮤니케이션을 한다면 서로에게 소홀하게 될 걱정은 없다. 그리고 '혼자만의 시간'을 가질 수 있어야 비로소 상대를 소중히 할 수 있다. '혼자만의 시간'은 '자신을 위한 시간'으로 받아들이자. 상대를 위해 무언가 해야 한다는 압박감에서 벗어나면 오히려 상대를 배려하는 마음이 싹튼다. 또한 '혼자만의 시간'을 소중히 하면 자기만의 시간을 갖지 못해 생기는 스트레스를 떨칠 수가 있다. 그러면 자연히 가족에게 화를 낼 이유도 사라지고 그만큼 얼굴 붉힐 일도 줄어든다."

이케다 치아 『내 삶을 업그레이드 하는 혼자 있는 시간』

관계는 양이 아닌 밀도로 결정된다. 떨어져 있어도 서로 믿고 전화 한 통이라도 유지될 사이는 유지된다. 중요한 것은 사람 인연은 내 마음대로 안 된다는 것이다. 살아가면서 아무런 이유 없이 멀어지는 사람도 있고, 어느 순간 연락이 안 되며 멀어지는 사람도 있다. 정말 친했지만, 한순간의 사소한 다툼으로 관계가 끝나는 일도 있다. 많이 노력한다고 그 사람과의 관계가 무조건 좋게 유지되는 것은 아니다. 노력하지 않는다고 그 사람과의 관계가 나쁘게 유지되는 것도 아니다. 인간관계는 내가 어찌할 수 없는 영역이 존재한다. 그때 관계의 방향이 결정됐다. 어차피 알 수 없다면 내 마음이 이끄는 대로, 내가 하고 싶은 대로 해야겠다고.

그때부터 내가 굳이 안 가도 되는 약속이나 모임은 모두 거절했다. 불필요한 사교모임까지 전부 끊었다. 자주 만나는 친구들은 갑자기 변한 나를 이상하게 봤지만, 더는 관계에 대해 큰 의미를 두지 않았다. 누군가를 보고 싶고 만나고 싶은 날도 있었지만, 나 자신이 좀 더 나은 방향으로 변하고 싶은 마음이 더 컸다. 그렇게 만남을 끊어 내니 자연스레 여유 시간이 생겼다. 그 시간에 주변을 좀 더 돌아보고 평소에 챙겨 주지 못했던 가족과 소중히 여기던 지인에게도 좀 더 신경 써 줄 수 있었다. 미뤄 왔던 여행과 캠핑도 종종 떠날 수 있었다. 이렇게 혼자 있는 시간을 가질수록 나에게 투자할 기회들이 늘어갔고 삶의 만족도까지 높아졌다.

때론 자신을 위해 '거절'할 수 있어야 한다. 거절하지 않는 것이 타인과의 관계를 잘 유지하는 것이 아니다. 오히려 자신을 잃을 수 있고 돌아보지 못해 관계가 더 악화될 수 있다. 정확하게 말해 줄 수 있어야 한다. 미안해서 애매한 태도를 취하게 되면 나중에 더 큰일로 악화될 수 있다. 관계가 많을수록, 만남이 많을수록 무조건 좋은 관계가 유지되는 것도 발전하는 것도 아니다. 오히려 서로의 삶에 충실하고 서로를 존중해 줄 때 관계는 더 발전될 수 있다. 무엇보다 각자가 자신을 위한 삶을 먼저 살 수 있어야 한다. 내가 할 수 없고, 갈 수 없고, 해 줄 수 없는 일에는 당당히 거절하자. 이런 용기 있는 거절이 수많은 관계 속에서 나를 지켜 줄 것이다.

많은 인간관계 속에서 얻는 즐거움은 그때뿐이다. 많은 인간관계가 자신의 삶을 행복하게 해 줄 것이라는 것은 큰 착각이다. 스스로 행복하지 않은 사람은 타인과 함께 있을 때도 행복할 수 없다. 행복은 온전히 자기 자신이 만들어 내는 것이다. 오히려 관계는 적을수록 좋다. 더 정확히는 양이 아니라 질이다. 내 곁에 중요한 사람 몇 명만 있어도 충분하다. 관계에 쏟는 시간을 줄이고 혼자만을 위한 시간을 가져야 한다. 혼자서도 잘 지낼 수 있다면 많은 관계 속에서도 자신을 잃지 않고 자신의 힘만으로 세상을 당당히 살아갈 수 있다.

# 5

# 성장,
# 외로울 때 사람은 진정으로 성장한다

　인간은 언제 가장 성장할까? 도전과 실패하는 과정에서 성장할 수도 있고 정말 좋은 스승을 만나 배움을 통해 성장할 수도 있다. 그 밖에 많은 순간이 있지만 가장 비약적으로 성장할 수 있는 때는 단연 혼자 있을 때이다. 혼자 있을 때 그동안 경험하지 못한 엄청난 성장을 이룰 수 있다. 외로움의 긴 시간을 지나는 과정에서 삶의 진리, 지혜, 경험, 깨달음 등 인생의 많은 중요한 것들을 얻을 수 있다. 혼자 있을수록, 외로울수록 자신의 내면의 깊이와 전체적인 삶의 방향을 견고히 세울 수 있다. 외로움이 주는 가장 큰 선물은 단연 '성장'이다.

(1) 성장의 기회는 혼자 있을 때 온다


　돌아보면 어렸을 때부터 대학교까지 늘 누군가가 옆에 있었던 것 같다. 친구든 선배나 동생이든 늘 함께 놀고먹으며 지냈다. 당연히 외롭지 않았고 즐거웠다. 하지만 개인적인 측면에서의 성장은 전혀 없었다. 즐거움과 추억 딱 그뿐이었다. 대학 졸업 후 항상 누군가와 함께 있다가 혼자가 되는 환경에 놓이니 뭘 해야 할지 막막했다. 누군가에게 의지하던 습관 때문에 처음엔 혼자 있는 것이 많이 어색하고 불안하기도 했다. 신기하게도 '외롭다.'라는 생각보다는 삶은 결국엔 혼자라는 것을 문득 깨달았다. 사람마다 시기는 다르겠지만, 누구나 언젠가는 반드시 혼자가 된다. 그 시기를 어떻게 보내느냐는 인생에서 정말 중요한 과제다.


　첫 직장에 들어가 3개월 정도 적응 후, 본격적으로 혼자 지내는 연습을 시작했다. 먼저 혼자 있는 시간에 무엇을 하면 좋을까 고민했다. 그런데 막상 뭘 하려고 하니 당장에 뭘 해야 할지 몰랐다. 고민하고 고민하다 우연히 본 책장에 꽂힌 책을 발견했다. 공지영의『딸에게 주는 레시피』라는 책이었다. 무심코 잡은 책이 내 인생을 이 정도까지 변화시킬 줄은 상상도 못 했다. 자존감과 인생 전체에 관련된 책이었는데 머리에 망치를 맞은 것처럼 머리가 띵했다. 그동안의 내 삶을 반성하게 했고 나에게 큰 변화의 계기를 준 책이다. 그날 이후로 많은 책을 독파

하기 시작했다.

   책을 읽으면서 가장 먼저 변화한 것은 일상의 패턴이다. 술과 모임, 만남 등이 대부분이었던 내 일상이 단순하게 책 하나로 바뀌었다. 책을 읽으며 보내는 시간은 늘 유익하고 재밌었다. 너무나 많은 세계가 보였고 내 생각을 통째로 바꾸어 놓았다. 굳이 사람을 만나지 않아도 즐거웠고 행복했다. 아니, 더는 만나고 싶지 않았다. 나를 키우고 성장시켜 나가는 것만으로도 참 뿌듯하고 재밌었다. 혼자 있는 시간을 가져야겠다고 다짐하니 일상부터 점점 변화하기 시작했다. 함께 있으면 즐거움은 있을지언정 늘 타인에게 나를 맞추어야 하고 의존하게 된다. 무엇보다 진짜 나를 드러내기 힘들어 자연스럽게 인생을 살 수 없다.

   영적 지도자이자 신부 안셀름 그륀은 "단독자로 서기 위해서는 고독을 받아들여야 한다. 고독은 내게 속한 것이다. 고독과 친할 때라야 진정 성장할 수 있고, 관계 속에서 자신과 타인에게 열린 사람이 된다."라고 말했다. 혼자 있음을 받아들이는 순간 내 삶은 변화의 기회를 맞이했다. 물론 외로웠고 사람들과 함께 있고 싶었다. 그러나 좀 더 나은 방향으로 가기 위해 견뎌냈다. 그렇게 기회가 왔고 운 좋게 놓치지 않았다. 혼자 있는 시간을 가지면서 인생에 쓸데없는 것들이 사라지고 정말 중요한 것들만 남았다. 혼자 있던 그 시간이 내 인생에서 가장 큰 변화의 기회를 주는 동시에 가장 큰 성장을 이뤄 가는 중이다. 물질로는 맛볼 수 없는 진정한 삶의 만족을 맛본 시간이었다.


## (2) 오직 자신만이 자신을 변화시킬 수 있다

왜 외로움이 사람을 성장시키는 것일까? 가장 큰 이유는 자기 내면을 들여다보며 자신을 점검하고 깊이 생각해 볼 수 있기 때문일 것이다. 사람들 틈에서는 자신을 돌아볼 틈이 없다. 타인에게 조언이나 충고를 들어도 그때뿐이다. 스스로 사색하고 생각하고 고민하는 과정이 없으면 절대 변화는 없다. 백날 좋은 말을 듣고 좋은 글 읽는다고 인생이 바뀌진 않는다. 그 좋은 것들을 어떻게 내 것으로 만드느냐가 중요하다. 그래야 근본적인 내 삶이 변할 수 있다. 자기 삶은 자기 것이기에 오직 자신만이 자신을 변화시킬 수 있다.

> "자신을 진정으로 사랑하기 위해서는 먼저 무엇인가에 온 힘을 쏟아야 한
> 다. 자신의 다리로 높은 곳을 향해 걸으면 고통이 따르지만, 그것은 마음의
> 근육을 튼튼하게 만드는 고통이다."
>
> 프리드리히 니체 『차라투스트라는 이렇게 말했다』

독일의 철학자 니체는 누구보다 고독을 강조한 사람이었다. 그의 제자들에게조차 "제자들이여, 나는 앞으로 혼자가 된다. 자네들도 지금

가는 게 좋아. 모두 혼자가 돼라. 나는 그것을 바라노라."라고 말했다. 그만큼 혼자 가는 길에는 고통이 따르지만, 그 고통이 자신을 성장시킨다는 것이다. 혼자 있는 것이 두려울 수도 있다. 그러나 혼자 있는 시간을 가지지 않는다면 진정한 성장은 없다. 자신만의 시간을 온전히 가질 때 삶의 많은 것을 얻을 수 있다. 사색하고 고민하고 생각하는 과정을 통해 좀 더 성숙한 내적 성장을 이룰 수 있다.

　나도 주변에 조언과 충고를 해 주는 사람이 많았다. 도움이 되는 말을 많이 해 줬지만, 정작 딱 그때뿐이었다. 그 순간만 좋았지, 돌아서면 그대로였다. '사람은 안 바뀐다.'라는 말이 정말 맞았다. 그 사람들이 문제가 아니라 내가 그것에 대해 계속 생각하고 그 조언대로 행동하려고 끈질기게 노력해야 바뀔 수 있는 것이었다. 남들에게 좋은 말을 듣기만 한다고 해서 절대 바뀌지 않았다. 지금도 매사에 듣고 행동하고 실천하고 많은 것에 도전하고 실패하고 있지만, 나 자신조차 변하기가 쉽진 않다. 그러나 이런 과정을 겪으면서 가장 크게 깨달은 것은 자신의 인생은 그 누구도 아닌, 오직 자신만이 바꿀 수 있다는 것이다.

　오직 나 스스로만이 나를 변화시킬 수 있다. 자신의 인생은 누구도 대신해 줄 수 없다. 조언이나 좋은 말을 듣는다고 갑자기 인생이 바뀌지 않는다. 그 힐링은 잠시일 뿐이다. 사람은 쉽게 변하지 않는다. 늘 스스로 돌아보고 고민하고 사색하는 노력이 필요하다. 그 과정은 타

인이 가르쳐 줄 수도 없고 가르쳐 줘도 스스로 깨우치지 않으면 변화
는 없다. 혼자 있는 시간은 때로는 고통스럽고 힘들지만, 그 시간을 묵
묵히 잘 이겨 낸 사람은 진정한 변화와 성장을 이뤄낼 수 있다. 태어나
한 번도 느껴 보지 못한 행복을 느낄 수 있다.

  성장하는 삶은 인간을 행복하게 한다. 인간은 누구나 스스로가 좀
더 나은 사람이 되길 원한다. 이 세상에 그것보다 더 큰 행복이 있을
까? 물질과 타인 등 외부에서 주는 행복은 잠시뿐이다. 오히려 그것들
은 나를 얽매이게 하고 속박할 수 있다. 그러나 나를 키우고 발전시키
는 과정에서 오는 행복은 100%다. 세상 몇 없는 확실한 행복이다. 타
인과 있을 때는 느낄 수 없다. 성장이 주는 행복이 세상에서 가장 크다
고 믿는다. 외로움이 크면 클수록 오히려 더 많은 것을 얻을 수 있다.
그 힘겹고 고통스러운 과정에서 인간은 진정으로 성장한다.

# 6

## 자기 사랑,
## 혼자 있으면 나를 진정으로 사랑할 수 있게 된다

　자신을 사랑하는 마음인 '자존감'은 살아가면서 가장 중요한 요소 중 하나다. 진정한 사랑은 타인과 자신을 비교하지 않으며 자신의 단점까지 있는 그대로 인정하고 껴안을 수 있어야 한다. 진심으로 나를 사랑할 수 있게 만드는 시간이 바로 혼자 있는 시간이다. 타인과 함께 있을 때는 자기도 모르게 남과 비교를 하며 자신을 계속 깎아내릴 수 있다. 혼자 있는 시간을 가지며 나만이 가지고 있는 가치를 스스로가 인정해 줄 수 있어야 한다. 있는 그대로의 나를 아끼고 사랑해 줄 수 있어야 한다. 어떠한 조건과 기준을 배제하고도 내 존재 자체를 사랑할 수 있어야 진정한 사랑이다.

(1) 나를 진심으로 사랑해 줄 수 있는 시간

  사람은 저마다의 개성과 기질을 가지고 있다. 누구나 자기만의 성향이 있다. 그러나 많은 사람이 타인과 자신을 비교하며 자신의 가치를 깎아내린다. 항상 자신을 부족하게 여기며 만족하지 못한다. 특히 만남이 많아질수록 비교도 많이 하게 된다. 내가 가진 것보다 남이 가진 것이 더 크게 느껴지기 때문이다. 하지만 이 세상에 단 한 사람도 똑같은 사람은 없고 누구나 사랑받아야 함은 예외가 없다. 혼자 있는 시간을 가지면서 스스로가 자신의 가치를 인정해 주고 있는 그대로의 자신을 사랑해 줄 수 있어야 한다.

  나도 친구를 자주 만나다 보면 어느새 비교하고 있는 나를 보게 된다. 중학교 친구 중 공부를 정말 못하던 친구가 있었다. 그 친구는 공부를 일찌감치 포기하고 기계 쪽 기술을 배워 취업했다. 열심히 일하다 보니 운 좋게 좋은 회사에 들어가 많은 돈을 벌고 있었다. 나도 취업을 하고 나름 잘살고 있었지만, 괜히 배가 아팠다. 친구보다 돈을 많이 못 번다는 이유 하나만으로 나 자신이 부족하고 하찮게 느껴졌다. 나는 '나'로서 그냥 괜찮은 사람인데, 무의식적 비교는 항상 나를 부족한 존재로 만들었다. 또한 있는 그대로의 나를 사랑할 수 없게 만들었다.

    "지금 나는 하루 종일 사람 그림자조차 구경하기 힘든 외딴 곳에서 혼자 살기에 아주 적합하게 설계한 집을 지어 꽤 멋진 독신 생활을 하고 있다. 오랜 시간 혼자 있을 때의 기쁨은 누군가와 같이 있게 됐을 때의 기쁨까지 배가시킨다. 나는 과거의 그 어느 때보다 내 아이들, 친구들, 동료들을 사랑한다. 그들과 함께 있을 때는 그들에게만 전념한다. 그리고 훨씬 더 즐겁다. 무엇보다 나 자신을 더욱 사랑하게 됐다. 지금은 나에게 좋아할 만한 점이 더 많다고 생각한다. 깊고 넓은 자아, 충만한 기쁨, 창의성과 직업적인 생산성, 내면의 삶과 현실의 삶 모두에 맑게 깨어 있는 정신…….”

사라 메이틀랜드 『혼자 있는 법』

혼자 있을 때 진심으로 나를 사랑할 수 있다. 나만의 기질, 성격, 타고난 모든 것들을 있는 그대로 바라봐 줄 수 있다. 물질이나 가진 것으로 잘났고 못나고를 판단할 수 없다. 우리는 모두 사랑받고 행복할 권리가 있다. 혼자만의 시간을 가지면서 나와 마주하는 시간을 가지자. 있는 그대로의 나를 인정해 주고 사랑해 주는 연습을 하자. 나를 진심으로 사랑해 줄 수 있어야 타인도 사랑할 수 있다. 나를 마주하고 사랑해 줄 사람은 이 세상에 나밖에 없고 그 시간이 바로 혼자 있는 시간이다.

## (2) 자신의 삶에 대한 긍정이 자존감을 높인다

개인적으로 삶에서 가장 중요한 것이 무엇이라고 물으면 단연코 ‘자존감'이라고 말한다. 인생의 많은 부분에 자존감은 큰 영향을 미친다. 자존감이 낮은 사람은 늘 심리가 불안하고 흔들린다. 자존감은 나를 지키는 힘이다. 세상과 타인의 파도 속에서 나 자신을 스스로 굳건히 지킬 수 있는 것이 자존감이다. 가진 게 없고 많은 것을 잃었다 해도 자존감이 튼튼한 사람은 금방 다시 일어날 수 있다. 자신을 사랑하는 사람은 실패나 고난, 시련 등의 시기를 잘 이겨 낸다. 반대로 자신을 사랑하지 않는 사람은 비난과 자책 등으로 자신을 더 깊은 시련에 빠지게 한다.

자존감은 특히 힘든 순간이나 불행의 순간에 큰 영향을 미친다. 누구는 그 위기를 잘 이겨 내지만, 누구는 더 깊은 좌절로 빠진다. 고통스럽고 불행한 일에 대해 한탄하며 그 원인을 세상과 자신에게 돌린다. "역시 난 안 돼.", "왜 나에게만 이런 일이 일어나지?" 등 이런 안 좋은 일들을 부정적으로 받아들이며 자기 자신을 더 힘들게 한다. 하지만 자존감이 높은 사람은 이런 일들을 늘 긍정적으로 받아들인다. 다 나를 위한 일이고 이 힘든 상황이 나를 더 성숙하게 할 것으로 생각한다. 주어진 조건이 어떤 상황이든 자기가 처한 상황을 긍정적으로 받아들인다. 책『나로 살아가는 기쁨』 저자 아니타 무르자니는 이렇게 말했다.

"우리에게 일어난 모든 일들은 결국 우리를 위한 것이다. 나에게 일어난 모든 고통과 불행의 시간들은 기쁨과 행복을 위해 반드시 필요했다. 우리는

진정한 행복과 사랑을 깨닫기 위해 그 고통스럽고 괴롭고 두려웠던 시간들

이 꼭 필요했는지 모른다."

아니타 무르자니 『나로 살아가는 기쁨』

고통스럽고 괴로운 시간조차 모두 나를 위한 것이다. 그 과정이 있어야 진정한 기쁨과 행복을 깨달을 수 있다. 이렇게 내게 주어진 상황을 긍정적으로 해석할 수 있어야 한다. 자존감이 높은 사람은 자신을 스스로 사랑하기 때문에 항상 긍정적으로 해석하려고 한다. 불평불만하고 부정적으로 생각한다고 해서 지금의 현실이 바뀌진 않는다. 이런 시기일수록 긍정적 해석은 자신을 아껴 주고 위로해 주며 상황을 잘 이겨 낼 수 있게 해 준다. 고통스러운 시간도 나를 성장시키는 요소로 생각하며 감사하게 여길 수 있다.

이렇듯 자존감은 인생에 큰 영향을 미친다. 자신을 사랑하지 않는다면 예기치 못한 상황에 와르르 무너질 수 있다. 고통스럽고 힘든 상황에서 좀처럼 벗어나기가 힘들다. 남과의 비교를 멈추고 온전히 있는 그대로의 자신을 사랑해 주자. 자신 스스로가 자신만의 개성을 인정하고 존중해 줘야 한다. 자존감이 튼튼한 사람만이 흔들리지 않고 주체적으로 자신의 인생을 살아갈 수 있다. 혼자 있는 시간을 가지며 이 세상에 단 하나뿐인 나를 있는 그대로 인정해 주고 사랑해 주자. 혼자 있을 때 우리는 진정으로 자신을 사랑할 수 있다.

# 창조성,
# 인간의 잠재력과 창조성은 혼자 있을 때 나온다

인간의 창조성과 잠재력은 혼자 있을 때 진정으로 발휘될 수 있다. 타인과 함께 있을 때는 나 자신을 온전하게 드러낼 수 없다. 항상 남의 눈치와 시선을 의식해야 하기 때문이다. 인간에게는 누구나 자신만의 사명과 재능이 있다. 그러나 우리는 평생 타인과 세상이 정해 놓은 삶을 사느라 한 번이라도 자신의 재능과 잠재력을 끌어내지 못한 채 죽는 사람이 많다. 자신 안에 있는 창조성과 잠재력은 스스로가 찾아낼 수 있어야 한다. 혼자 있는 시간으로 예기치 못한 자신의 재능을 발견한다면 또 다른 새로운 세상이 열릴 수 있다.

## (1) '나만의 것'을 끌어낼 수 있는 혼자 있는 시간

　한 사람의 재능과 잠재력은 그 누구도 알 수 없다. 그 사람의 생각과 행동이 세상에 어떤 영향을 끼칠지는 아무도 모른다. 혼자 있는 시간을 통해 나만의 것을 끌어낼 수 있어야 한다. 하지만 대부분은 먹고살기에도 바쁜 세상이다. 외로움을 견디지 못해 늘 타인과 함께 있다. 자신을 들여다 볼 여유가 없다. 그러다 보면 자신의 신념과 생각대로 사는 것이 아니라, 남들이 정해 놓은 삶을 무분별하게 수용하게 된다. 자기 생각으로 사는 것이 아니라 세상에 의해 살아지게 되는 것이다. 사람은 자기가 진정으로 좋아하는 일 즉, 자신이 조금이라도 원하는 일을 할 때 자발적인 열정과 재미가 생긴다.

　간호사라는 직업을 2년 정도 했을 때, 어느 순간 직업에 대한 회의가 드는 순간이 있었다. 이 길이 정말 내 길인가? 내가 정말 좋아해서 하는 일인가? 평생, 이 직업을 할 수 있을까? 등 질문에 대한 답을 쉽게 하지 못했다. 단순히 생계를 위해 이 직업을 이어 나가고 있는 느낌이 많이 들었다. 특히 평생을 해야 한다고 생각하니 가슴 한편이 답답해졌다. 직업과 일이 내게 조금 더 보람과 만족을 준다면 삶이 더 행복하고 즐거울 것 같았다. 더 나아가 사회와 세상에 좀 더 도움이 되고 의미 있는 일을 하고 싶었다.

혼자 있는 시간을 가지며 여러 가지 생각을 했다. 내가 가지고 있는 재능과 잠재력은 무엇일까? 직장만이 답일까? 또 다른 길은 없을까? 무엇을 도전해 볼까? 등 많은 질문을 했다. 질문하다 보니 어린 시절부터 우리는 세상이 정한 것들에 길들어 왔다는 생각이 들었다. 나에 대해 생각할 시간은커녕 내가 어떨 때 행복한지, 무엇에 재미를 느끼는지도 몰랐다. 애초에 정해 놓은 틀은 아무것도 없다고 생각했다. 갑자기 여러 가지 생각이 떠올랐다. 책, 글쓰기, 사업, 예술, 운동 등 평소 생각만 하던 것들을 종이에 적었다. 조금이라도 젊은 나이에 좀 더 다양한 것에 도전해 보고 싶다는 생각이 들었다. 두려움은 있었지만, 나만의 것을 찾을 수만 있다면 실패해도 괜찮다고 생각했다.

다행히 독서와 글쓰기, 운동이 나에게 너무 잘 맞았다. 특히 독서를 할 때 너무 즐거웠고 삶과 다양한 세계에 대해 알아가는 것이 재밌었다. 책을 읽고 글을 쓰면서 생각과 세계가 넓어지고 좀 더 다양한 아이디어들이 생각났다. 음악 공부, 다큐멘터리 감독, 작가 등 좀 더 관심이 가고 잘하고 싶은 마음이 드는 영역들이 생겼다. 이렇게 숨어 있던 잠재력과 가능성이 하나 둘 나타나기 시작하면서 삶이 훨씬 더 재밌어졌다. 나 자신이 원하는 것을 성장시키기 위해 노력하는 과정이 즐거웠고 무엇보다 자발적으로 움직일 만큼 하고 싶은 것이 생긴 게 가장 큰 행복이었다.

파블로 피카소는 "인생의 진정한 의미는 자신의 재능을 발견하는 일이다."라고 말했다. 자신의 재능을 찾아가는 과정은 의미 있고 행복한 삶의 필수 요소 중 하나다. 스스로가 찾아야 한다. 자신이 좋아하는 일, 잘하는 일, 하고 싶어 하는 일이 있다면 도전해 보는 것이다. 생각보다는 행동이 앞서는 게 좋다. 안 맞으면 포기해도 되고 실수하면 고치고 연구하며 나아가면 된다. 무엇보다 이런 과정을 위해서는 반드시 혼자 있는 시간을 가져야 한다. 자기 자신에게 깊게 들어가 내 안에 있는 무엇을 끌어낼 수 있어야 한다. 하늘이 내린, 자신의 본질에 맞는 길은 분명히 있다. 어렵겠지만, 누구도 해 줄 수 없는 오직 자신만이 찾을 수 있는 일이다.

## (2) 세계 최고의 자리에 오른 사람들의 공통점

세계 유명인들이나 나름 성공한 사람들은 공통점이 있다. 포기하지 않는 끈기, 자신만의 독창적인 생각과 신념, 훌륭한 스승을 만나는 등 많은 것이 있지만 누구 하나 예외 없이 가지고 있었던 공통점이 있다. 바로 혼자 있는 시간을 가진다는 것이다. 스티브 잡스, 일론 머스크, 프란츠 카프카, 공자, 조정래 작가 등등 내가 존경하는 사람들은 모두 지독한 고독의 시간을 가졌다. 그리고 그것을 최고로 만들기 위해 미친 듯이 노력했다. 끝까지 포기하지 않았다. 그 길이 정말 고통스럽고 힘들지만, 자신이 스스로 선택한 즐거운 일이었기 때문이다.

테슬라를 창설한 일론 머스크는 이런 말을 했다.

"방해받지 않은 고독한 환경에 있으면 절로 명민해진다. 생각에 집중할 수 있다. 독창성은 소란스러운 곳에서 한 발짝 떨어진 환경에서 발휘되는 것이다."

일론 머스크

일론 머스크는 전기차, 로켓 비행 등 누구도 시도하지 않은 것들을 세계 최고의 자리까지 끌어올린 사람이다. 이 독창적인 생각과 잠재력은 혼자 있는 시간을 통해 만들어진 것이다. 그는 본인 사무실에서 살 만큼 혼자 있는 시간을 즐겼고 그곳에서 엄청난 몰입을 했다. 타인과 늘 함께 있었다면 일론 머스크의 이런 위대한 업적들은 절대 일어날 수 없었을 것이다.

대한민국 안에서 살다 보면 생각의 시야가 좁아진다. 남들이 정해놓은 기준이나 남들이 좋은 것만 하고 살게 된다. 그럴수록 나이가 들면서 자기만의 생각과 재능, 잠재력도 흐려진다. 환경도 큰 영향을 미치지만, 정작 스스로가 안주하게 된다. 하지만 내가 존경하는 인물들은 모두 위험과 모험을 선택했다. 안정을 선택할 수 있었음에도 끝까지 자신만의 것에 집중했다. 세계를 변화시키겠다, 세상에 긍정적인 영향을 미치겠다, 세상에 도움이 되겠다 등 일반적으로 할 수 없는 생각을 했다. 자신의 길에 집중했고 포기하지 않는 끈기와 노력으로 결국 위대한 업적을 이뤄냈다.

그들은 자신만의 길을 갔다. 자신 안의 잠재력을 스스로 끌어냈고 일반 사람들이 할 수 없는 생각들을 행동과 노력으로 현실로 만들어 냈다. 그 모든 원천은 혼자 있는 시간이다. 깊이 생각하고 자신을 들여다보며 참신한 아이디어와 창조적인 생각들을 만들어 내고 그것을 이루기 위해 다양한 시도와 실패를 했다. 혼자 있는 시간을 가지며 자신의 능력이 무엇인지 어떤 창조성과 내 안의 잠재력이 있는지 돌아보자. 그들처럼 우리는 누구나 자신만의 잠재력과 창조성을 끌어낼 수 있다.

인간은 자신의 재능을 발견하고 성장해 나갈 때 가장 행복을 느끼는 존재다. 내 안의 잠재력과 창조성, 가능성이 무엇인지는 누구도 알 수 없다. 세상에 내가 어떤 일을 할지, 어떤 영향을 미칠지는 아무도 알수 없다. 인생에 한 번쯤은 자신의 재능을 마음껏 펼칠 수 있어야 한다. 이것은 누가 가르쳐 주지도, 가르쳐 줄 수도 없다. 나만의 재능을 혼자 있는 시간을 통해 발견해 내야 한다. 혼사 있는 시간을 통해 나만의 잠재력과 창조성을 발견해 내자. 그것을 찾고 이루는 과정에서 자신만의 삶의 진정한 의미와 가치를 느낄 수 있다.

# 혼자 있는 시간이 필요한 이유 Ⅱ

8

# 온리 원,
# 혼자 있으면 Best one이 아닌 Only one이 된다

우리 각각은 이 세상에 단 하나밖에 없는 존재다. 똑같은 사람은 한 명도 없다. 조물주는 우리 모두를 각각 다르게 만드셨다. 그러나 많은 사람이 자신을 잃은 채 살고 있다. 삶의 마지막에 가서야 자신의 삶을 후회하는 사람이 많다. 무작정 남들이 좋다는 길에 몰려가고 그 과정에서 자기 자신은 없는 삶을 살았기 때문이다. 자신이 가고 있는 길이 진정으로 자신이 원한 길인지 아닌지도 모른 채 살고 있다. 내가 이 땅에 태어난 이유, 나만이 할 수 있는 일. 대체될 수 없는 자신의 길을 찾기 위해 노력해야 한다. 혼자 있는 시간을 통해 그 누구도 대체될 수 없는 'Only one'이 될 수 있다.

## ⑴ 단지 다를 뿐이다

　20대의 마지막 자락에서 '난 나의 삶을 살고 있나?'라는 질문에 확실한 답을 내리지 못했다. 초등학교 때부터 대학 입시까지 우리 대부분은 거의 대학이라는 한 곳만을 바라보며 살아왔다. 자신의 재능과 성향 등은 무시된 채 좋은 대학, 좋은 직장만이 정답인 줄 알고 달려왔다. 그러나 나이가 들면서 사회와 세상에 나와 다양한 경험을 하면서 크게 깨달은 것은 우리는 모두 다르고 저마다의 삶이 있다는 것이다. 이 세상에 완전히 똑같은 사람은 한 명도 없는 것처럼 우리의 삶은 전부 다르다. 좋은 대학, 대기업 직장, 부자만이 답은 아니다. 세상에 정답은 없다. 어느 길을 가던 그 누구도 틀린 삶은 없다. 단지 다를 뿐이다.

　'멀리 나는 새가 멀리 본다.'라는 명언을 남긴 책 『갈매기의 꿈』에는 자신만의 꿈을 펼치는 조나단이 나온다. 조나단은 먹이를 찾기 위해서만 나는 다른 갈매기들과 달리 진정한 자유와 자아실현을 위해 날아오르기를 바랬다. 이런 기존의 관습을 무시한 조나단은 다른 갈매기들의 무시와 괄시를 받는다. 그럼에도 불구하고 비상을 향한 날갯짓을 멈추지 않는다. 그는 무리의 따돌림에 의해 혼자가 되지만, 멀리 날기를 포기하지 않는다. 그렇게 자신만의 길을 가며 노력 끝에 결국 힘차게 날아오른다. 이 책은 모든 존재는 자신만의 능력과 잠재력을 지니고 있다는 것을 보여 준다. 그리고 자신의 능력을 실현하기 위해선 반드시 고독이 따름을 보여 준다. 그 누구도 조나단을 인정해 주지 않았지만, 철저히 고독 속에서 비로소 자신의 한계를 넘어 꿈을 이룰 수 있었다.

> "조나단, 내가 아는 유일한 대답은 네가 백만 마리 새들 중에서 가장 훌륭한 한 마리라는 거야."
>
> 리처드 바크 『갈매기의 꿈』

우리 각각은 이 세상에서 단 하나밖에 없는 존재다. 단 한 명도 똑같은 삶은 없다. 모든 사람은 삶 그 자체로 존중받아야 마땅하다. 그러나 물질 중심의 사회와 교육 제도 아래에서 우리는 다양성을 잃어 가고 있다. 그저 눈에 좋아 보이는 것들에 우르르 몰려가고 있다. 그러나 우리 각각은 누구나 자신만의 길이 있다는 것을 기억해야 한다. 모두가 저마다의 길로 각자 걸어갈 때, 삶은 더 다채로워지고 개개인 모두가 행복해질 수 있다.

우리 대부분은 사회나 누군가가 정해 놓은 길만을 걸어왔다. 각각의 개인의 성향, 능력, 선호 등은 철저히 무시된 채 말이다. 하지만 조나단처럼 세상과 타인이 자신을 무시해도 자기만의 길을 끝까지 갈 수 있는 용기와 인내가 필요하다. 자신만의 길을 갈 때 진정으로 행복할 수 있다. 어떤 삶을 살고 싶은지, 원하는 삶이 무엇인지 등 자기 생각과 가치관을 점검하고 자신을 돌아봐야 한다. 이 세상엔 똑같은 삶은 하나

도 없다. 저마다의 길이 있을 뿐이며, 단지 나와 다를 뿐이다. 좋은 것
도 나쁜 것도 없다. 자신이 행복하고 만족하면 그것이 좋은 것이다.


### (2) 내 '마음'이 이끄는 대로

군대 제대 후 대학교 복학 전 좀 더 다양한 것에 도전해 보고 싶었다.
바로 복학을 하면 학교생활에만 집중해야 하기 때문에 평소 하고 싶었
던 것들을 못 할 것 같은 막연한 생각이 들었다. 특히 평소 배우고 싶
었던 음악이나 여행을 가고 싶었다. 고심 끝에 부모님에게 "1년만 휴
학할게요."라고 말씀드렸다. 그러나 부모님은 1년 늦어 버리면 남들보
다 늦게 졸업하니 취업이 힘들 수 있다고 말씀하셨다. 그 당시 내 나이
는 23살이었다. 나에게 물었다. "나중에 후회하지 않겠나?" 아직 그때
는 오지 않았고 1년 늦어진다고 내 인생에 큰 불이익은 없을 것 같았
다. 세상의 시선에 조금은 두려웠지만, 후회할 것 같아 용기를 내어 휴
학했다. 지금 생각해 보면 그때 결정한 1년의 세월이 지금의 내 삶을
정말로 풍요롭게 만들지는 상상도 하지 못했다.


바로 아르바이트를 시작했다. 신문 배달, 편의점, 공장, 택배 일 등
여러 가지 일을 했다. 그 일을 해서 번 돈으로 먼저 음악을 배웠다. 처
음엔 작곡을 좀 배우다가 리듬 분야가 부족하다고 생각하여 이후에는

드럼을 배웠다. 특히 드럼을 배운 것은 정말 행운이었다. 드럼을 배울 때 너무나도 재미있었다. 운 좋게 선생님도 잘 만나서 3개월 정도 정말 미친 듯이 빠져들었다. 내 생에 그렇게 재밌게 무언가를 배워 본 경험은 처음이었다. 많이 연습할 때는 하루 10시간도 연습했다. 실력도 쭉쭉 늘고 어느 순간 밴드 활동도 하게 됐다. 그냥 마음이 끌려서 한 일이 삶에 큰 즐거움을 가져다주었다. 내가 전혀 상상도 못 했던 분야에 뜻밖의 재능이 있다는 것도 알게 되었다. 문학 평론가 이어령 님은 한 인터뷰에서 이런 이야기를 했다.

"천재가 아닌 사람은 없다. 모든 사람은 천재로 태어나고 그 사람만이 할 수 있는 일이 있다. 그런데 이 세상을 살다 보면 그 천재성을 다 덮어 버린다. 직장 가면 직장 상사가, 학교에 가면 선생님이, 자기의 천재성이 전부 가려진다. 360명이 한 곳을 향해 달리기를 하면 1등부터 360등까지 나온다. 그런데 남들 뛰는 대로 뛰는 것이 아니라 각자가 뛰고 싶은 방향대로 뛰면 360명 모두가 1등 할 수 있다. Best원이 아닌 Only이 되어라. 나는 세상에 하나밖에 없는 사람인데 왜 남들과 똑같이 사나? 왜 남의 인생이나 생각을 쫓아가나? 내가 원하는 삶을 사세요. 쓰러져 죽더라도. 내 삶은 내 것이기 때문에 남이 어떻게 할 수가 없다."

문학 평론가 이어령

그때 내 마음이 이끄는 대로 행동하지 않았다면 정말 후회했을 것이다. 끝까지 포기하지 않는 인내와 끈기, 몰입 등 그때의 경험이 지금의 인생에도 정말 많은 도움이 되고 있다. 물론 실패도 하고 힘든 적도 많았지만, 내가 생각하고 원하는 삶 위에서는 그 고통마저 즐거웠다. 남이 시켜서가 아닌 내가 원하는 삶이었기 때문에 후회도 없다. 우리는 모두 각자 천재성이 있다. 그러나 사회와 학교, 가족, 친구 등 우리의 재능을 모두 덮어 버려 모르고 살아온 경우가 많다. 타인과 세상의 시선은 잠시 뒤로하고 먼저 내 마음이 이끄는 대로 살아 보자. 그때 나의 천재성이든, 내가 좋아하는 일이든 그것이 뭔지 조금이라도 알 수 있을 것이다.

우리 개개인의 삶은 전부 다르다. 우리는 각자의 길로 뛰면 이 세상에서 모두 1등이 될 수 있다. 그 길은 자신을 찾는 것부터 시작이다. 남들이 가르쳐 줄 수 없다. 혼자 있는 시간을 통해 진정한 '나'를 찾을 수 있어야 한다. 'Only one'이 될 수 있어야 한다. 쓰러져 죽더라도 내가 원하는 삶을 살 수 있어야 한다. 자신만의 길을 가는 사람은 타인의 인정과 응원이 없어도 언제나 당당하다. 'Only one'이 되는 길. 어쩌면 그것이 우리가 세상에 태어나 풀어야 할 가장 중요한 과제가 아닐까.

# 몰입,
## 혼자 있을 때 몰입으로 목표를 달성할 수 있다

　우리 인생에는 중요한 가치들이 많다. 인간관계, 목표, 사랑, 성공, 신념 등 개인마다 중요한 것이 다 다르다. 하지만 누구나 인생에서 반드시 무엇인가를 이뤄 내야 할 때가 있다. 내가 원하는 것을 이루기 위해 목숨을 걸어야 할 때가 있다. 그것이 어떤 일이든 한 번 이루어 본 경험이 살아가는 데 엄청난 자신감이 된다. 뭐든 할 수 있다는 자신감을 얻을 수 있다. 무언가 이루기 위해선 반드시 혼자 있어야 한다. 몰입하여 모든 것을 쏟아부어야 한다. 목표 외 모든 것을 끊어 낼 수 있어야 한다. 초인적인 힘은 혼자 있는 시간에 '몰입'을 통해 만들어진다.

## (1) 인생에 한 번쯤은 '미친놈'이 돼 보자

21살 군대에서 '국경 없는 의사회'라는 단체에 들어가고 싶은 꿈이 생겼다. 국경 없는 의사회는 NGO 구호 단체이다. 그곳에 가고 싶은 이유는 〈울지마 톤즈〉의 이태석 신부님 때문이었다. 신부님은 한국에서의 누구나 부러워할 의사직을 내려놓고 아프리카로 떠났다. 평생을 가난한 이들을 위해 진료하고 봉사하며 사셨다. 우연히 본 다큐멘터리에서 그의 삶에 깊은 감명을 받아 갑자기 나도 그분처럼 봉사와 재능 등으로 타인에게 도움을 주고 싶었다. 갑자기 대학을 다시 의료계 쪽으로 들어가야겠다고 생각했고 그렇게 군대에서 무작정 수능 공부를 다시 시작했다.

인문계였던 나는 수학 1, 2, 미적분, 과학까지 다시 공부해야 하는 상황이었다. 시간이 얼마나 걸릴지도 몰랐다. 근데 이상하게 그런 것들이 중요하지 않았다. 그냥 대학에 다시 들어가야겠다는 '목표' 하나밖에 생각이 나질 않았다. 그렇게 공부는 시작됐다. 일과 후 쉬는 시간에 공부는 물론, 휴가를 나가서도 공부했다. 휴가를 나오면 쉬고 싶고 놀고 싶을 텐데 그때는 오직 공부밖에 보이지 않았다. 나도 왜 그런지 모르겠지만, 차근차근 수학부터 공부했다. 휴가 나와서는 12시간씩 공부를 하고 복귀해서는 일과를 마친 후 남는 시간은 모두 공부에 투자했다. 일과, 공부, 잠. 그렇게 6개월을 살았다. (단, 그때 내 계급이 상병이라 이 생활이 가능했다.)

　주위에서 다 미쳤다고 말했다. 가족도, 동료도, 친구들도 날 이상하게 봤다. 나조차도 내 생에 그렇게 미친 적은 처음이었다. 고등학교 때와 비교가 안 될 만큼 집중했다. 뭔가 마음속에 꼭 이뤄야겠다는 간절함이 용암처럼 솟아올랐다. 그렇게 고등학교 2년 과정을 6개월 만에 수학 전 과정을 한 번 다 돌렸다. 무슨 바람이 불었는지 모르겠지만 난 계속 공부를 해나갔다. 그러나 공부를 하는 도중 우연히 입대 전 써 놓은 버킷 리스트를 보았다. 목록이 무려 70개 정도 되었다. 대학 캠퍼스에서 여자친구와 도시락 먹기, 밴드 하기, 악기 배우기, 제주도 여행 가기 등 지금 대학을 다시 들어간다고 하면 이 젊은 날에 이루지 못한 것들이 평생 후회될 것 같았다. 난 두 길 중 결정해야만 했다. 그리고 물었다. "많은 것을 포기하면서까지 정말 대학에 다시 가고 싶은 이유가 뭐지?"

　그냥 봉사였다. 구체적 목표도 없이 그곳에서 봉사하고 활동하고 싶었다는 게 다였다. 정신을 차리고 보니 너무 막연했고 대학을 굳이 가지 않더라도 해외 파견이나 자선 단체에서 충분히 봉사하며 살 수 있다는 것을 알았다. 내 아까운 젊음의 시절을 또 대학을 가기 위한 공부에 쓴다는 것이 아까웠다. 지금 다니고 있는 과를 나와서도 충분히 많은 도움을 줄 수 있다고 생각했다. 난 나에게 더 중요한 것들을 결정했다. 변명처럼 들릴 수 있겠지만, 지금 생각해 보면 대학을 가는 길이 많은 것을 포기할 만큼 진정으로 원하는 길이 아니었나 보다.

뒤늦게 정신을 차려 보니 군대 후임과 동료들을 챙기지 못했다. 내가 맡은 직위에 최선을 다하지 못해 여러 사람에게 미안했다. 그만큼 미쳐 있었다. 내 목표를 이루기 위해 많은 사람에게 피해를 주었다. 이제는 남들에게 피해를 주면서까지 내 목표를 이루어야겠다는 생각은 절대 하지 않는다. 미안했고 사과했다. 다행히 동료들도 나중엔 다 이해해 주었다. 내 인생에 그토록 치열했던 적은 없었던 것 같다. 내가 원하는 것을 이루기 위해 미치는 경험. 그것이 나중에 설사 실패하고 방향이 잘못되었다 해도 한 번쯤은 경험해 보는 것이 좋다. 그런 경험이 세상에 못 이룰 일은 없을 것 같은 자신감을 심어 준다. 정말 최선을 다했기 때문에 후회도 전혀 남지 않았다. 최선을 다해야 미련이 없고 미련이 없어야 후회가 없다. 인생에 한 번쯤은 '미친놈'이 돼 보자. 그런 극한 몰입의 경험이 앞으로 살아갈 삶에 큰 도움이 될 것이다.

(2) '몰입'을 위해선 반드시 혼자가 되어야 한다

제대 후 이루고 싶었던 '몸'만들기에 들어갔다. 난 어릴 때부터 먹는 것을 너무 좋아하여 늘 뚱뚱한 몸을 유지하고 있었다. 다이어트는커녕

식욕 조절도 힘들어 항상 뚱뚱했다. 군대에 가면서 조금 날씬해지긴 했지만, 제대 후 바로 다시 급격하게 살이 쪘다. 그러다 우연히 TV에 '닌자 어쌔신'이라는 영화를 준비하는 가수 비를 봤다. 순간 '나도 저렇게 몸 만들어 보고 싶다.'라는 생각이 들었다. 이런 뚱뚱한 몸으로 더는 살긴 싫었다. TV에 나오는 비의 모습이 너무 멋있었다. 당장 환경부터 바꿨다. 일단 냉장고에 과자, 음료수부터 없앴다. 배달 음식 전화번호 모음집을 버렸고 헬스장을 등록했다. 그렇게 내 생에 첫 몸만들기 프로젝트가 시작됐다.

그러나 큰 난관이 있었다. 헬스장도 가고 환경은 다 갖춰졌는데 사람 만나는 것을 포기하지 못했다. 난 친구나 주변 지인을 만나면 꼭 밥이나 커피, 디저트를 먹는다. 사람을 계속 만나는 이상 내가 생각하는 목표를 이루기 힘들 거라 생각했다. '다이어트는 사람을 안 만나는 것이다.'라고 어느 운동 전문가가 말했듯이 난 모든 약속을 끊었다. 헬스장에서 주 3~4회 1시간씩 매일 운동을 했고 단백질 위주의 식사에 저녁 6시 이후에는 절대 먹지 않는 식이 요법도 병행했다. 갈수록 너무 힘들었지만, 군대에서 수능 공부할 때를 생각해 보면, 이 정도는 별거 아니라 생각했다.

그렇게 3개월이 지난 후 내 몸무게는 약 10kg이 감량되어 있었다. 5개월쯤 지난 후 18kg이 감량했다. 내 생에 처음 턱선이 생기고 복근이 나왔다. 미치도록 힘들었지만, 목표를 이루어 내니 이 세상에 뭐든 할 수 있을 것 같았다. 물론 많은 체중 감량으로 몸에 힘이 없어지고 건강에 무리가 왔다. 이후 골고루 먹으며 정상 체중을 유지하며 건강하게 운동하기로 했다. 그 후 운동은 죽을 때까지 해야 할 평생 취미가 되었다. 운동 덕분에 건강에 대한 중요성도 알게 되었고 동시에 자존감, 자신감, 체력 등 많은 것을 얻었다. 오직 누구의 도움 없이 나 스스로 얻어 낸 값진 결과였다. 혼자가 되지 않았더라면 절대 이룰 수 없었을 것이다.

> "중학교 친구 중에 사법 시험을 준비하던 친구가 있었다. 그 친구는 대학을 졸업할 무렵, 공부할 시간이 없다며 내게 고민을 털어놓았다. 나는 그때 한참 고독에 빠져 24시간이 온전히 나만의 시간이라는 생각을 하고 있었다. 그래서 그 친구에게 "하루 종일 사람들과 어울리면서 공부할 시간이 없다는 말은 변명이다. 일의 우선순위를 완전히 착각하고 있다."며 거침없이 퍼부었다. 인생에는 승부를 걸어야 할 때가 있다. 실패하지 않으려면 교제를 완벽하게 끊고 하고 있는 일도 철저히 정리하여 생활 전체를 점검해야 한다. 친구는 내 말에 엄청 충격을 받은 것 같았다. 조금 시간이 지나 만나 보니 "역시 교제를 줄이니 놀랄 만큼 많은 시간이 생겼다."며 나의 조언을 받아들였다. 그리고 치열하게 공부하여 간절히 바라던 사법 시험에 합격했다."
>
> 사이토 다카시 『혼자 있는 시간의 힘』

인생을 매번 목표 달성을 위해 산다면 삶이 너무나 힘들 것이다. 그러나 누구나 한 번쯤은 자신의 목표를 이뤄야 할 시기가 온다. 그것을 달성하기 위해선 반드시 혼자가 되어야 한다. 관계를 완벽하게 끊고 오로지 나에게만 집중해야 한다. 목표를 이뤄낸 경험이 삶에 큰 영향을 미친다. 한 번 이뤄낸 사람은 목표를 달성하는 방법도 몸소 익혀 뭐든지 이룰 수 있는 자신감이 생긴다. 목표 달성을 위한 몰입은 혼자 있는 시간을 통해 만들 수 있다. 고독을 통한 몰입을 통해 인생에 한 번쯤은 자신만의 목표를 달성해 보자.

누구나 언젠가는 자신의 목표를 이루어야 할 때가 온다. 그것을 이루기 위해서는 모든 외부의 모든 환경을 차단해야 한다. 그것 하나만을 위해 모든 것을 쏟아부을 수 있어야 한다. 그러기 위해선 철저하게 혼자가 되어야 한다. 타인과 만나고 다른 일에 관심을 기울이면 절대 목표를 이룰 수 없다. 목표를 이루는 것에 열심히 하는 것도 중요하지만, 무엇을 안 하느냐가 더 중요하다. 자신이 원하는 것이 있다면 반드시 혼자가 돼라. 그리고 몰입하라. 힘든 고독의 시간을 견뎌낸 사람만이 진정으로 자신이 원하는 목표를 달성할 수 있다.

# 10

## 인간관계,
## 혼자 잘 지낼 수 있어야 남들과도 잘 지낼 수 있다

살아가면서 가장 우리를 괴롭게 하는 것 중 하나가 인간관계다. 대부분 사람 때문에 힘들고 괴로운 삶을 사는 사람이 많다. 왜 인간관계가 힘들까? 가장 큰 이유 중 하나는 타인에 대한 지나친 기대와 내 뜻대로 하려는 독재 정신 아닐까 싶다. 타인은 내 것이 아니다. 절대 내 뜻대로 되지 않는다. 그것을 먼저 인정하는 것이 중요하다. 특히 혼자 잘 지내지 못하는 사람은 더욱더 타인에게 의존한다. 혼자 잘 지내는 사람만이 그 기쁨과 행복을 타인에게 줄 수 있다. 혼자서도 행복한 사람은 누구와도 잘 지낼 수 있다.

## (1) 관계엔 반드시 적당한 거리가 필요하다

사람들은 착각한다. 자주 만나거나 온종일 같이 있어야 그 사람과 잘 지내는 것으로 생각한다. 하지만 절대 아니다. 타인과 계속 함께 있으면 내 옆에 있는 사람의 소중함을 잊어버린다. 또한, 너무 친하다 보면 서로에게 지나친 기대를 하게 된다. 기대만큼 상대가 따라 주지 않으면 실망한다. 그래서 오히려 가까운 사이가 한순간에 원수가 되는 경우가 많다. 함께 있을 땐 자신이 어떤 행동이나 말을 하고 있는지 잘 인지하지 못한다. 아무 생각 없이 내뱉은 말이나 행동이 화근이 되어 갈등이 발생하는 경우가 많다. 좋은 관계를 유지하기 위해선 반드시 적당한 거리가 필요하다.

"생각해 보면, 성공적인 관계는 오히려 적당한 거리에서 나왔다. 그렇게 친하면서 왜 아직 말을 놓지 않느냐는 질문을 여러 번 받는 관계. 친한 사이에 뭐 그런 것까지 배려하느냐고 한 소리 듣는 관계. 그런 관계가 오래갔다. 반면 자타공인 너무 친하다고 인정하는 순간, "걔 근데 그런 면이 있더라."라며 배신감을 느끼고 멀어지는 경우가 적지 않았다. 후배들에게 추천하는 단하나의 사회생활 노하우가 있다면 바로 "업계에서 형 동생, 언니 동생을 맺지 말 것"이다. 의리와 정으로 사는 이 사회, 형 동생, 언니 동생만큼 따사롭고 든든한 게 어디 있겠냐마는, 나는 그게 정말 위험하다고 믿는다. 형 동생이라서, 언니 동생이라서 오히려 순식간에 원수가 되는 걸 숱하게 봤기 때문이다."

이혜린 『혼자가 싫은데 혼자라서 좋다』

　기대가 클수록 실망도 크다. 모든 불행의 원인은 기대에서 나온다고 했던가. 친할수록 조금만 잘못하거나 실수해도 크게 실망한다. 그러나 그것은 상대의 잘못이 아니다. 단지 자신의 기대가 커서 내 마음대로 상대가 조금만 움직여 주지 않아도 미워하게 되는 것이다. 친한 관계일수록, 자주 보고 붙어 있는 관계일수록 이런 일이 자주 발생한다. 그래서 같이 사는 가족끼리 상처를 더 많이 주고, 너무나도 사랑했던 연인이 헤어지면 둘도 없는 원수가 되는 것이다. 모두 적당한 거리를 지키지 못해서 발생하는 일이다.

　적당한 거리는 좋은 관계를 유지하는 데 필수다. 가까운 관계일수록 소중함을 잊는다. 관계가 당연시될 때 멀어진다. 아무리 가족, 연인이라도 각자 혼자 있는 시간이 필요하다. 혼자 있어야 나를 돌아볼 수 있기 때문이다. 타인과 계속 함께 있으면 늘 타인만 보게 되며 남 탓만 하게 된다. 타인과 함께하는 시간과 혼자 있는 시간을 적절히 가져야 한다. 혼자 있는 시간이 좋은 '나'를 만들고 상대를 만든다. 결론은 적당한 거리가 좋은 관계를 만든다.

## ⑵ 단절이 아닌 즐거움의 시간

　혼자만의 시간은 주변의 모든 관계의 단절을 의미하는 것이 아니다. 타인과 함께하는 시간을 잘 보내기 위한 것이다. 혼자 있는 시간이 즐거워야 타인과 함께 있을 때 즐거울 수 있다. 나 같은 경우 혼자 있을 때 책을 본다. 물론 처음 혼자 책을 볼 때면 문득 고립되어 있다는 생각이 들 때도 있다. 쓸쓸하고 외로운 기분이 들 때가 있다. 그러나 시간이 지나면 이 기분도 저절로 무뎌진다. 오히려 고요함 속에서 보는 책이 마음에 훨씬 더 잘 와닿을 때가 많다. 저자와 직접 대화하는 기분도 들면서 "내가 이런 유명한 사람들과 대화할 수 있다니!"라며 혼자 기뻐했던 적도 있다. 외로움의 시간이 고립이 아닌, 즐거움으로 다가왔다.

　혼자 잘 놀게 된 이후로 가장 큰 변화는 관계에 대한 집착이 싹 사라졌다는 것이다. '안 만나면 혼자 놀고 만나면 같이 놀자.'라는 마음이 들었다. 약속이 깨져도 '응 다음에 봐.' 하고, 우연히 약속이 잡히면 '만나서 재밌게 놀자.'라는 생각이 들었다. 이래도 좋고 저래도 좋았다. 관계에 대한 집착이 사라지니 만남 하나하나가 다 의미 있고 소중하게 다가왔다. 시간의 소중함도 알게 되어 나를 만나는 데 시간을 내주는 타인이 고맙게 느껴졌다. 옆에 사람이 있든 없든 내 삶이 즐거웠다. 일부러 약속을 잡는 일도 없어졌다. 물 흐르듯 삶을 대하는 태도가 나를 자유롭고 행복하게 했다. 이 때쯤 읽은 어느 책의 한 구절이 가슴에 와 닿았다.

> "사막의 교부(기독교 초기 사하라를 중심으로 한 사막에서 신앙을 닦은 위대한 스승들)들은 말했다.
>
> '네가 방 안에 혼자 가만히 머물지 못하는 데서 모든 문제가 발생한다.'
>
> 나는 기꺼이 방 안에 혼자 앉아서 내가 좋아라 하는 재봉을 하거나 책을 읽거나 혹은 천연 화장품을 만든다. 이런 결정을 한 지 10년쯤 지나 특히나 연말의 어떤 모임에도 가지 않았는데 내가 아직 외톨이가 되었다는 소식은 없다. 결국 "자기 스스로와 함께 있지 못하는 사람은 누구와 함께 있어도 외롭다." 나는 나 자신과 잘 지내는 방법을 선택했다."
>
> 공지영 『그럼에도 불구하고』

　자기 스스로와 함께 있지 못하는 사람은 누구와 함께 있어도 외롭다. 늘 타인에게 기대하고 의존하는 삶을 산다. 혼자 있는 시간을 많이 보내면 외톨이가 된다는 것은 편견일 뿐이다. 어차피 곁에 남아 있는 사람은 남고 떠날 사람은 떠난다. 오히려 혼자 있는 시간이 진짜 관계를 알아볼 좋은 기회가 된다. 혼자 있는 시간을 잘 보내는 사람은 관계에 집착하지 않는다. 혼자 있는 시간에 자신의 취미나 하고 싶은 일을 하며 즐겁게 보낸다. 약속이 잡히면 만나고 안 잡혀도 개의치 않는다. 삶의 주체가 '나'가 되니 매사가 자유롭고 즐겁다. 혼자 있는 시간은 외톨이가 되는 단절의 시간이 아닌, 나 자신을 위해 여러 활동을 할 수 있는 즐거운 시간이다.

타인에게 기대하며 의존하는 삶은 늘 흔들리고 불행하다. 삶의 주체가 '나'가 아닌 '타인'이 되기 때문이다. 우리 각자가 혼자 잘 지낼 수 있다면 타인과의 관계는 훨씬 좋아질 것이다. 혼자 행복할 수 있는 사람이 타인에게 행복을 줄 수 있다. 내가 즐거워야 타인에게 즐거움을 줄 수 있다. 혼자 있는 시간을 온전히 자신을 위한 시간으로 보내 보자. 나를 성장시키는 생산적이고 건설적인 시간으로 말이다. 굳이 타인과 잘 지내려고 애쓰지 않아도 된다. 각자가 자기 삶에 집중하고 혼자 있는 시간을 행복하게 보낸다면 자연스럽게 타인과도 잘 지낼 수 있다.

# 11

## 문제 해결,
## 풀리지 않는 문제의 해결책은 혼자 있을 때 온다

인생은 문제 해결의 연속이다. 한 문제를 풀면 또 다른 문제가 생긴다. 하지만 때때로 아무리 노력해도 해결되지 않는 문제가 있다. 사람들에게 도움을 청하고 머리를 맞대며 찾아도 안 풀리는 문제가 있다. 한 마디로 뭘 해도 안 될 때가 있다. 그땐 그 문제에서 잠시 떨어져야 한다. 그리고 깊은 고독으로 들어가야 한다. 차분한 마음으로 내 의식과 시선을 다른 곳으로 잠시 돌려야 한다. 그렇게 혼자 있는 시간을 보내다 보면 신기하게 답이 갑자기 튀어나오는 경우가 있다. 고독 속에서 내 무의식이 창조적인 해결책을 만들어 내는 것이다.

(1) 고독, 문제 해결의 시간

 '이것'만 해결되면 모든 게 다 해결될 것 같은데, 늘 인생은 또 다른 문제를 던진다. 인생은 문제 해결의 과정이라고 해도 과언이 아니다. 인간관계, 개인의 삶, 직장 등 그중에선 잘 풀리는 문제도 있으나, 아무리 노력해도 안 풀리는 문제도 있다. 오히려 풀려고 하면 할수록 더욱 악화되는 경우도 있다. 그때는 잠시 모든 것을 멈추어야 한다. 잠시 다 내려놓고 자신만의 고독으로 들어가야 한다. 차분히 마음을 진정시키고 그 문제에서 잠시 떨어져 자신의 의식을 다른 곳으로 돌려야 한다.

 이런 무의식의 해법을 처음 경험한 것이 대학교 2학년 때였다. 독후감 리포트 과제를 해야 하는 데 도저히 어떻게 써야 할지 몰랐다. 죽음에 관한 리포트였는데, 첫 문장 떼기가 힘들었다. 주변 동기들에게 물어봐도 도저히 감이 오질 않았다. 노트북 앞에만 앉으면 뇌가 멈춘 것 같았다. 기간이 얼마 안 남아 더욱더 조급함과 스트레스가 몰려왔다. '왜 안 써지지?' 하며 나 자신을 몰아세웠지만 소용없었다. 머리가 터져버릴 것 같아 모든 걸 내려놓고 평소 자주 가던 순대국밥을 먹으러 갔다. 재밌는 영상을 보며 화를 가라앉히고 혼자 먹는 것에 집중하다 보니 어느새 머리가 비워졌다.

 집으로 돌아와 자연스레 컴퓨터 앞에 앉았다. 그때 갑자기 과제에 대한 아이디어가 떠올랐다. 빠르게 키보드를 두들기며 나도 모르게 실타래 풀리는 듯 술술 써 내려갔다. 이유는 잘 모르겠다. 어쨌든 2시간도 안 돼서 독후감을 다 썼다. 참 신기했다. 아까는 '써야 한다.'라는 압박감에 그 문제에 계속 집착했다. 그러니 오히려 머리가 굳어지고 생각이 막혔던 것 같다. 다른 곳에 시선을 돌리니 머리가 환기되고 아이디어가 갑자기 떠올랐던 것 같다. 잘 쓴 거 같지는 않았는데 과제 점수도 만점에 가깝게 받았다. 그 사건 이후로 문제가 안 풀려 막막하고 답답할 땐 더 열심히 하려고 하기보다는 잠시 그 문제에서 떨어져 있는 게 훨씬 도움이 된다는 것을 알았다.

> "답이 막히면 잠시 눈을 감고 멍한 상태로 자신의 의식을 텅 빈 고독의 공간에 던져 놓는다. 그러다 보면 어느 순간 전혀 생각하지 못했던, 때론 엉뚱한 방법들이 쏟아지기도 한다. 그는 버스 안에서 머릿속에 떠오른 의미 있는 답을 종이에 적으면서 시간을 보낸다. 그렇게 얼마간의 시간이 지나면 한 가지 해결책이 문득 용광로 위로 떠오르는데 그것이 최선의 답인 경우가 많다고 한다. 때론 그 답이 창의적이고 기발하기까지 하다. 문제가 고독 안에서 해결된다는 것이다."
>
> 장순옥 『60분 고독의 기적』

안 풀리는 문제가 있으면 잠시 그 문제에서 떨어지자. 고독 속에 나를 던져 놓자. 그러다 보면 무의식중에 창의적인 방법이나 아이디어들이 떠오를 것이다. 분명한 것은 문제 해결에 대한 압박을 가지고 있으면 더 힘들어진다. 집착할수록 생각과 마음은 굳어진다. 안 풀리는 문제가 있다면 그 문제와 무관한 곳으로 시선을 돌려 보자. 그 문제와 잠시 떨어져 시간을 두고 차분히 기다리자. 그러다 보면 자신도 생각지 못한 아이디어나 해결책이 떠오른다. 고독 안의 무의식 속에서 풀리지 않던 문제가 해결된다.

### (2) 때론 자주 바꿔 가면서

"공부도 무리하게 한 과목에만 집중하는 것은 좋은 방법이 아니다. 뇌가 감당하지 못한다. 공부를 하다가 관심을 잠깐 다른 것으로 돌릴 때, 우리의 뇌는 본 것을 잊지 않기 위해 집중력을 가동한다. 한 가지 일이나 공부에 집중해서 완전히 마무리 짓는 것보다 중간에 한눈을 팔수록 잘 기억하는 현상을 차이가르닉 효과라고 한다. 하던 일을 끝내지 않은 상태에서 기억력이 좋아지는 이유는 '심리적 긴장' 때문이라고 한다. 중간에 일을 잠깐 멈추면 마치지 못한 일이 무의식에 걸려 불편하고 불안하기 때문에 더 많은 신경을 쓰게 되어 오히려 더 잘 기억한다는 것이다. 카페에 나와 글을 쓸 때도 차이가르닉 효과가 적용된다. 아이디어가 떠오르지 않아 진전이 없을 때는 탁 트인 공간에 나와 사람 구경으로 한눈을 판다."

신기율 『은둔의 즐거움』

어느 한 가지에 너무 몰두하다 보면 때로는 역효과가 나는 경우도 있다. 그럴 땐 반드시 다른 무언가로 전환이 필요하다. 나 같은 경우 한 가지를 오래 집중하는 스타일은 아니다. 사람마다 다르겠지만 웬만해서는 한 가지에 2시간 이상 집중하기가 힘들다. 체력도 체력이지만 2시간이 넘어가면 지루하고 재미가 없어진다. 책을 읽다가 지루하다 싶으면 운동을 하고 또 지루하다 싶으면 게임을 한다. 이렇게 자주자주 매체를 바꿔 준다. 물론 한 분야의 성장의 측면에서 더딜 수 있지만, 순간순간의 몰입은 훨씬 좋다. 크게 지치지도 않는다.

고등학교 입시 때 하루 10시간 이상을 앉아 있었다. 학교, 독서실 등 온종일 공부만 하다 보니 미칠 것 같은 날도 많았다. 너무 지루하고 답답해 자율 학습을 도망간 적도 있었다. 지금 생각해 보면 참 효율이 없었던 것 같다. 딱 집중해서 확실히 할 땐 하고 쉴 땐 쉬는 것이 훨씬 좋은 방법이다. 많이 앉아 있다고 해서 공부가 더 잘되는 것은 아니었다. 열심히 했으면 다른 곳으로 시선을 돌려 뇌를 잠시 쉬게 해 줘야 한다. 무작정 열심히 한다고 다 되는 것도 아니었다. 뭐든 적당히 그리고 일정한 휴식과 환기가 있어야 했다.

뭔가가 잘 안 풀리고 하기 싫을 땐 다른 것을 번갈아 해 보자. 한 곳에만 집중한다고 해서 무조건 잘되는 것은 아니다. 강박감이 심해지다 보면 집착이 생긴다. 집착이 심해지면 일을 그르칠 수 있다. 역효과가

난다. 물론 살아가면서 한 곳에만 집중해야 할 때도 있다. 하지만 때론 여러 가지를 자주 바꿔 가며 하는 것도 추천한다. 자신의 의식과 기분을 바꿀 수 있는 것이라면 무엇이든 좋다. 지루하지 않고 생동감 있어 훨씬 재밌고 집중도 잘 된다.

인생의 해결책은 그 문제에 몰두했을 때보다 한 발짝 떨어질 때 나오는 경우가 많다. 특히 혼자 있을 때 무의식중에 나오는 경우가 많다. 잘 풀리지 않는 문제를 머리를 싸매고 집착하지 말자. 안 풀리는 문제를 계속 붙잡고 있어 봐야 해결책은 쉽게 나오지 않는다. 오히려 그 문제에서 잠시 떨어져 내 의식을 다른 곳으로 돌리자. 그러다 보면 어느 순간 문득 문제에 대한 해결책이 떠오른다. 혼자 있는 시간의 무의식 속에서 풀리지 않는 문제에 대한 예상치 못한 해결책이 나온다.

# 12

## 행복,
## 혼자 있을 때 진정한 행복을 느낄 수 있다

사람은 언제 진정한 행복을 느낄까? 타인과의 관계, 좋아하는 일, 음식, 여행 등 인생에서 느낄 수 있는 행복은 다양하다. 그중 특히 혼자 있는 시간을 잘 보내면 삶의 진정한 행복을 느낄 수 있다. 혼자 있을 때의 행복은 누군가로부터, 외부의 조건에 의해 만들어지는 것이 아니다. 온전히 나 혼자 있는 시간만으로 즉, 자기 스스로 행복을 만드는 것이다. 혼자 있을 때 행복할 수 있어야 타인과 함께 있을 때도 행복할 수 있다. 나와 잘 지내고 나를 찾는 과정을 통해 삶의 진정한 행복을 느낄 수 있다.

(1) "혼자서도 잘 지냅니다"

　흔히 사람들은 "혼자 있으면 외로워서 어떻게 지내냐?" 말한다. 대부분 이런 사람들은 혼자 있는 시간을 부정적으로 본다. 세상에 자기 혼자만 떨어져 있는 느낌을 받아 늘 누군가를 찾는다. 하지만 혼자 있는 시간이 진정으로 자기 자신과 즐겁게 보낼 수 있는 시간이다. 바쁜 세상 속에 잊고 살았던 나를 더 잘 알 수 있고 잘 지낼 수 있는 시간이다. 남 눈치 보지 않고 내가 평소 원하는 것들, 하고 싶은 일들을 마음껏 할 수 있는 시간이다. 각자 자기만의 즐거움을 찾아낸다면 누군가 옆에 없어도 혼자서 충분히 잘 지낼 수 있다.

　자기만의 즐거움을 느끼는 요소를 찾아보는 것이 중요하다. 춤, 음악, 미술, 운동, 만들기, 스포츠, 여행 등 각자가 느끼고 선호하는 것은 다르다. 특히 나 같은 경우 화창한 날이든, 비 오는 날이든 음악을 듣는 것을 좋아한다. 녹차나 커피를 한잔 가져다 놓고 창밖의 햇살이나 자연을 보며 음악을 듣는 게 나만의 행복이다. 혼자 있을 때 차를 마시며 자연을 보고 음악을 듣고 있으면 '살아 있어 행복하다.'라는 생각이 저절로 든다. 세상에 감사하게 되고 부정적이고 어지러운 마음이 차분해진다. 이런 사소한 것들에 즐거움을 느끼다 보면 별 거 아닌 것에도 감사해지고 행복해진다.

나만의 즐거움을 찾는 순간 또 다른 즐거움이 따라온다. 음악을 들으니 동시에 시집이나 소설에 손에 갔다. 처음엔 주로 에세이를 읽었다. 읽기가 쉽고 내면을 더 깊고 풍요롭게 만들어 주었다. 음악과 책을 좋아하니 자연스레 예쁜 카페들을 찾아다녔다. 새로운 카페에 가면 여행하는 느낌이 들었다. 다양한 카페에서 음악을 듣다 보니 피아노나 바이올린의 연주곡이 너무 좋아 직접 연주도 해 보고 싶어졌다. 이렇게 뭔가 하고 싶은 것이 계속 떠올랐고 좀처럼 외로울 틈이 없었다. 혼자서도 즐겁고 행복한 감정이 누군가에 의해 받는 행복보다 훨씬 좋았다. 그렇게 나 스스로가 나만의 행복을 만들어 가고 있었다.

"우리가 지향해야 할 것은 세상과 단절한 은둔이나 도피가 아니라 혼자 있는 시간의 즐거움을 깨닫는 것이다. 즉 진정한 의미에서의 고독이란 단순히 혼자 외롭게 있는 것도, 어딘가로 무작정 도피하는 것도 아니라 온전히 나 혼자 존재하는 시간을 만끽하는 것이다. 혼자 시간을 보내는 즐거움이란 단지 사람들과 따로 살아가는 즐거움이 아니라 온전한 나로 깨어 있는 삶의 즐거움이다. 샤인 샤를 보들레르는 "고독은 사람에게 해롭기는커녕 혼자 있는 것이 행복이다."라고 말했다. 고독의 진정한 가치를 깨달아 혼자 시간을 보내는 즐거움을 가지기를 바란다."

허균 『혼자 있는 시간이 가르쳐 주는 것들』

자기 나름대로 즐거움을 찾아낸다면 혼자서도 충분히 잘 지낼 수 있다. 혼자 있을 때 고립감과 외로움이 힘들다면 아주 작은 즐거움부터 발견해 보자. 십자수나, 공방, 운동, 악기, 미술 등 그동안 생각만 했던 것들을 하나씩 실행해 보자. 자신이 원하는 것을 찾고 그것을 하나씩 해나가다 보면 어느새 외로움은 사라질 것이다. 어느 순간 혼자서도 잘 지내는 자신을 발견하게 될 것이다. 혼자 있는 시간은 아주 소중하고 귀한 시간이다. 자기 자신에게 집중하고 투자할 수 있는 유일한 시간이다. 혼자서도 행복할 수 있을 때, 세상에 대한 자신감과 당당함이 더 올라간다.

## (2) 누구의 구애도 받지 않는 자유의 시간

나도 처음에 혼자 있는 시간이 어색했다. 매번 가족들, 아니면 기숙사에서 친구들과 함께 살았다. 두 번째 직장을 잡으면서 서울로 지역을 옮겨 본격적으로 혼자 살게 되었다. 이사를 하고 드는 생각이 문득 '이제 정말 혼자구나.'라는 생각에 두려움이 들기도 했다. 부정적으로 생각하면 한없이 그쪽으로 빠질 것 같았다. 생각을 바꿔 혼자 있는 시간을 최대한 긍정적으로 생각해 보려고 노력했다. 먼저 부모님의 잔소리나 주변 관계의 만남에서 오는 스트레스가 없었다. 혼자 나만의 조용한 시간을 보낼 수 있었다. 무엇보다 가장 큰 장점은 누구도 간섭하지 않고 나 스스로 모든 것을 결정할 수 있는 '자유'였다.

먹고 싶은 것, 사고 싶은 것, 가구 배치 등 모든 것이 자유였다. 모든 게 내 마음대로, 내 뜻대로 할 수 있었다. 누구의 간섭도, 허락도, 상의도 필요 없었다. 이것이 진짜 자유이고 행복인가 싶었다. 왜 역사에서 많은 사람이 자유를 위해 투쟁했는지 조금은 알 것 같았다. 자유는 사람을 정말 행복하게 만들었다. 내 마음대로 할 수 있다는 사실 하나만으로 가슴이 뻥 뚫리는 것 같았다. 자기 주체적인 삶, 자신이 결정할 수 있는 삶, 삶의 주인으로서 산다는 게 대충 이런 거구나 싶었다.

그러나 자유에는 반드시 대가가 따랐다. 경제적인 비용, 청소, 빨래, 설거지, 음식 등 모든 것을 내가 해결해야 한다. 누가 통제해 줄 사람도 없어 자기 자신을 스스로 통제해야 한다. 처음엔 모든 집안일을 혼자 다 해야 해서 몸이 고되고 힘들었다. 그러나 그런 것들을 다 감수하고서라도 자유를 택하고 싶었다. 혼자 있을 때의 고요함과 자유로움이 너무 좋았기 때문이다. 내가 하고 싶은 대로 결정하고 행동하는 것이 이렇게 큰 행복일 줄 몰랐다. 많은 대가가 따르더라도 자유를 선택하고 싶었다. 그만큼 혼자 있는 시간의 소중함과 중요성에 대해 크게 깨달았다.

"지금 홀로 있어서 외롭고 슬픈 생각만 든다면, 그래서 어떻게든 밖으로 나가 온갖 소음 속에 자신을 던지고 있다면, 당신에게 찾아온 황금 같은 시간을 쓰레기통에 처박는 것과 같다."

장자크 루소

혼자 있는 시간을 버티지 못하는 사람은 황금 같은 시간을 버리는 것이다. 자유로운 시간이며 동시에 귀중한 시간이다. 그 시간은 내가 할 수 있는 것을 마음껏 할 수는 유일한 시간이다. 혼자 있는 시간을 황금의 시간으로 보지 못하는 사람은 인생에서 정말 소중한 시간을 낭비하고 있는 것이다. 삶에서 완전한 자유의 시간은 그렇게 많이 오지 않는다. 혼자 있는 시간을 황금의 시간으로 여기며 누구에게도 구애받지 않는 자유의 시간을 즐겨보자.

혼자 있는 시간은 자신과 더 잘 지낼 수 있는 시간이다. 스스로 행복을 찾고 자신이 원하는 것을 할 수 있는 진정한 자유의 시간이다. 이 시간을 자신을 위한 시간으로 잘 활용한다면 진정한 행복을 맛볼 수 있다. 누구도 구애받지 않는 이 시간을 잘 보낸다면 타인이 크게 필요가 없어진다. 혼자서도 즐겁고 당당하게 잘 지낼 수 있기 때문이다. 혼자서도 행복할 수 있는 사람만이 타인과 함께 있을 때도 행복할 수 있다. 혼자 있을 때 나만의 즐거움으로 삶의 진정한 행복을 만끽해 보자.

# 13

## 질문,
## 혼자 있을 때 진정으로 나 자신에게 질문할 수 있다

우리는 어렸을 때부터 질문하기를 꺼렸다. 왜냐하면, 질문하는 것이 타인에게 피해를 주는 일이라 생각했기 때문이다. 모르는 게 있어도 타인의 눈치를 보며 질문하는 것을 결국 포기한다. 이런 우리가 자기 자신에게 질문을 던진 적이 한 번이라도 있을까? 질문한다는 것은 궁금해한다는 것이다. 궁금해야 질문하고 그것에 대해 고민하는 과정이 있어야 제대로 알 수 있다. 삶에 서도 마찬가지다. 질문이 없으면 살아지는 대로 생각하게 된다. 세상과 타인의 뜻대로 삶을 살게 된다. 혼자 있을 때 질문을 통해 내가 삶을 제대로 살아가고 있는지 늘 점검해야 한다. 나에게 끊임없이 질문을 던져야 한다. 밀도 있는 질문은 혼자 있을 때 할 수 있다.

(1) 삶의 나침반이 되어 줄 '질문'


　취업 후 5개월 차쯤, 퇴근 후 지친 하루에 끝에서 난 지금 어디로 가고 있는 것일까? 라고 생각한 적이 있다. 목표 없이 떠도는 나룻배같이 망망대해의 바다 위에 떠 있는 것 같았다. 문득 앞길이 막막하고 도저히 끝이 보이지 않을 것만 같았다. 취업만 되면 달라질 줄 알았던 내 인생에 정작 큰 변화는 없었다. 마음속 한편의 허전함은 여전했지만 이게 뭔지 알 수 없었다. 외로움도 아니었고 그렇다고 돈으로도 사람으로도 채워지지 않는 그런 것이었다. 내 마음속의 이 불편함과 허전함, 공허함의 원인이 무엇인지 알고 싶었다. 그때부터 나 자신에게 질문하기 시작했다.

　내가 원하는 삶은 뭘까? 난 어떤 사람이 되고 싶지? 이대로 간다면 정말 행복한 삶을 살 수 있을까? 나를 성장하지 못하게 하는 요소는 뭘까? 나를 나답게 만들지 못하는 것은 무엇일까? 등 나 자신에게 질문하고 고민하기 시작했다. 그런 질문 속에서 조금의 실마리가 보였다. 분명한 것은 남들이 좋다는 길이 정작 나에겐 그다지 행복하지 않았다는 것이다. 맹목적인 사회의 기준만을 따라오다 보니 삶이 허전하고 공허했다. 그 원인을 알고 나니 답이 보였다. 먼저 나 스스로가 삶의 주인이 되기 위해선 나만의 삶의 지도가 필요했다. 나에 대한 질문을 통해 '이렇게 살아야겠다.'라는 확고하고 인생관이 필요했다.

"인생에서 타인은 손님, 주인은 나 자신이다. 나에 대해 잘 알아야 인생을 장악할 수 있다. 그러나 노력 없이는 자기 자신을 알 수 없다. 상대가 본인이라고 해도 알아가기 위한 노력이 필요하다. 자신에게 말을 걸고, 자신에 대한 대답을 찾아라. 나라는 존재에 대해 궁금증을 가지고 탐구하라. 아침 출근길이나 식사 후 걷는 시간을 활용해도 좋다. 혼자 생각에 빠져 걸을 수 있는 시간이면 충분하다. 이러한 탐구는 내 인생을 내 것으로 만들 자기주의를 확립하는 기초가 된다."

와다 히데키 『혼자 행복해지는 연습』

그렇게 나에 대한 질문을 통해 나만의 인생관을 형성해 가고 수정해 가며 살고 있다. 나에게 끊임없이 질문하고 답하는 과정은 삶을 올바른 방향으로 인도해 준다. 자신에게 질문하고 고민하면서 자기 삶의 지도를 제대로 그리려는 노력이 필요하다. 자신만의 확고한 주관과 인생관이 필요하다. 그것이 있다면 누구와도 비교하지 않는, 진정한 내 안의 소리에 귀 기울이며 나만의 삶을 살아갈 수 있다. 질문은 방황하는 나에게 제대로 된 길을 찾아가는 해 주는 '나침반' 같은 존재다.

(2) 외로움이 진정 나를 힘들게 하는가?

어느 날 같이 다니던 대학 동기가 외로워서 힘들다고 말하며 2달 만에 20번의 소개팅을 했다고 했다. 20번의 소개팅을 하고 하는 말이 '딱히 마음에 드는 사람이 없다.'라며 또 다른 사람을 찾았다. 난 이것이 외로움의 문제일까? 라고 생각했다. 그 친구는 늘 누군가를 찾았으며 만남에서 만족을 얻었다. 그때 자기 자신과 잘 지내지 못하는 사람은 누구를 만나도 외롭다는 것을 어렴풋이 알았다. 중요한 것은 외로움이 나를 힘들게 하는 것이 아니라, '나는 혼자야.', '외로워.', '누가 필요해.' 같이 외로움을 부정적으로 생각하는 것이 문제다. 이런 사람은 늘 타인에게 의존하게 되어 자신의 행복을 온전히 타인에게 맡긴다. 그러나 행복은 남이 만드는 것이 아니라 오직 나 자신이 만드는 것이다.

> "일시적이든 지속적이든 홀로 있음이 힘들다면 이렇게 질문해 보라. 내가 정확히 무엇 때문에 힘든가? 내 경험상 이와 관련하여 두 가지 경향이 있다. 내 곁에 신뢰할 수 있는 사람이 없어서 괴로운 건가? 아니면 내가 혼자 됨을 잘못된 것으로 보기 때문에, 유감스럽고 위험하고 나쁜 것으로 보기 때문에 괴로운가? 다르게 말해, 내가 정말로 홀로 있음으로 인해 괴로운 것인가, 아니면 관습과 사회적 통념이 나를 힘들게 하는 것인가? 이것을 정확히 알면 더 잘 대처할 수 있다. 자, 자세히 점검해 보라. 외롭다고 느낄 때 내게 무엇이 부족한 것일까?"
>
> 프란치스카 무리『혼자가 좋다』

내 친구의 힘듦이 진정으로 외로움 때문인가? 아니면 스스로 혼자됨을 잘못된 것으로 보거나, 외톨이라고 생각해서 괴로운 것인가? 그냥 외롭고 심심해서 이성이 그리운 것인가? 주변 사람들이 혼자 있는 내 모습을 불쌍하고 하찮게 여길까 봐 그러는 것인가? 본질적인 원인을 자신에게 질문해 봐야 한다. 외로움을 나는 어떻게 바라보고 있는지 점검해 봐야 한다. 질문하고 들여다보게 되는 과정에서 어느 순간 분명히 깨달을 수 있다. 어떤 외부의 것들이 나를 힘들게 하는 것이 아니라 나 스스로가 자신을 힘들게 한다는 것을 말이다.

외로움이 진정 나를 힘들게 하는 것인지는 나에게 하는 질문을 통해 분명히 알 수 있다. 질문을 통해 나 자신을 괴롭게 하는 것이 무엇인지 찾을 수 있다. 원인을 정확히 알아야 해결도 할 수 있다. 생각과 감정은 일시적이다. 가만히 놔두면 사라진다. 외로움이 진정 나를 힘들게 하는 것이 아니다. 그런 부정적인 생각과 감정을 붙잡고 집착하는 내 마음이 나를 힘들게 하는 것이다. 이렇게 질문을 통해 내 안의 나를 계속 점검하고 들여다봐야 한다. 그래야 본질적인 내 안의 괴로움과 외로움의 원인을 정확하게 알 수 있고 해결 방안이 나올 수 있다.

혼자서 질문하고 생각하는 습관이 없는 사람은 늘 주변에서 조언을 구한다. 친구에게 묻고 멘토에게 묻는다. 하지만 안타깝게도 그들도 모른다. 자기가 알고 있는 것만 대답할 뿐이다. 자기 인생은 자기 말곤 아무도 모른다. 자기 자신조차 '나'를 잘 모르는데 어떻게 남이 나를 알

겠는가. 그러니 스스로 질문하고 생각하는 힘을 길러야 한다. 내가 제대로 가고 있는지, 주체적으로 살고 있는지 등 나 자신을 끊임없이 점검해야 한다. 이런 진정성 있는 질문은 혼자 있을 때 나올 수 있다. 나에 대해 질문하고 생각하고 사색하는 과정을 통해 소중한 자신을 스스로가 지킬 수 있어야 한다.

# 혼자 있는 시간 잘 보내는 방법 I

14

## 산책,
## 걸으면서 생각을 내려놓고 마음의 평안을 얻게 된다

산책 말고 좋은 행위가 이 세상에 또 있을까? 걷기가 건강에 좋은 것은 수많은 연구를 통해서도 밝혀졌다. 또한, 걸으면서 뇌는 이완되고 복잡한 머릿속이 비워진다. 비워진 머릿속에 새로운 영감과 생각들이 떠오른다. 스트레스를 받았거나 마음이 괴로운 사람도 산책을 통해 평온을 찾는다. 걸으면서 내 육체는 건강해지고 정신은 맑아진다. 빠른 삶 속에 자연이 주는 편안함, 아름다움으로 심신이 안정된다. 산책에는 많은 돈이 들지도 않고 특별히 준비해야 할 것도 없다. 산책은 혼자 있을 때 할 수 있는 가장 가성비 좋은 행위이다.

(1) 단점이 없는 행위

   산책에는 그야말로 이로운 행위밖에 없다. 나도 머릿속이 복잡하거나 마음이 우울할 때엔 산책을 통해 안정을 찾는다. 일단 걷다 보면 많은 것들이 보인다. 운동하는 사람들, 밤을 비추는 불빛, 바람에 흩날리는 나무들, 잔잔한 호수 등 자연과 사람들을 보다 보면 어느새 내가 하고 있던 근심, 걱정, 생각들이 사라진다. 마음에 평온이 찾아오고 내일을 준비할 힘이 생긴다. 육체와 정신이 재정비되는 느낌이 들면서 내가 살아갈 방향과 목표를 다시 점검할 수 있다.

   나의 경우 육체적인 측면에 상당히 도움이 되었다. 처음엔 달리기나, 무거운 아령을 드는 과격한 운동을 위주로 했다. 그러나 이런 운동은 부상의 위험도 크고 시간과 장소도 제한적이었다. 특히 무산소 운동을 무리하게 할 땐 손목 관절이나 무릎이 안 좋아지는 일도 있었다. 그러나 걷기는 달랐다. 오히려 신기하게 무릎이 더 좋아졌다. 아픈 통증도 사라지고 걸으면 걸을수록 더 튼튼해지는 느낌을 받았다. 또한, 다이어트를 굳이 하지 않고 먹고 싶은 만큼 먹어도 크게 살이 찌지 않았다. 걸으면 걸을수록 몸과 마음이 가벼워지는 느낌이 들었으며 삶의 질이 한층 더 높아졌다.

   "혼자 시간을 보내는 즐거운 방법 중 하나로 '산책'이 있습니다. 산책을 하면 새로운 것을 보게 됩니다. 자주 다니는 길이라도 혼자서 걷다 보면 여태 보지 못했던 것이 눈에 들어오기 시작합니다. '풍경이 정말 아름다운 걸!', '이런 곳에 예쁜 화단이 있었네?' 하며 말이죠. 게다가 산책은 운동이 됩니다. 건강을 지키며 체력을 높일 수 있고, 다이어트에도 도움이 됩니다. 적당한 걷기 운동은 뇌를 활성화한다고도 알려져 있으며, 일상에서 받은 스트레스를 줄여 주기도 합니다. 이처럼 산책은 건강, 뇌의 활성화 등 다방면에서 좋은 영향을 줍니다."

우에니시 아키라 『혼자가 되어야만 얻을 수 있는 것』

산책은 삶의 많은 부분에서 도움을 준다. 그야말로 최고의 행위다. 육체와 정신적 측면에서 모두 긍정적인 영향을 미친다. 마음을 평화롭게 하며 머릿속의 생각을 비울 수 있다. 하체를 튼튼하게 하고 비만과 여러 질환을 예방할 수 있다. 그 외에도 좋은 공기를 마실 수 있고 아름다운 자연을 볼 수 있다. 다양한 사람들을 볼 수도 있고 평소 하지 못했던 기발하고 독특한 생각들이 떠오를 수도 있다. 이렇게 산책은 우리의 삶 모든 측면에서 도움이 된다. 짧더라도 매일 산책하는 습관을 길러 보자. 산책은 단점을 찾을 수 없는 완벽한 행위이다.

## (2) 하루를 정리하는 시간

　내가 산책을 하는 가장 큰 이유는 잠시나마 '나'를 만날 수 있기 때문이다. 바쁜 일상 속을 지내다 보면 정신없이 시간이 가는 경우가 많다. 생존을 위한 활동은 필수지만 그것만으로 사람이 사는 것은 아니다. 자신의 이상이나, 꿈, 원하는 일, 목표 등 인간의 삶을 더 가치 있게 만들고 행복하게 하는 요소가 많다. 그러나 바쁘게 살다 보면 생각하지 않게 된다. 그러다 보면 점점 '나'를 잃어버릴 수 있다. 산책은 이런 바쁜 하루 중 나를 돌아볼 수 있는 시간이다.

　매일 일정한 같은 시간에 산책했던 인물이 있다. 바로 철학자 칸트다. 그는 산책으로 고독의 기쁨을 누렸다. 특히 산책을 시작하는 시간과 끝나는 시간이 정확했다고 한다. 그 시간이 너무 정확하여 그의 산책 시간에 사람들은 시간을 맞췄다고 한다. 칸트는 홀로 걸으며 생각하면서, 떠오르는 생각들을 자신의 메모장에 적으면서 산책했다. 그 시간은 자기 생각, 친구들과의 대화, 앞으로의 계획 등 하루를 정리하는 시간으로 짐작할 수 있다.

　나도 산책을 하며 하루를 정리하고 생각이나 계획 등을 돌아보는 시간을 가졌다. 특히 삶에 지치고 힘든 날에는 무작정 밖으로 나가 그냥 걷는다. 시원한 바람이 나를 맞이해 주고 아무 생각 없이 걷다 보면 스트레스가 사라지고 자연스레 마음이 편안해졌다. "그건 내가 잘못했어.", "그래 앞으론 그러지 말아야지.", "별거 아니네, 앞으로 그런 점은 고치자." 등의 당시의 괴롭던 상황에선 하지 못했던 긍정적인 생각과 다짐을 하며 나 자신을 돌아볼 수 있었다. 나의 행동, 생각, 습관들을 돌아보며 하루를 정리하고 반성과 성찰의 시간을 가졌다.

물리학자 아인슈타인도 매일 프린스턴 캠퍼스의 숲을 산책하면서 자기 생각과 하루를 정리했다고 한다. 찰스 디킨스, 마더 테레사, 마틴 루터 킹 목사 등 수많은 위인이 실제로 산책을 했고 그 중요성을 강조하고 있다. 그만큼 산책은 생각을 비우고 새로운 영감, 긍정적인 생각, 독창적인 아이디어 등 많은 것을 얻을 수 있다. 자신의 하루를 돌아보며 생각을 정리할 수 있는 반성과 배움, 재정비의 시간이다.

산책은 인간에게 이로운 행위인 것은 확실하다. 산책을 통해 얻는 것이 너무나도 많기 때문이다. 육체, 정신의 영역뿐만 아니라 기분, 건강, 감정, 생각 정리, 영감, 시각, 청각 등 우리에게 미치는 영향이 너무나 많다. 이렇게 좋은 산책을 안 할 이유가 없다. 하루 30분이라도 산책하는 습관을 들여 보자. 건강과 정신 등 삶의 많은 부분에서 변화를 느낄 수 있다. 산책은 잃을 게 하나 없는, 인생에서 몇 안 되는 완벽한 행위이다.

# 15

## 음악,
## 음악을 듣거나 악기 연주를 하면서
## 나를 깊이 들여다보게 된다

자신을 표현할 수 있는 행위 중 예술 행위를 빼놓을 수 없다. 그중에서도 음악은 내면 깊은 곳의 또 다른 자신을 들여다볼 수 있게 해 준다. 무의식, 영혼, 상처, 기억 등 음악에는 내면을 치유해 주는 알 수 없는 힘이 있다. 듣는 것도 좋지만, 더 좋은 것은 자신이 직접 악기를 연주해 보는 것이다. 악기를 연주하며 그 곡을 자신만의 느낌으로 표현할 때, 희열과 감동을 느낄 수 있다. 또한, 스트레스나 불안 등 억압된 감정들을 해소할 수 있다. 특히 혼자 있을 때 음악은 나를 훨씬 더 깊게 만날 수 있게 해 준다.

## (1) 배신하지 않는 유일한 친구

인생에는 만남이 있으면 반드시 헤어짐도 있다. 그러나 늘 내 곁에 있는 것이 하나 있다. 바로 음악이다. 디지털 시대에 약간의 비용을 내면 휴대전화 하나로 언제 어디서든 음악을 들을 수 있다. 그렇게 음악은 즐거울 때나 외로울 때나 항상 내 옆에 있다. 즐거울 때 신나는 음악을 들으면 더 신난다. 슬플 때 위로가 되는 음악을 들으면 지치고 아픈 마음을 위로받을 수 있다. 음악은 우리의 삶을 더 풍요롭게 해 주는 동시에 삶의 희로애락을 함께 해 주는 영원한 친구 같은 존재다.

언젠가부터 사람을 만나는 것보다 음악이 더 좋아지기 시작했다. 대학교 3학년부터는 실습과 학업을 병행해야 해서 늘 바빴다. 힘들고 지치다 보니 사람을 만나는 것도 귀찮았다. 가까이 있는 친구들조차도 큰 위로가 되지 못했다. 무엇인가 해야 할 의지도 생기지 않았고 그냥 모든 게 무기력했다. 그럴 때마다 항상 음악을 찾은 것 같다. 난 장르를 가리지 않고 발라드, 록, 클래식, 뉴에이지, 재즈, 댄스, EDM 등 그날 기분에 따라 골라 듣는다. 그중 발라드를 제일 좋아하는데 잔잔한 음악은 언제나 많은 위로가 된다. 즐겨 듣는 가수는 에피톤 프로젝트, 다비치, 윤종신 등이다. 듣고 있으면 마음이 안정되고 내면의 많은 것들이 치유되고 정화되는 느낌이 든다. 그렇게 음악 감상은 혼자 있을 때 내가 가장 쉽고도 즐겨 하는 행위가 되었다.

"음악은 가장 쉽게 나만의 세계를 만들어 그 안에 머물게 한다. 많은 사람과 함께 있을 때에도 이어폰을 꽂고 음악을 들으면 그 즉시 다른 세계에 속할 수 있다. 이어폰을 꽂고 있으면 말을 걸어오는 사람도 없다. 음악은 나와 세계를 단절시키는 수단이 되어 주기도 한다. 이때 음악은 감상용이 아니다. 나의 주의를 오로지 한곳으로 집중시키기 위한 두터운 커튼이다. 음악은 혼자 있는 시간을 가장 만족스럽게 보내는 수단 중 하나다. 나만의 시간을 보호하고, 아름답게 채우며, 최적의 상태로 바꿔 유지하는 정서적인 보호막이기도 하다."

한상복 『혼자 있는 시간의 힘(실천편)』

그렇게 음악은 묵묵히 내 옆을 지켜 주는 소중한 친구가 되어 주었다. 힘들 땐 위로가 되어 주고, 즐거울 땐 기쁨이 되어 주었다. 나의 내면세계를 탐험할 수 있게 해 주었고, 내가 누구인지 생각하게 만들어 주었다. 내면의 풍요로움, 정서적인 안정, 삶의 기쁨과 아름다움 등 여러 가지 감정과 느낌을 들게 했다. 음악은 항상 내적 풍요로움을 선물해 주었고, 언제 어디서나 내 옆에서 나와 함께해 주는 소중한 친구가 되었다. 내가 준 것 하나 없지만, 많은 것을 가져다주는, 항상 미안하고 고마운 친구다.

## ⑵ 내 안으로 들어가는 악기 연주

　22살에 군대에서 음악을 꼭 해야겠다는 생각이 들었다. 우연히 재즈 음악가의 피아노 연주를 본 기억이 있는데, 순간 너무 멋있어서 제대하면 꼭 배워야겠다는 생각이 들었다. 그렇게 버킷리스트에 악기 연주를 적었다. 드럼, 피아노, 베이스 기타, 색소폰 등 나가면 꼭 하나는 배우리라 다짐했다. 막상 해 보니 악기가 너무 재밌어서 제대 후 피아노, 드럼, 바이올린을 배웠다. 그중 피아노와 바이올린은 아직도 연주하고 있다. 여러 악기를 다뤄 보니 사람마다 자기 성향에 맞는 악기가 있었다. 그중 피아노와 바이올린이 내게 잘 맞았는데, 특히 바이올린의 선율은 나의 깊은 내면까지 만나게 해 줄 만큼 아름다웠다.

　악기를 연주하면서 내면의 많은 변화가 생겼다. 가장 큰 변화는 마음의 안정이다. 분노와 화가 없어지고 마음의 동요가 줄어들었다. 앙상블(합주)을 하면서 음과 박자 등을 맞추려다 보니 두뇌 회전도 빨라지는 것 같았다. 밴드 팀원들과 이견을 조율하거나 안 맞는 부분을 서로 맞춰 가면서 갈등을 해결하다 보니 인간관계에서의 지혜도 생겼다. TV에서 음악가들만 한다고 생각하는 것을 내가 실제로 하고 있다는 것이 처음엔 믿기질 않았다. 그러면서 '나도 뭐든 할 수 있구나!' 하고 자신감을 얻었다. 가장 좋았던 것은 좋아하는 것을 여러 사람과 함께 한다는 것이었다. 악기를 다루면서 전체적으로 삶이 훨씬 더 풍요로워졌다.

　김정석 포항시립교향악단 단원은 대경일보에서 악기 연주의 장점에
대해 말하고 있다. 인지 능력을 증가시키고 두뇌 용량을 증가시킨다.
특히 노인들의 치매 예방에 탁월한 도움이 된다고 한다. 65세 이상의
사람들에게 4개월에서 5개월 동안 일주일에 한 시간 동안 악기를 연주
하게 한 결과, 청각과 기억을 관장하는 부분과 양손의 움직임을 관장
하는 두뇌의 부분이 활성화되었다고 한다. 음표와 박자를 알아야 해서
수리 능력을 개선하고 자신의 자아를 표현할 수 있다. 많은 시간과 노
력이 필요하지만, 그만큼의 책임과 절제, 인내, 도전 정신 등 삶의 많은
것을 배울 수 있다.

　악기 연주는 우리 삶의 정말 많은 이점을 준다. 인내와 절제에서부
터 두뇌의 발달, 치매 예방, 수리 능력, 정서적 안정, 스트레스 감소 등
악기 연주만 해도 삶의 많은 부분이 변할 수 있다. 물론 하나의 악기를
연주하는 것은 생각보다 시간도 많이 들고 힘들다. 하지만 힘들어도
음악을 즐기며 미래에 멋지게 악기를 연주하는 내 모습을 생각하며 즐
겁게 이겨 낸다면 많은 것을 얻을 수 있다. 먼저 자신이 좋아하는, 마
음에 끌리는 악기를 다뤄 보자. 삶의 낭만과 즐거움이 더해져 일상의
삶이 훨씬 더 풍요로워질 것이다.

음악은 우리 삶의 없어서는 안 될 요소다. 우리의 감정이나 정신, 내면을 조금 더 평화롭고 온화하게 만들어 준다. 음악에 푹 빠져 있으면 평소 느낄 수 없는 내면의 더 깊은 곳으로 들어갈 수 있다. 내가 어떤 사람이고, 지금 어떤 상태인지 등 내면의 감정 상태나 생각, 기분 등을 들여다볼 수 있다. 음악은 친구처럼 항상 늘 내 곁에 있어 준다. 과연 삶을 살아가는데 이만한 친구가 있을까 싶다. 음악을 내 삶을 풍요롭게 하고 성장시키는 요소로 활용해 보자.

# 16

## 낯섦,
## 일상을 여행 온 것처럼
## 낯설게 바라보게 되면 즐거워진다

반복되는 일상에 의미 없이 하루를 보내는 사람이 많다. 반복은 모든 것을 당연하게 만들고 시간이 지날수록 내 옆에 있는 것들의 소중함을 잊게 만든다. 집, 가족, 자연, 내가 평소 당연히 여기던 모든 것의 감사함이 무뎌진다. 항상 새로운 것, 자극적인 것만이 특별하다고 생각한다. 그러나 우리에게 가장 특별한 것은 바로 지금 여기, 내가 사는 일상이다. 자세히 들여다보면 나의 일상에 아름답고 즐거운 것들이 참 많다. 혼자 있을 때 일상을 낯설게 바라보자. 무기력하고 반복되는 일상이 즐겁고 특별하게 다가올 수 있다.

(1) 일상을 여행처럼

　우리의 삶은 죽기 전까지 매일 반복된다. 어린아이, 청소년, 대학생, 직장인, 노인 등 모두의 일상에 그렇다 할 큰 변화는 없다. 그저 하루를 살아갈 뿐이다. 하지만 의미 없는 하루가 계속 반복된다면 삶은 무기력해진다. 자칫 삶의 방향을 잃어버릴 수도 있다. 나이가 들수록 세월이 빠르다고 느껴지는 이유는, 의미 없는 일상이 반복되기 때문이다. 하지만 삶은 여행이다. 매 순간이 한 번밖에 오지 않을 소중한 순간들이다. 그렇다면 우리의 시선을 바꿔 주어진 일상도 여행처럼 새롭게 볼 필요가 있다.

"사람들은 휴가에서 돌아오면 얼마 지나지 않아 행복의 기초 선으로 되돌아오는 경향이 있다고 한다. 이를 막기 위해 내가 사는 도시에 그간 방문했던 다른 도시의 이미지를 투영했다. 작은 빵 가게나 치즈 가게에 들러 커피마시는 시간을 가졌다. 겉보기에만 쾌활하고 쓸쓸했던 거리는, 외부 세계를 상상력이라는 따뜻한 색으로 채색하기 위한 그라피티와 낯선 사람들을 관찰할 '기회의 거리'로 바뀌었다. 길을 걸을수록 오래된 거리, 새로 내린 눈, 교회 마당, 카페, 독립 서점이 눈에 잘 들어왔고, 맨해튼이 새롭게 보였다. 내가 여행했던 도시를 대하듯이, 마치 이것을 음미하기에 그만큼밖에 시간이 없다는 듯이 내 고향을 대하기 시작했을 때 비로소 이런 것들이 보이기 시작했다."

스테파니 로젠블럼『누구나 혼자 있는 시간이 필요하다』

매일의 일상에 지루하다면 '다른 나라에 살다가 잠시 이곳에 왔다.' 라고 생각해 보자. 매일 다니던 거리, 타고 다니던 버스, 나를 맞이해 주는 자연, 무심코 지나쳤던 길가의 한 송이의 꽃, 매일 마주하는 버스 기사 아저씨의 얼굴 생김새, 늘 걸어오던 거리에서 보지 못했던 고양이 등 정말 여행 온 것처럼 처음 본다고 생각하면 호기심과 동시에 관심이 간다. 이런 것들을 새로운 시선과 관심으로 바라본다면 모두 흥미롭고 신기하게 보일 수 있다. 나의 시선 하나 바꿨을 뿐인데, 많은 것이 새롭게 보이기 시작할 것이다.

우리는 매일 일상을 여행한다. 반복되고 무기력한 하루가 반복된다면, 새로운 관점의 변화로 내 삶에 조금 더 활기를 불어넣어 보자. 내가 보지 못했던, 무심코 지나쳤던 많은 것에 관심과 주의를 기울여 보자. 평소 당연시하던 것들에서 소소한 즐거움과 소중함을 느낄 수 있게 될 것이다. 그렇게 되면 내 주변에 있는 것들과 주어진 일상에 감사하게 된다. 당연한 것들에 감사하는 마음이 자신의 삶을 더 풍요롭고 행복하게 만든다. 내가 사는 오늘의 일상 자체가 늘 여행임을 잊지 말자.

(2) 모든 사물을 다양한 관점으로 볼 수 있어야 한다

영화 〈죽은 시인의 사회〉에서 존 키딩 교수는 수업 중 갑자기 강단

에 올라가서 말한다. "사물을 다양한 관점에서 볼 수 있어야 한다. 내가 당연하게 여기는 것들에 대해 의문을 품을 수 있어야 한다."라고 말했다. 우리 대부분은 자신이 정한 기준 안의 틀을 벗어나려고 하지 않는다. 내가 가지고 있는 생각이나, 가치관, 편견, 사물에 대한 인식 등 평소 당연하게 여기는 것들에 대해 의문을 품을 수 있어야 한다. 의문을 품고 생각해 보면, 당연한 것이 당연한 게 아닌 것이 많다. 내가 정말 옳다고 생각한 것이, 틀릴 수도 있다.

다양한 관점에서 보기 위해선 혼자 있는 시간을 가져야 한다. 혼자 있으면서 기존의 나의 관념, 생각, 인식 등에 대해 질문하고 의문을 품을 수 있어야 한다. 나도 혼자 있을 때 내 생각에 대해 많은 의문을 품었다. '내가 하는 행동이 타당한 행위인가?', '내가 가진 생각이 정말 맞는 건가?', '타인과 사물을 있는 그대로 바라보고 있는가?' 등 내가 세워 놓은 기존의 기준, 인식, 편견 등이 정말 괜찮은 것인지 끊임없이 묻고 물었다. 그래야 내 생각을 제대로 점검할 수 있고 올바른 방향 나아갈 수 있기 때문이다. 내 신념, 관념, 생각들에 의문을 품어야 뭐든 한쪽에 치우는 것을 방지할 수 있다.

"고독 속에서 사람들은 자기의 낯설게 하기 능력을 자유롭게 펼치고 기존에 살던 곳을 여행자로서 체험하며 진솔해지고, 어떤 관습도 당연하게 여기지 않는다. 고독을 선택한 자는 기꺼이 길을 잃고 친숙했던 나라를 다른 관점에서 바라보려 한다. 전혀 색다른 관점이 형성되고, 사고도 자극된다. '산의 동쪽 사면에 쭉 살면서 서쪽만 바라보던 사람이 고개를 돌려 시선을 동쪽으로 향한 것처럼 중요한 사건이다.' 진정한 여행자는 동일한 사물을 다양한 관점에서 새로운 시선으로 바라본다."

올리비에 르모 『자발적 고독』

혼자 있는 시간을 통해 먼저 자기 자신의 내면을 들여다볼 수 있어야 한다. 자기 생각, 가치관, 시선 등이 올바른지 점검해 봐야 한다. 그렇게 생각하는 범위가 넓어지다 보면 삶을 다양한 시각으로 볼 수 있다. 타인의 의견도 틀린 것이 아니라, 단지 다를 뿐이라는 것을 알 수 있다. 당연하게 여기지 않는 순간 많은 것들이 보인다. 뜻밖의 배움도 얻을 수 있다. 꽉 움켜쥐고 있는 자기 생각을 내려놓을 때 이 세상엔 정답은 없고 틀린 것도 없다는 사실을 알 수 있다. 그저 자신의 관점에 따라 달라질 뿐이다.

일상이 의미 없이 반복되면 삶이 무기력해지고 무의미해진다. 우리가 여행을 좋아하는 이유는 새로운 환경이 주는 호기심, 즐거움 때문이다. 그러나 반복되는 일상 속에서도 호기심을 가지고 낯설게 바라본다면 충분히 재미있는 것이 많다. 우리가 그것을 무의미하고 당연하게 여길 뿐이다. 자신의 시선을 새롭게 바꿔 보자. 사물과 대화도 해보고, 자연도 보고, 새소리도 들어 보자. 분명 내가 평소 느낄 수 없었던, 볼 수 없었던 것들이 느껴지고 보이기 시작할 것이다. 떠돌아다니는 나그네처럼 일상을 여행하는 것처럼 살 수 있다면, 우리의 삶은 그저 매일 반복되는 삶이 아닌, 호기심과 즐거움이 넘치는 삶이 된다.

# 17

# 여행,
# 혼자 여행을 하면서 나를 깊이 들여다보게 된다

　사람들은 대부분 함께 여행을 간다. 함께 가는 여행은 사람들과 추억을 쌓고 먹는 재미가 있다. 그러나 혼자 가는 여행도 장점이 있다. 내가 하고 싶은 것, 가고 싶은 곳, 먹고 싶은 것 등을 자기 마음대로 정할 수 있다. 하지만 그보다 더 큰 이점이 있다. 바로 예상치 못한 '나 자신'을 만날 수 있다는 것이다. 낯선 환경과 공간에 가면 날것의 진짜 자신의 모습이 보인다. 평소에 타인과 함께 있어 볼 수 없었던, 자신도 몰랐던 의외의 모습을 볼 수 있다. 혼자 여행을 떠나보자. 낯선 곳에서 나와 일대일로 마주하며 나를 깊이 들여다볼 기회다.

## (1) 왜 여행을 하는가?

　여행을 가는 목적에 대해 스스로 생각해 본 적이 있는가? 대부분은 일상이 지루하고 답답해서 또는 재미와 추억을 쌓는 등 이유는 다양하다. 다양한 볼거리와 아름다운 풍경 등도 여행의 빠질 수 없는 매력 중 하나다. 그 지역의 특산물, 유명한 맛집을 찾아다니는 것도 여행의 묘미다. 그러나 이러한 힐링과 재미도 있지만, 여행은 나를 찾아 떠나는 여행이 진정한 여행이라 생각한다. 여행을 떠난 후, 일상으로 돌아와 조금이라도 자신의 삶에 긍정적인 변화가 있는 것이 좀 더 보람된 여행이 아닐까?

　여행의 코스나 맛집을 가는 이유는 대부분 남의 말, 소문에 의해 가게 된다. 남들이 좋다고 하는 장소, 남들이 맛있다고 한 곳을 찾아다닌다. 그러나 막상 가 보면 기대와 달리 별로인 곳들이 많다. 애초에 여행의 목적이 놀고먹는 것에만 맞춰져 있는 사람은 그 목적이 빗나간 순간, 여행이 즐겁지 않아진다. 여럿이 함께 간 경우 사소한 문제로 예상치 못한 다툼도 많이 발생한다. 새로운 곳에 가면 예민해지기도 하지만, 평소에 서로가 보지 못했던 서로의 낯선 모습들을 보게 되기 때문이다.

　난 애초에 혼자 여행을 간다. 누군가와 며칠씩 붙어 있는 것이 불편하기 때문이다. 친한 친구와 가도 특별히 하는 게 없다. 다른 친구의 소식이나 어릴 적 이야기를 반복하는 것이 전부다. 물론 오랜만에 친구들을 보며 맛있는 음식을 먹는 것도 좋지만 잠시뿐이다. 난 여행을 나 자신을 들여다보고 성장할 수 있는, 내면을 돌아보는 시간으로 생각하고 간다. 어디에 가고 뭘 했느냐가 중요한 것이 아니라, 여행을 통해 나를 환기하고 앞으로 어떤 마음가짐을 가지며 살아갈지 돌아보는 것이 더 중요하다. 그렇게 정신적 성장의 측면에서 떠난 여행은 두고두고 기억에 남아 살아가는 현실에 큰 도움이 된다.

"가능한 한 많은 것을 경험하고 보는 건 중요하지 않다. 공연히 욕심을 부리다 보면 오히려 재충전에 방해가 되고, 피상적인 여행이 된다. 고요하고 성찰적이며, 눈에 띄지 않고, 기록에 목매지 않으며, 심신을 회복하고, 내면을 정리하는 여행. 나는 그런 여행이 좋다. 여행지의 모든 유적지, 박물관, 미술관을 다 가보지 않아도, 유명한 포토 스폿이나 행사를 놓치더라도, 삶의 깊이를 얻고 삶의 현실에 더 다가가는 여행을 하라."

프란치스카 무리 『혼자가 좋다』

각자마다 여행의 목적이 있을 것이다. 가볍게 떠나는 여행도 좋고, 추억 여행도 좋다. 그러나 여행의 본 목적은 자신의 내면 탐험이다. 혼자 하는 여행만큼 진짜 자신을 찾을 기회가 많지 않다. 낯선 곳에서 그동안 내가 돌보지 못했던 자신과 마음, 생각 등을 다시 돌아볼 수 있다. 함께 여행을 가면 늘 상대에게 맞춰야 해서 자신을 제대로 돌아볼 수 없다. 내가 왜 여행을 떠나는지, 여행에서 얻을 수 있는 것이 뭔지, 무엇이 참된 여행인지 등 여행의 진짜 목적을 각자가 깊이 고민해 보고 떠난다면, 훨씬 더 자신의 삶에 좋은 영향을 미치는 여행이 될 수 있지 않을까.


## (2) 성장의 나 홀로 여행

혼자 떠나는 여행은 나를 성장시킨다. 어디를 가던 장소는 중요하지 않다. 혼자 떠난다는 자체가 많은 것을 보고, 배울 기회다. 혼자라는 것이 두려울 수도 있다. 그러나 그 두려움을 무릅쓰고 떠나는 사람은 생각지도 못한 것들을 얻을 수 있다. 책이나 주변 사람들로부터 얻지 못했던 또 다른 삶의 지혜나 영감을 얻을 수 있다. 혼자 떠나는 여행은 모험이자 동시에 성장이다. 한 단계 더 나은 내가 되는 기회다. 나를 들여다봄과 동시에 여행의 낯선 환경과 뜻밖의 배움들이 나를 변화시키고 성장시킬 수 있다.

26살 여름 방학 때, 즉흥적으로 제주도를 떠났다. 혼자 떠나는 여행은 처음이라 두려웠지만, 갑자기 제주도의 청량한 바다와 대자연을 보고 싶었다. 어디로 갈지, 어디서 묵을지는 하나도 정하지 않고 떠났다.

군대에서 함께 생활했던 후임과의 점심 약속 말고는 아무것도 정해 놓은 것이 없었다. 점심을 먹고 어디로 갈지 몰라 무작정 동부 해안 버스를 탔다. 마음에 드는 아무 해수욕장 근처에 내렸다. 뜻밖의 곳에서 만났던 그 날의 바람과 바다, 풍경은 정말 아름다웠다. 그저 흘러가는 바다를 보고 있으니 '모든 것은 흘러가고 변한다.'라고 대자연이 가르침을 주는 것 같았다.

숙소는 내가 있는 곳 중 가장 가까운 아무 곳으로 잡았다. 게스트하우스는 처음이라 낯설고 떨리기도 했지만 잠은 자야 했기에 움직였다. 도착하니 이미 여러 사람이 있었다. 초면에 낯을 잘 가리지 않는 성격이라 처음 본 사이지만 식사를 같이하면서 생각보다 금방 친해질 수 있었다. 그중 영화를 공부하던 젊은 청년에게 삶에 대한 절절한 사연을 들을 수 있었다. 젊을 때 가능한 많은 도전을 해봐야 한다고 말하면서 자신의 길을 찾고 그 길을 가기 위해선 세상과 부모님의 반대 의견도 이겨 낼 수 있어야 한다고 말했다. 나보다 어린 청년이 그런 이야기를 하니 너무 멋있었고 더 와닿았다. 세상엔 참 다양한 사람이 있다는 것을 느꼈다. 처음 보는 사람의 사연도 재밌었고 뜻밖의 삶의 지혜를 배울 수 있었던 유익한 시간이었다.

"나는 경험을 위해 가고 싶었다. 그런 종류의 경험을 끝까지 해 보고 싶은 한 남자의 열망, 그게 얼마나 좋은지 알아낼 수 있을 정도로 오랫동안 고독을 맛보기 위해 단순히 사적인 것 이상의 무엇인가를 하고 싶었다. 바람과 밤과 추위에 대비한 필수품 외에는 아무것도 필요하지 않고, 나 자신의 법 외에는 누구의 법도 따를 필요 없는 그런 삶. 내가 선택한 정확히 그런 삶을 살 것이다."

리처드 버드 『홀로』

버드처럼 자신을 찾기 위해 철저하게 고독의 환경에 놓일 필요까지는 없을 것 같다. 그러나 자신이 무엇을 원하는지, 어떤 삶을 살고 싶은지 등 자신에 대해 잘 모르겠다면 그럴 때 혼자 여행을 떠나보는 것도 좋다. 혼자 떠나는 여행은 반드시 얻는 것이 있다. 여행지에서 경험한 모든 환경과 낯선 사람에게서 오는 예상치 못한 배움을 얻을 수도 있다. 여행을 나 자신을 성장시키는 목적으로 떠나보자. 두려움을 무릅쓰고 혼자 떠날 수 있을 때, 인생의 큰 배움과 깨달음을 얻을 수 있다. 나 홀로 여행을 통해 스스로가 한 단계 더 성장할 수 있다.

여행은 어떻게 떠나는지에 따라 천차만별이다. 먹고 놀며 휴식을 취하다 올 수도 있다. 배움과 성장을 통한 여행이 될 수도 있다. 각자의 선택에 달렸지만 어떤 선택이든 답은 없다. 하지만 진짜 의미 있는 여행은 자신을 찾고 성찰하는 목적으로 떠나는 여행이 아닐까. 자연의 위로, 생각지도 못한 곳에서 얻는 배움, 우연히 만난 사람들에게 듣는 삶의 지혜들이 나를 더 성장시키고 성숙하게 만든다. 혼자 떠나는 여행은 평생 남을 추억과 개인의 성장. 두 가지를 동시에 만족시킬 수 있는 여행이 될 것을 믿어 의심치 않는다.

# 18

## 일기,
## 오로지 나만 볼 수 있는 일기를 쓰며
## 나를 성찰하게 된다

일기는 누구도 볼 수 없는 나만의 것이다. 평소에 남 앞에서 하지 못했던 자신의 모든 부분에 대해 적을 수 있다. 타인을 의식하지 않는 오직 자기만의 글이다. 내면의 독백을 적으면서 나를 돌아보고 성찰할 수 있다. 일기를 쓰는 궁극적인 이유는 하루를 돌아보고 쓰면서 있는 그대로의 자신을 돌아보는 것이다. 그날 있었던 일, 느꼈던 감정, 행동, 말투, 생각 등 자신을 돌아보며 반성과 성찰의 시간을 가질 수 있다. 고독 속에서 쓰는 일기는 마음의 위로와 안정, 평화까지 얻을 수 있다.

(1) 나만 볼 수 있는 시크릿 노트

　일기를 쓴다고 하면 귀찮고 어렵게 생각하는 사람이 많다. 일기를 꼭 잘 써야 하고 특별한 내용이 들어가야 한다는 부담을 느끼는 사람이 있다. 그러나 일기는 세상에서 딱 '나' 한 사람이 보는 것이다. 어떤 글이든 좋다. 자신의 못난 모습, 평범한 하루의 일상, 시시콜콜한 이야기 등 자신이 봐도 하찮은 글이라 생각해도 좋다. 중요한 것은 자신의 잘난 모습이든 못난 모습이든 있는 그대로 쓰는 게 중요하다. 자신을 속이지만 않으면 된다. 남 앞에서 또는 자신감이 없어 하지 못했던 말이나 감정, 생각 등 그냥 있는 그대로 써 보는 것이다.

　나의 하루 일기 내용은 대략 이렇다. 어떤 일이 있었는지, 무엇을 했는지 줄줄이 적지는 않는다. 대신 그 상황에 내가 어떤 감정을 느꼈고, 무엇을 깨우치고 배웠는지를 중점으로 적는다. 인간관계에서 힘들었다면, 내가 했던 말과 행동을 돌아보고 잘했으면 다음에도 그렇게 하자고 용기를 불어넣는다. 실수했거나 잘못을 했다고 생각이 들면 반성의 시간을 가진다. 대단한 것을 적는 것이 아니라, 그날 하루의 나를 돌아보고 적어 보는 것이다. 신기하게 그 과정만으로도 많은 위안과 위로가 된다. 일기를 쓰는 것만으로 내일 살아갈 힘을 얻는다.

　"글 쓰는 것 자체가 고문인데, 뭐 하러 스트레스 받아 가며 일기를 쓰냐고 묻고 싶다면, 그건 일기 쓰는 방법을 잘못 알고 있어서다. 날씨 필요 없고, 오늘 내가 뭐 했는지 필요 없다. 누구도 보지 않는데, 형식 파괴, 문법 파괴, 괜찮다. 실제와 허구를 오가도 된다. 단 한 가지 철칙이라면, 스스로도 인정하기 싫었던 못난 감정들이나 머릿속에서 지우고 싶은 멍청한 실수들을 떠오르는 대로 쓰는 것이다. '나는 후배보다 실력이 없다', '나는 그래도 쟤보다는 낫다고 생각한다.', '진짜 내 타입은 아니긴 한데 딴 여자를 선택하니 짜증 난다.' 등을 솔직하게 쓰는 거다. 가장 중요한 건, 나 스스로를 정당화하고, 사람들 앞에 포장해서 내놓는 '나' 말고, 진짜 내 마음에 웅크리고 있는 나를 끄집어내는 것이다."

이혜린 『혼자가 좋은데 혼자라서 싫다』

일기를 쓰는 자체가 스트레스가 되면 안 된다. 내가 마음대로 쓸 수 있는 낙서장이라 생각하면 된다. 중요한 것은 나 자신에게 솔직하기만 하면 된다. 나의 감정, 상태, 정서, 생각 등을 있는 그대로 써 보는 것이다. 나만의 일기장에 다른 사람의 시선이나 생각이 들어가선 안 된다. 그렇게 솔직하게 써 보면 내가 누구인지, 그때 내가 어떤 감정을 느꼈는지 등 당시는 몰랐던 나에 대한 많은 것을 찾아낼 수 있다. 적으면서 생각지도 못한 자신의 모습이 보일 수 있다. 일기는 오직 나만의 시크릿 노트다. 거두절미하고 나의 모든 것을 있는 그대로 적어 보자.

## (2) 치유의 시간

일기를 본격적으로 쓰기 시작한 것은 20살 군대였던 것 같다. 초등학교 때 숙제로만 일기를 썼던 나는 군대에서 다시 일기를 쓰기 시작했다. 꼭 써야만 하는 의무적인 일기였지만, 혼나지 않으려고 열심히 썼다. 처음엔 훈련이 힘들어 매일 일기에 그날의 있었던 일만 적었다. 처음엔 초등학생 수준처럼 '훈련이 힘들었다. 다음엔 더 잘해야겠다.'라는 수준으로 쓰다가 점점 나에 대한 내면의 소재로 늘어나게 되었다. 나의 잘못된 행동들에 대한 반성, 고쳐야 할 점, 앞으로의 다짐과 방향, 오늘 배우고 깨달았던 점 등을 적었다. 적으면서 자연스럽게 내면을 들여다보고 하루를 반성하고 성찰할 수 있었다.

하지만 본격적으로 내면을 대면하는 것이 처음엔 두려웠다. 어렸을 때 받았던 아픈 기억들과 상처들이 올라오고 생각나는 게 힘들었다. 하지만 피할수록 그런 기억들은 나를 괴롭혔고, 그때부터 일기에 무작정 적기 시작했다. 왜 아팠고 힘들었는지, 그것이 왜 나에게 상처가 되었는지 등 세세하게 일기장에 썼다. 자연스럽게 내면의 나와 이야기를 나누게 되었다. 나 자신과 반성과 대화의 시간을 가지면서 '괜찮아, 과거는 과거일 뿐. 앞으로 잘하면 되지.'라고 스스로 격려했다. 피하고 싶었던 기억들과 상처들이 일기를 쓰는 순간에는 잠시나마 치유되는 듯 마음이 편안해졌다. 스위스 철학자 아미엘도 자신의 저서에서 이렇게 말했다.

"일기는 고독한 인간의 위안이자 치유다. 날마다 기록되는 이 독백은 일종의 기도이자 영혼과 내면의 대화, 신과의 대화이다. 이것은 나로 하여금 혼탁에서 벗어나 평형을 되찾게 해 준다. 의욕도 보장도 멈추고, 우주적인 질서 속에서 평화를 갈구하게 된다. 일기를 쓰는 행위는 펜을 든 명상이다."

앙리 프레데릭 아미엘 『아미엘의 인생일기』

지금까지 약 9년 동안 일기를 적었다. 1년에 1개씩, 총 9편의 다이어리가 생겼다. 그 속에 수많은 실패와 좌절, 성찰 등이 지금의 나를 만들었다. 나 자신조차 몰랐던 내면의 상처와 아픈 기억이 무엇인지 알 수 있었다. 쓰는 것 자체만으로 마음이 치유되고 더 나아졌다. 상처를 직면할 때, 그 상처는 비로소 치유될 수 있다. 현재 자신의 삶이 불행하고 아픈 과거에 힘들어하고 있다면 일기를 적어 보자. 일기를 통해 자기 자신도 몰랐던 자신 안에 많은 것을 알 수 있다. 내면 깊이 숨어 있는 아픈 기억과 상처를 치유할 수 있다.

일기를 쓰면서 느끼고 생각하며 좀 더 나와 가까이 만날 수 있다. 아무런 내용도 좋다. 누구도 보지 않는 나만의 비밀 노트에 자신의 모든 것을 있는 그대로 적어 보자. 적어 보는 것만으로 상처가 치유되고 생각이 정리된다. 마음의 치유와 평화도 가져다준다. 매일 일기를 쓰는 습관을 지녀 나를 점검하고 들여다보자. 일기는 자서전이자, 자신도 미처 몰랐던 많은 것을 알려 주는 비밀 노트가 되어 우리의 삶을 돌아보게 하고 치유해 줄 것이다.

# 19

# 명상,
# 명상을 통해 나를 돌아보게 된다

    마음 수행의 필수적인 행위 중 명상을 빼놓을 수 없다. 숨이 나가고 들어오는 호흡에 집중하며 지금 내 마음을 알아차리는 것이 명상이다. 수많은 위인과 성공한 인물들도 마음 수양을 위해 명상을 비롯한 많은 마음공부를 했다. 명상을 하다 보면 잡다한 생각이나 괴로운 마음의 원인은 외부가 아닌, 모두 자신의 마음으로부터 나온다는 것을 알 수 있다. 마음 수양을 통해 여유가 생기고 편안해지면 한층 더 긍정적인 시선으로 자신과 세상을 볼 수 있다. 명상은 혼자 있을 때 마음과 정신을 단련할 수 있는 좋은 방법 중 하나다.

## ⑴ 집착이 괴로움의 주 원인이다

명상의 좋은 점은 많은 매체나 뉴스, 책에서 효과가 증명되었다. 마음을 안정시키고 집중력을 높여 주며 잡다한 생각, 번뇌 등도 사라지게 한다. 그중에서도 가장 큰 장점은 들뜨지도 우울하지도 않은 마음의 평온을 얻을 수 있다는 것이다. 눈을 감고 천천히 호흡이 나갔다 들어오는 것에 집중하다 보면 감정의 동요가 사라지고 마음이 안정된다. 특히 나 자신의 현재 마음 상태가 어떻게 작용하고 있는지 들여다볼 수 있다. 나를 괴롭고 힘들게 하는 원인이 무엇인지 알 수 있다.

내가 명상을 시작한 것은 27살부터였다. 다이어트를 하는 도중 너무 힘들 때, 우연히 불교 영상에서 명상하는 모습을 보았다. 한 스님의 법문에서 생각이나 감정은 붙잡지 않으면 잠시 머물러 갈 뿐이라고 했다. 그 순간 내가 무엇에 집착하고 있는지, 어떤 집착이 나를 힘들게 하고 있는지 알고 싶었다. 조용한 공간에서 혼자 가부좌 자세를 틀고 눈을 감았다. 호흡을 들이마시고 내뱉으며 호흡이 나가고 들어오는 것에만 집중했다. 마음이 현재에 오게 되면서 나를 괴롭게 한 것은 내가 세운 목표에 너무 집착하고 있다는 것이었다. 목표에 대한 과한 집착이 나의 괴로움의 원인이었다.

"명상은 종교를 시작으로 하여 뇌 과학에서도 그 효과가 다양하게 증명됐다. 명상이 마음을 안정시킨다고 말하는 사람도 있고, 명상이 집중력을 높여 준다는 연구 결과도 있다. 나는 명상은 인생에서 오는 공허함을 해소해 준다고 생각한다. 이것은 내가 명상을 하면서 실감한 사실이다. 그중에서도 특히 그리스의 철학자 소크라테스는 명상을 통해 깊은 지혜를 얻었다고 한다. 소크라테스는 '지각 왕'으로도 알려져 있지만, 그가 지각을 자주 한 이유는 명상 때문이었다. 명상은 집단에서 벗어나 조용히 자신의 내면을 들여다보는 시간이다. 명상을 통해 얻은 지혜는 우리의 마음 깊은 곳에 있는 공허감을 해소해 준다."

나코스 야스후미 『혼자만의 시간이 필요한 이유』

　명상을 통해 마음을 들여다보는 법을 배웠다. 특히 명상을 하면서 가장 큰 깨달음은 괴로움의 원인은 자기 생각과 집착이고 그것은 바로 자신 스스로가 만든다는 것이다. 또한, 나를 괴롭게 만드는 생각과 감정은 원래 내 것이 아니라 붙잡지 않으면 흘러간다는 것을 알았다. 놔두면 그것들은 자연스레 사라진다는 것을 알았다. 마음이라는 것은 쉽게 조절되지 않는다. 하지만 꾸준한 명상과 마음 수련을 통해 충분히 극복할 수 있다. 혼자 있는 시간에 명상을 통해 자신을 옥죄고 힘들게 하는 것이 무엇인지 들여다보자. 명상을 통해 집착하는 마음을 내려놓고 괴로움에서 벗어나자.

## ⑵ 마음 수양은 선택이 아닌 필수

행복은 돈, 지위, 명예에만 있지 않다. 그것이 행복의 필수 조건이라면 돈이 많은 사람은 무조건 행복해야 한다. 그러나 오히려 돈이 많을수록 돈에 얽매여 불행하게 사는 경우가 많다. 진정한 괴로움이 없는 상태에 도달하기 위해선 마음 수양이 필요하다. 마음이 편안하고 근심이 없어야 행복이다. 내가 행복하면 세상도 행복하다. 마음도 훈련하면 충분히 바뀔 수 있다. 우리 삶의 모든 부분에서 마음 수양이 되지 않는다면 늘 바깥은 많은 것들에 휘둘리며 살 수밖에 없다. 마음 수양은 행복한 삶의 선택이 아닌 필수다.

명상은 일상생활뿐만 아니라 자신의 목표나 원하는 일을 이루기 위해서도 필요하다. 애플의 스티브 잡스도 내면을 다루는 명상을 중요시했다. 꾸준한 명상과 마음 수련을 통해 직관을 길렀다고 한다. 복잡한 세상에서 자신의 진짜 마음을 알 수 있었고 그러므로 자신의 직관을 따를 수 있었다고 한다. 메이저 리거 박찬호 선수도 매일 아침 108배를 하며 경기에 출전하기 전, 자신의 마음을 정리하고 가다듬었다고 한다. "저의 소원은 세계 평화입니다."라고 외쳤던 『너의 내면을 검색하라』의 저자 차드 멍탄도 명상의 중요성을 강조하며 명상이 당연시되는 세계를 만드는 데 힘쓰고 있다.

"나는 지난 33년간 단 한 번도 명상을 중단한 적이 없다. 아침에 한 번, 오후에 한 번 매번 20분 정도 명상을 한다. 그러고 나서 하루 일을 시작한다."

영화감독 데이비드 린치

명상을 통해 자신의 마음을 수양하고 들여다보며 괴로움을 없앨 수 있다. 마음 수양이 잘된 사람은 늘 자신의 마음을 관리하며 평화롭고 행복하게 산다. 자신 스스로가 행복을 만들어 내는 것이다. 그만큼 명상이 하루에 미치는 영향은 크다. 매일 명상하는 습관을 들여 나의 마음을 단련해 보자. 꾸준한 수련으로 쓸데없는 번뇌와 불안, 걱정에서 벗어나자. 기본이 무너지면 늘 흔들리고 괴로울 수밖에 없다. 마음 수양은 삶의 기본이자 필수다.

명상을 통해 괴로운 마음과 복잡한 세상에서 중심을 잡을 수 있다. 명상을 하다 보면 번뇌와 근심, 생각, 감정 등은 붙잡지 않으면 모두 흘러가는 것을 알 수 있다. 자신의 가만히 들여다보면서 내 마음이 어떻게 움직이는지 알아차려 보자. 자신의 감정, 마음 상태 등을 스스로 점검해 보자. 마음이 편안하고 차분해지면 삶이 가벼워지고 세상이 더 아름답게 보인다. 명상을 통해 우리 스스로 자신의 마음 안정과 평화, 더 나아가 행복과 자유로운 삶을 만들어 가자.

## 20

# 나만의 공간,
# 나만이 알고 있는 공간에서 시간을 보낸다

혼자 있는 시간을 할 일 없이 빈둥거리거나 침대에만 누워서 보내면 아무 의미가 없을 것이다. 이런 시간이 길어질수록 깊은 고립감과 자괴감을 느낄 수 있다. 이럴 땐 집을 떠나야 한다. 자기만의 공간에서 즐거움을 찾는 방법도 있다. 자신만 알고 있는 카페나, 술집, 공원 등 어느 곳이든 상관없다. 자기가 좋아하는 것을 할 수 있는 공간이면 된다. 어떤 목적을 위한 공간이냐에 따라 다르겠지만, 환경과 장소는 사람에게 큰 영향을 미친다. 어디서 많은 시간을 보내느냐에 따라 그 사람이 어떤 사람인지 알 수 있다. 즉, 그 사람이 가는 장소가 그 사람을 말해 준다.

## (1) 누구나 자기만의 공간이 필요하다

사람은 타인이 침해할 수 없는 자신만의 공간을 가지고 싶어한다. 누구나 자신만의 공간에서 자유롭게 원하는 것을 하고 싶어 한다. 누구에게도 보여 주고 싶지 않은 자신의 사생활이 있기에 자신만의 공간은 정말 중요하다. 혼자만의 공간과 시간 속에서 많은 것이 이루어지기 때문이다. 그 공간에서 일, 취미, 휴식 등 누구의 간섭이나 허락도 받지 않고 자유를 즐길 수 있다. 자기만의 공간에서 자신을 만들어나가고 자신에게 한층 더 깊게 다가갈 수 있다.

나도 가족이라 할지라도 누군가 내 방에 들어오는 것 자체가 싫었다. 나만이 쓰고 있는 공간을 누군가가 알고 있는 자체가 싫었다. 사람은 누구나 자신만의 비밀과 공유하고 싶지 않은 것이 있다. 나만이 알고 싶은 것이 있다. 또한, 온전히 누구에게도 방해받지 않고 내 일에 집중할 수 있는 시간과 편안한 휴식이 필요하다. 그러나 대부분 자신의 집 말고는 현실적으로 돈이나 상황이 여의치 않다. 하지만 운이 좋게도 나에겐 그런 공간이 있었다. 바로 밴드 연습실이었다.

매달 일정한 회비를 내고 사용했는데, 밴드 연습실에서 악기 연습만 하는 것이 아니었다. 책을 보거나 좋아하는 영상을 보기도 했다. 피곤하면 쇼파에서 잠을 자기도 하고 밥을 먹기도 했다. 다 함께 쓰는 연습실이었지만, 운 좋게 혼자 있을 때가 많았다. 그곳에서 난 누구의 간섭도 받지 않고 내가 하고 싶은 대로 했다. 즐거움과 재미뿐만 아니라 때로는 인생에 대해 고민도 하고 앞으로의 삶에 대해 생각할 수 있는 사색의 공간이 되기도 했다. 가끔 외롭기도 했지만, 그 공간 안에서 얻는 것이 훨씬 많았다. 혼자만의 공간에서 좀 더 '나'라는 존재에 더 깊이 들어갈 수 있었다.

> "모든 인간에게는 자신의 프라이버시를 보장받을 수 있는 사적 공간, 즉 배후 공간이 절대적으로 필요하다. 인간의 존엄은 이 최소한 배후 공간이 있어야 유지된다. 교도소는 범죄에 대한 징벌로 이 배후 공간을 박탈한다. 여러 명이 좁은 방에서 함께 생활하며 화장실까지도 공유해야 한다. 사적 공간의 박탈이 얼마나 고통스러운가를 깨달아야 다시는 범죄를 저지르지 않기 때문이다. 한국 남자들이 '건들기만 해 봐라.' 하고 이빨 꽉 깨물고 사는 이유는 바로 이 배후 공간의 부재 때문이다. 배후 공간의 부재는 화장실에서 팔뚝에 문신이 가득한 녀석이 소변볼 때마다 '내 물건'을 빤히 들여다보는 상황이 계속되는 것과 마찬가지다. 오줌이 나오겠는가?"
>
> 김정운『가끔은 격하게 외로워야 한다』

작가 비지니아 울프는 『자기만의 방』에서 "여성들이 자기만의 방에서 평화와 고요함을 가졌더라면 위대한 작가가 훨씬 더 많이 나왔을 것이다."라고 말했다. 자기만의 공간은 자신을 성장시키는 곳이다. 자신의 일에 집중하고 몰입할 수 있으며 휴식의 공간이 되기도 한다. 복잡한 삶에서 잠시 벗어나 혼자 있는 방에서 조용히 나를 들여다보면 내가 어떤 사람인지, 어떤 삶을 살아야 할지 등에 대해 질문도 할 수도 있다. 누구나 자기만의 공간이 필요하다. 그 공간 안에서 나와 더 깊게 만나고 혼자 있는 시간을 더 즐겁고 유익하게 보낼 수 있다.

## (2) 내가 가는 공간이 '나'를 말해 준다

자신이 하루에 일하는 시간 외에 가장 많이 있는 공간이 어디인가? 운동을 많이 하는 사람이면 헬스장이나 운동장이 될 것이다. 글을 쓰는 사람이면 카페나 서재, 음악을 하는 사람이면 연습실일 것이다. 이렇게 내가 가장 많이 가는 장소가 '나'라는 사람을 말해 준다. 우리는 잘하고 좋아하는 일을 위해 집을 떠나 환경과 장소를 바꾼다. 집에서는 편안하고 안락하여 긴장감이 없어 늘어지기 마련이다. 그 때문에 자신의 일을 원활하게 할 수 있는 최적의 공간을 찾는다.

내가 가장 많이 가는 곳은 '카페'다. 책을 읽는 것을 좋아하여 종종 스터디 카페나 일반 카페를 간다. 그런 횟수가 3년이 넘었다. 물론 매일 가는 것은 아니다. 책을 읽고 싶거나 집에서 읽는 것이 힘들 때 간다. 카페마다 틀어 주는 노래도 다 다르고 분위기도 다르다. 그러다 보니 보는 즐거움과 듣는 즐거움도 있고 사람들 사이에 있으니 긴장감도 생긴다. 물론 집중도 훨씬 잘된다. 어느 순간 카페가 이야기하는 공간이 아닌 좋아하는 책을 읽는 나만의 공간으로 변했다. 유일하게 집이 아닌, 혼자 책을 볼 수 있는 공간이 있다는 것에 참 감사했다.

그때 '내가 참 독서를 좋아하는구나.'라고 생각했다. 한창 갈 때는 쉬는 날이나 시간이 날 때마다 갔다. 하고 싶은 것을 할 수 있는 공간이 있다는 자체가 행복했다. 내 친구는 여행을 좋아해 캠핑, 바닷가를 자주 간다고 한다. 가만히 생각해 보니 자주 가는 장소가 그 사람을 말해 주는 것 같았다. 내가 어떤 사람인지, 무엇을 좋아하는지는 그 사람이 자주 가는 장소를 보면 알 수 있다는 것을 알았다. 술을 좋아하면 술집에 자주 갈 것이고, 게임을 좋아하면 피시방을 자주 갈 것이다. 그가 어떤 사람인지 궁금하다면 그 사람이 자주 가고 머무는 장소를 알면 된다.

프랑스 사상가 몽테뉴는 "자기만의 고독의 방이 없는 사람은 얼마나 비참한가."라고 말했다. 자기만의 공간이 없는 사람은 불행하다. 외로움을 피해 늘 타인과 함께 있는 사람은 자신을 성장시키고 들여다볼 여유가 없다. 물론 현대 사회에서 오로지 혼자 있는 공간을 가지기는 힘들 수 있다. 그러나 모르는 사람들 사이에서 혼자 있는 것도 나름대로 매력이 있다. 나만의 좋아하는 일을 하거나, 재밌는 일을 할 수 있고 생각을 정리하거나 마음을 편안하게 해 주는 장소도 괜찮다. 그런 자기만의 좋아하는 공간이 있다면 삶의 큰 활력소가 된다. 내가 자주 가는 공간이 '나'를 말해 준다. 그 공간에서 '나'라는 사람은 만들어진다.

누구나 자신만의 성향, 재능, 기질이 있다. 그에 따라 하고 싶은 일, 마음에 끌리는 일도 다 다르다. 장소를 옮긴다는 것은, 자신이 원하는 것을 하기 위해 환경을 설정하는 것이다. 무엇을 하든 환경이 미치는 영향은 크다. 자신은 어떤 사람인가? 내가 자주 가는 곳 또는 가고 싶은 곳은 어디인가? 나를 즐겁고 행복하게 만드는 자신만의 공간을 찾아보자. 하고 싶은 일을 할 수 있는 공간이면 더 좋다. 그 공간 안에서 나만의 행복과 기쁨을 느껴 보자. 당신은 어떤 공간에 머무를 것인가?

# 혼자 있는 시간 잘 보내는 방법 Ⅱ

## 21

# 독서,
# 독서는 혼자 있을 때 할 수 있는
# 인생에서 가장 위대한 행위다

독서의 힘은 감히 말할 수 없다. 독서는 한 사람의 삶을 송두리째 바꿔 놓을 수 있다. 독서의 영역은 무한하고 상상 이상이다. 지나간 많은 위대한 위인을 만나고 대화할 수 있는 유일한 매개체다. 시대를 초월하여 지혜와 지식, 삶을 살아가는 방법, 철학 등을 배울 수 있다. 어디에서 배울 수 없는 것들을 책에서 배울 수 있다. 책은 생각을 바꾸고 생각이 바뀌면 행동이 바뀐다. 행동이 바뀌면 인생이 바뀐다. 혼자 있을 때 독서 습관을 만들어 자신을 변화시키고 성장시키자. 책이 사람에게 미치는 영역은 무한하고 광활하다.

## (1) 독서는 삶을 바꾼다

독서는 한 개인의 삶을 바꿀 수 있을 만큼 많은 장점이 있다. 지식은 물론 삶의 지혜, 인문, 마음, 경제, 문학, 철학, 세계 등 이 세상의 거의 모든 영역에 대해 다루고 있다고 해도 과언이 아니다. 배우고 싶고 잘 하고 싶고 알고 싶은 영역이 있으면 그 분야에 관련된 책을 10권 이상 찾아 읽으면 된다. 그만큼 책에는 삶의 지혜와 지식 등 평소 우리 일상에서 보고 들을 수 없는 것들을 배울 수 있다. 그 배움들로 생각이 변화되고 행동이 바뀌고 인생이 바뀐다. 자신의 삶에 획기적인 변화가 시작될 수 있다.

내 삶에 가장 큰 영향을 미친 것도 단연 책이다. 인문학, 철학, 경제, 문학, 자기 계발 등 많은 책이 오늘날의 나를 만들었다. 머리부터 발끝까지 변화시킨 것이 바로 책이다. 많은 책 중에 특히 철학책이 많은 영향을 끼쳤다. 삶에 관한 탐구와 통찰, 지혜, 나를 찾아가는 과정 등 삶의 본질과 일상적으로 볼 수 없는 것들에 대해 많이 배웠다. 존경하는 위인 또는 철학자는 랠프 월도 에머슨, 니체, 에픽테토스, 소크라테스, 아들러 등이 있다. 책과 더불어 나는 정말 많이 성장했고 변화했다. 지금도 여전히 변화 중이다.

"독서의 효과 중 가장 큰 것은, 적극적으로 살아갈 수 있는 힘을 준다는 점입니다. 독서의 놀라운 효용은 더 있지요. 영국 옥스퍼드 대학 연구에 따르면, 책을 읽으면 상상력이 높아지면서 뇌가 활성화한다는군요. 또한 영국 서섹스 대학 연구에 따르면, 책을 읽으면 심신이 편안해지고 긴장감이 완화되며, 스트레스를 해소하는 데에도 도움이 된다고 합니다. 그뿐만이 아닙니다. 미국 캘리포니아 대학 연구 따르면, 독서하는 습관을 들이면 알츠하이머의 원인이 되는 '아밀로이드 베타' 형성도 억제한다고 합니다. 따라서 혼자 오롯이 있을 때, 건강해지는 책, 용기가 생기는 책, 희망을 가질 수 있는 책을 읽는 습관을 들이면 좋겠습니다."

우에니시 아키라 『단단한 내가 된다』

수많은 학자, 유명인들도 독서의 장점에 대해 강조하고 있다. 책에 흥미가 없고 읽기가 힘든 사람은 자신이 좋아하는 분야의 책부터 읽기를 권한다. 처음부터 너무 지루한 책이나 어려운 책을 읽다 보면 당연히 힘들다. 한 권, 두 권 읽다 보면 책에서 얻는 지혜, 배움 등으로 생각이 바뀌고 행동이 바뀐다. 자신의 삶이 성장하고 원하는 방향으로 변화하면 자연스레 책도 재밌어진다. 읽으면 읽을수록 인생에 다양한 길이 열린다. 인성부터 마음가짐, 내면, 정신과 육체까지. 혼자 있는 시간에 독서로 자신의 삶을 바꿔 보자. 단연코 독서만큼 내 삶을 완전히 바꿀 만한 것은 없다.

## (2) 독서는 다른 세계를 여는 문이다

독서를 하다 보면 내가 보고 느끼는 세계가 정말 좁다는 것을 알 수 있다. 대부분 지금 내가 살고 있고, 경험한 것만이 전부라 생각하며 산다. 그러나 책을 읽으면 정말 다양한 세계가 열린다. 책은 한 번도 경험해 보지 못한, 겪어 보지 못한, 들어 보지 못한 세계로 우리를 안내한다. 세계, 문학, 과학, 예술, 문화, 인문, 종교 등 읽으면 읽을수록 펼쳐지는 무한한 세계. 다시 말해 지식, 지혜, 정보의 바다다. 거의 모든 영역의 간접 경험을 할 수 있는 유일한 수단이 책이다. 다양한 책들을 읽다 보면 자신도 예상하지 못한 새로운 생각과 넓은 시야가 생긴다.

나 같은 경우 독서를 하면서 정말 다양한 생각의 변화를 겪었다. 경제를 배우며 세상에 돈 버는 법이 이렇게 많은지 몰랐다. 부업, 사업, 온라인 사업화, 주식, 부동산 등 세상에는 정말 다양하게 돈을 버는 사람이 많았다. 인간관계를 잘하는 것도 그냥 무작정 잘해 주기만 하면 되는 줄 알았는데 그게 아니었다. 인간 본성에 관한 책과 심리학책 등을 읽으면서 타인과의 관계에서 어떻게 하면 좋은 관계를 유지할 수 있을지 배웠다. 인문학을 공부하면서 삶의 가치와 어떤 삶이 좀 더 의미 있는 삶인지 알았다. 불교나 다른 종교를 공부하면서 마음공부와 삶의 이치에 관한 공부를 할 수 있었다. 철학을 공부하면서 존재에 관해 탐구하고 삶은 무엇인가에 대한 답들을 얻을 수 있었다.

책에는 정말 모든 영역이 세세하게 나와 있었다. 물론 책만으로 해결되는 것이 아니라 실생활에 적용하고 실행하는 것이 더 중요하지만, 알고 하는 것과 모르고 하는 것은 천지 차이다. 세상에는 수많은 분야의 책이 있다. 책들을 읽으면서 내가 기존에 세워 놓았던 관념들, 생각들이 하나씩 부서지거나 없어지기 시작했다. 그곳에 새로운 문이 열리면서 다양한 생각과 세계가 들어왔다. 소설가 프란츠 카프카는 친구에게 보낸 한 편지 내용에서 이렇게 말했다.

"책을 읽어 행복할 수 있다면 책이 없어도 마찬가지로 행복할 거야. 그리고 우리를 행복하게 해 주는 것이 책이라면 아쉬운 대로 우리 자신이 쓸 수도 있을 테지. 우리가 필요로 하는 책이란 우리를 몹시 고통스럽게 하는 불행처럼, 우리 자신보다 더 사랑했던 사람의 죽음처럼, 우리가 모든 사람을 떠나 인적 없는 숲속으로 추방당한 것처럼, 자살처럼, 우리에게 다가오는 책이야. 한 권의 책은 우리 내면의 얼어붙은 바다를 깨는 도끼라야만 해."

프란츠 카프카

그렇다. 책은 우리의 내면을 깨는 도끼 같은 역할을 한다. 자신이 기존의 가지고 있던 생각, 관념, 표상들을 깨부수는 것이 책이다. 내면의 바다가 깨지고 새로운 세계가 열리는 것이다. 내가 기존에 알고 있던 것만이 전부가 아니라는 것을 알 수 있다. 대부분 사회, 학교, 가족, 친구 등 내가 보고 느끼고 배웠던 것만이 정답이라 생각하고 산다. 하지만 그것만이 답은 아니라는 것, 더 넓은 세상과 다양한 세계가 있다는 것을 책은 가르쳐 준다. 전혀 다른 세계를 경험해 보고 싶다면 독서를 해라. 책은 당신을 더 넓은 세상으로 안내해 줄 것이다.

  독서의 장점을 몇 장으로 나열하기엔 턱없이 부족하다. 책은 이 세상에 거의 모든 영역을 다룰 만큼 무한한 영역을 담고 있다. 다양하고 새로운 기회를 제공하고 한 사람의 인생을 바꿀 수 있을 만큼 강력한 매체다. 기존과는 전혀 다른 새로운 세계가 열리며 획기적인 변화를 이룰 수 있다. 혼자 있는 시간에 독서를 통해 나를 변화시키는 위대한 길의 첫걸음을 내디뎌 보자. 진정한 자기 혁명의 첫걸음이 독서를 통해 이루어질 것이다.

## 22

# 글쓰기,
# 글을 쓰면서 내 안의 나를 들여다보게 된다

글을 씀으로써 자신을 더 깊게 만날 수 있다. 쓰기 위해선 읽어야 하고 생각하고 사유할 수 있어야 한다. 고로 깊은 성찰이 필요하다. 그래야 내 안에 있는 상처, 감정, 무의식 같은 것들을 끄집어낼 수 있다. 현재 자신을 앞으로 나아가지 못하게 하는 문제와 원인이 무엇인지 알 수 있다. 깊게 사유하고 생각하지 않으면 쓰기가 힘들다. 처음엔 어떤 글이든 좋으니 나만의 생각과 감정, 느낌 등을 적어 보자. 혼자 있는 시간에 글쓰기로 내면에 있는 자신을 드러내 보자.

(1) 솔직하게 있는 그대로


　막상 글을 쓰려고 하면 처음엔 막막하다. 뭐부터 써야 할지 모른다. 어렵다면 처음에는 간단한 책이나 글을 읽고 드는 생각이나 느낀 점을 간단히 적어 보는 것도 좋은 방법이다. 서평도 좋고 책 리뷰도 좋다. 중요한 것은 잘 쓰려고 하는 마음을 버려야 한다. 그냥 내 안에 있는 것을 솔직하고 있는 그대로 써 보는 것이다. 그것이 중요하다. 남의 생각이나 느낌을 모방하는 것이 아니라, 지금 내가 가지고 있는 생각, 느낌, 감정을 있는 그대로 써 보는 것이다.

　생각을 밖으로 방출(Output)하는 연습을 계속해야 한다. 생각을 끄집어내려면 고민과 사유, 생각을 깊게 해야 한다. 이 과정이 훨씬 어렵다. 나도 처음엔 막막했다. 책을 읽기는 읽었지만, 막상 글을 쓰려니 뭐부터 써야 할지 감이 오지 않았다. 일단 책 리뷰부터 써 보기로 했다. 책에서 나오는 좋은 구절이나, 읽고 느낀 점 등을 간단히 쓰기 시작했다. 처음엔 생각하고 고민하는 자체가 머리가 아팠다. 하지만 잘하려는 마음을 버리고 최대한 내 안에 있는 것을 있는 그대로 쓴다는 마음으로 포기하지 않고 꾸준히 쓰다 보니 확실히 발전이 있었다.

　　"블로그를 활용해서 간단하게 내 생각과 느낌을 정리해 보는 것으로도 충분하다. 무엇을 써야 할지 딱히 떠오르지 않는다면 우선 서평 쓰기를 권한다.

블로그에 글을 쓰기 위해서라도 더 많은 책을 읽게 된다. 글쓰기 습관이 들지 않았다면 책에서 인상 깊게 읽은 부분을 옮겨 적는 것부터 시작한다. 처음에는 많은 내용을 옮겨 적는 것보다 인상 깊었던 몇몇 구절을 옮겨 적는 게 낫다. 블로그 글쓰기를 어렵게 생각할 필요는 없다. 인상 깊었던 부분을 옮겨 적다가 무언가 더 쓰고 싶다면 줄거리를 간단하게 요약해도 좋다. 간단한 자기만의 느낌 정도를 덧붙이는 것도 방법이다. 쓰는 과정을 통해 혼자 있는 시간이 숙성된다."

한상복 『혼자 있는 시간의 힘(실천편)』

처음 글을 쓴다면 잘 쓰려는 마음을 내려놓아야 한다. 그냥 '내 안에 있는 것을 솔직하고 있는 그대로 써 보겠다.'라고 마음먹어야 한다. 처음부터 잘 쓰려고 하면 아예 시작조차 못 한다. 그냥 쉽게, 느낌이 가는 그대로 생각을 써 보거나 책을 읽고 드는 느낌을 간단히 써도 좋다. 좋은 구절에 관한 생각을 써 보는 것도 좋다. 글쓰기는 자신만을 것을 드러낼 수 있는 창조적 행위다. 생각보다 체력이 많이 소모되고 머리가 아프지만, 포기하지 않고 꾸준히 쓰고 연구하다 보면 실력은 는다. 중요한 것은 자신의 생각을 있는 그대로 솔직하게 써 보는 것이다.

(2) 글을 쓴다는 것은 철저히 혼자가 되는 것

글을 쓸 때는 철저하게 혼자가 되어야 한다. 자신의 깊은 내면으로 들어가야 하기 때문이다. 누구의 방해도 받지 않는 고독으로 들어가야 한다. 더 나아가 그동안 알지 못했던 자기 자신 안에 있는 것들에 대해 질문하고 발견해야 한다. 처음엔 힘들지만 이런 과정이 없으면 자신만의 글이 나오기 힘들다. 상처, 집착, 감정 등 우리 내면에 여러 다양한 무의식을 발견해 낼 수 있다. 이런 진정한 자기 안의 생각과 사유의 여행은 조용하고 고독한 상태에서만 가능하다.

작가 프란츠 카프카는 "글쓰기는 철저한 고립이고, 나만의 차가운 심연 속으로 침잠하는 것이다."라고 말했다. 그는 글을 쓸 때 사랑하는 여인도 옆에 없어야 한다고 할 만큼 고독의 중요성을 강조했다. 나도 마찬가지로 글을 쓰는 동안에는 철저히 혼자가 되었다. 누군가와 함께 있는 환경에서는 깊게 생각할 수 없었고 그렇기에 글이 잘 안 써졌다. 책을 읽을 때는 그나마 부담이 덜하다. 하지만 글을 쓸 때는 다르다. 나에게 완전히 집중해야 하므로 외부의 환경에 영향을 받으면 안 된다. 그만큼 글쓰기는 철저히 혼자가 되어야 하는 힘든 작업이다. 그러나 나를 더 깊게 만나고 성찰하는 만큼 변화하고 성숙하고 성장할 수 있는 것이 글쓰기다.

"집에서 혼자 실시하는 자기 내관이라는 것도 있다. 현실에서는 마음 연구소 같은 특수한 공간이 마련되지 않으면 일상생활과 격리되어 완벽한 혼자만의 시간을 경험하기 어렵다. 프로이트조차 자신을 알기 위해 최면을 걸었을 정도다. 먼저 집에서 시도해 보고, 자신의 생각을 글로 정리해 보는 것도 내면을 들여다보기에 효과적인 방법이다. 사람은 일단 쓰면서 자연스럽게 자신과 마주하게 된다. 그 과정을 끝내고 타인을 대하면 훨씬 내실 있게 이야기할 수 있다. 자기의 생각을 정리하고 토론에 들어왔을 때와 그렇지 않을 때는 크게 다르다. 쓰는 작업은 내면을 파고드는 드릴이 된다. 내관의 대처법이 되어 주는 것이다."

사이토 다카시 『혼자 있는 시간의 힘』

쓴다는 것은 자기 자신을 마주하는 것이다. 내면을 파고드는 드릴처럼 깊게 파고들 수 있어야 한다. 글을 쓸 때는 철저하게 혼자가 되기 위해 노력해야 한다. 그렇지 않는다면 자기 내면에 있는 것들이 진정으로 나올 수 없다. 알아주지 않고 부족하더라도, 자기의 진심이 담긴 글만이 세상을 감동시킬 수 있다. 깊은 고독 속에서 하는 생각과 사유가 누구도 대신할 수 없는 자신만의 것을 끄집어낼 수 있게 만든다.

글쓰기는 자신을 깊게 마주하는 행위다. 생각과 사유를 해야 내 안에 있는 것들을 끄집어낼 수 있다. 머리도 아프고 고된 작업임은 사실이다. 그러나 글쓰기만큼 나를 알 수 있고 변화시킬 방법도 없다. 글을 쓴다는 것은 내 안의 나를 알아가는 과정이기 때문이다. 그러기 위해선 철저히 혼자가 되어야 한다. 혼자 있는 시간이 아니라면 진짜 나를 들여다볼 수도, 만날 수도 없다. 고독 속의 글쓰기를 통해 나를 알아가고 변화시켜 보자.

## 23

# 도전,
# 새로운 것에 도전하면서 삶의 경험을 늘려 나간다

사람은 도전하고 성취하고 목표를 이루는 과정을 통해서 자신의 가치를 느낀다. 그 과정에서 얻는 성취감, 기쁨, 실패 등이 내면을 고취하고 살아 있음을 느끼게 한다. 내가 무엇을 잘할지, 어떤 잠재력이 있는지는 아무도 모른다. 내 안에 잠재된 능력을 알려면 그만큼 다양한 시도를 해 봐야 한다. 나에게 맞는 것, 아닌 것, 좋아하는 것, 싫어하는 것을 스스로 구분할 수 있어야 한다. 생계를 위한 노동 외에 시간을 활용하여 다양한 것들에 도전해 보자. 도전하는 삶은 나를 움직이게 한다. 그 과정에서 쌓인 경험이 삶의 지혜와 자양분이 되고 '나'라는 사람을 만들어 준다.

## (1) 돈 버는 일 말고

자본주의 사회 아래에서는 개인의 능력을 모두 돈 버는 능력으로 평가한다. 돈 잘 벌면 '능력자', 돈 잘 못 벌면 '무능력자'로 낙인찍힌다. 하지만 생각해 보면 인간이 돈만 벌기 위해 태어난 존재는 아니다. 고대부터 지금까지 생존을 위한 노동은 필수지만, '돈'이라는 화폐만을 좇는 존재는 아니었다. 많은 돈을 벌어야 행복하고 잘 산다는 것은 자본주의 체제가 만든 대표적인 허상이다. 우리 사회에서 벌어지는 각종 비리, 환경 오염, 갑질, 폭행 등 모든 원인의 근원은 과한 부의 축적과 욕심이다. 각자 기준은 다르겠지만, 내 생각에는 돈은 먹고살 만큼만 벌면 된다. 뭐든 항상 지나침이 문제다.

그렇다면 노동 외 나머지 시간에 무엇을 할 것인가? 자기가 평소 관심 가고 호기심 있던 분야에 도전해 보는 것이다. 아주 작은 것일지라도 평소 마음속에 끌렸던 것을 하면 된다. 먹고사는 문제가 어느 정도 해결됐다면, 주저하지 말고 아무거나 도전해 보는 것이 좋다. 실패해도 괜찮다. 오히려 실패해야 나에게 더 맞는 일을 찾을 수 있다. 내가 누구인지, 내 안의 재능을 찾기 위해선 다양한 도전과 경험, 실패를 해 봐야 한다. 그래야 내 안에 나도 몰랐던 것을 알 수 있다. 처음이 두렵고 어렵지만, 그다음부터는 확실히 나아진다.

"고독을 느낄 때는 새로운 뭔가에 도전해 보면 좋다고 생각합니다. 영어 회화나 요가 교실에 다닌다. 피아노나 바이올린 같은 악기를 배워 본다. 소설이나 에세이를 써 본다. 복지 봉사 활동이나 환경 보호 활동 같은 사회 활동을 해 본다. 지금까지 하지 않은 스포츠를 시작한다. 그때 시간이 언제 지나 갔는지 모를 정도로 몰두할 수 있을지 어떨지를 하나의 판단 기준으로 삼으면 좋습니다. 몰두할 수 있다는 것은 보람으로 바뀌는 증거이고 그럼으로써 고독을 극복하는 힘이 점점 솟아오르게 되겠지요."

우에니시 아키라 『혼자의 힘을 키우는 법』

안타깝게도 학교나 사회, 직장은 개개인의 선호, 취향 등을 존중해 주지 않는다. 오직 '돈'을 위한 능력만을 인정해 준다. 자본주의 아래에서 태어난 것은 우리가 어찌할 수 없는 것이다. 그러나 그 안에서 자신만의 행복을 어떻게 찾을 것이냐는 자신에게 달렸다. 생존을 위한 활동은 필수지만 그 시간 외에는 자신이 하고 싶었던 일, 좋아하는 일 등 아무거나 도전해 보자. 나이, 돈, 시간 등 세상이 정해 놓은 조건 때문에 주저한다면 시간이 지나 크게 후회할 수 있다. 지금 자신의 삶에 중요한 것이 무엇인지 스스로 잘 생각해 봐야 한다. 사실 도전하고 실패하는 그 과정 자체가 나를 찾아가는 여정이고 행복이다. 이제 돈 버는 일 말고, 마음에 끌리고 평소 하지 못했던 그 무엇이든 도전해 보자.

## (2) 안주할 때, 영혼은 늙는다

　인간은 원래 안정을 추구하는 동물이다. 안정적인 삶을 싫어하는 사람은 없다. 하지만 안정적인 것만을 추구한다면 삶은 참 지루해진다. 안정에 집착하면 삶이 무기력해지고 의미 없는 하루가 반복된다. 자신을 스스로 가둬 놓지 말자. 우리의 능력의 끝은 누구도 알 수 없다. 저마다 자신만의 재능을 가지고 있다. 그것을 모르고 눈을 감는 사람이 너무도 많다. 진정 자신을 위해서라면, 안주하는 삶이 아닌 도전하는 삶을 살 수 있어야 한다.

　영화 〈인천 상륙 작전〉에서 맥아더 장군은 말했다. "사람은 나이를 먹는다고 늙는 것이 아니다. 이상을 버리기 때문에 늙는 것이다. 세월은 피부를 주름지게 하지만, 열정을 포기하는 것은 영혼을 주름지게 한다." 모두가 반대하는 전쟁을 치르러 배를 타고 가는 도중 그가 한 말이 아직도 내 머릿속에 맴돈다. '내 영혼은 주름지고 있나?', '내 이상은 아직 건재한가?' 등 많은 생각이 들었다. 나이만 먹는다고 지혜가 쌓이는 것도 경험이 쌓이는 것도 아니다. 사람은 자신이 살아가고 경험한 딱 그만큼 성장한다. 40대에 직장을 그만둔 후, 산티아고 길을 도전한 온 정진홍 교수도 자신의 책에서 이런 말을 했다.

　"나는 지금도 내 인생에서 가장 위험했지만 또 가장 잘한 결정이 '교수직'을 그만두고 콘텐츠 크리에이터라는 생경한 '업'의 길로 나선 것이었다고 생각한다. 그 덕분에 나는 안주하는 삶이 아니라 도전하는 삶을 살 수 있었고 내 안의 가능성의 금광을 파낼 수 있었다. 하지만 10년이란 세월의 때는 또 다시 사람을 안주하게 만들었다. 어느새 도전이란 단어는 더 젊은 사람들의 전유물이라고 애써 외면했다. 산티아고 가는 길 900킬로미터는 매일매일 걸어야 하는 길임에도 불구하고 내 인생 전체에서는 실로 '위대한 멈춤'이었다. 더 멀리, 제대로 인생길을 나아가기 위한 '뜨거운 쉼표'였다. 사람은 몸이 먼저 늙는 것이 아니라 마음이 먼저 늙는다."

정진홍 『마지막 한 걸음은 혼자서 가야 한다』

안주하는 삶은 자신을 움츠리게 하고 자신의 능력을 스스로 외면하는 행위다. 나이가 젊더라도 이상과 꿈을 잃어버린다면 늙은 것이다. 자신의 능력을 편안함의 우리 안에 가두며 점점 잃어 가는 것이다. 안주하고 싶은 자신을 깨우라. 일어나서 움직여라. 다양한 도전을 하며 자신의 능력을 발휘하여 이상과 꿈을 실현해 나가 보자. 그 과정에서 오는 실패와 고통은 자신을 훨씬 더 성장시킬 것이다. 이상과 꿈을 잃어버릴 때, 현실에 안주하고 더는 자신을 성장시키려 하지 않을 때, 우리는 진짜 늙는다.

열정과 이상을 가지고 사는 삶은 가슴을 뜨겁게 한다. 목표가 있어 도전하는 삶은 매 순간 나를 움직이게 한다. 그 과정이 고되고 힘들 수 있다. 그러나 자신이 원하는 일을 이루는 과정 자체가 어떻게 보면 행복이다. 인간에게 자신을 신장시키는 것보다 더 큰 행복과 행운은 없다. 단지 귀찮고 힘들어서 도전을 멈추고 있다면 행동하고 움직여라. 자신의 능력을 찾고 키우라. 언제나 자신을 뛰어 넘어설 수 있는 극복의 대상이 되어야 한다. 다양한 분야에 도전하며 삶의 경험을 늘리는 것이 한 번뿐인 자신의 삶을 진정으로 가치 있게 살아 내는 것이다.

# 24

# 감사,
# 세상의 모든 것에 감사할 수 있다면
# 세상은 천국이 된다

감사하는 마음은 행복의 가장 큰 요소 중 하나다. 어떤 상황에서도 감사할 수 있는 사람은 늘 행복할 수 있다. 우리는 행복이 외부의 상황에 의해 결정되는 줄 안다. 항상 좋은 일이 있고, 물질적으로 풍족하게 살아야 행복하다고 생각한다. 그러나 모든 것은 자신의 마음에 달렸다. 스스로 행복하다고 느끼는 사람은 언제 어디서든 행복할 수 있다. 결정적인 조건이 매사에 감사할 수 있느냐다. 감사하는 마음은 삶에서 반드시 가져야 할 요소다. 자신은 물론 타인에게도 많은 긍정적인 영향을 미친다.

## (1) 매일 쓰는 감사 일기

감사하는 마음을 가지면 삶의 큰 변화가 일어난다. 상황은 바뀌지 않는데 삶이 갑자기 아름다워지고 행복해진다. 주변의 모든 것이 소중해지고 당연하게 여기지 않게 된다. 매 순간 감사할 수 있다면 늘 행복할 수 있다. 그러나 대부분 부정적인 마음의 습관 때문에 처음부터 쉽게 되진 않는다. 그래서 감사 일기를 쓰면 좋다. 하루 3~5개씩 써 보는 것이다. 주변을 자세히 둘러보면 감사한 일이 많다. 아주 사소한 것부터 우리가 당연시하는 것들도 생각을 달리 해 보면 감사할 거리다. 매일 쓰는 감사 일기가 마음의 평화와 행복을 만들어 준다.

> "그날의 감사한 점 세 가지씩을 써 보자. 행복감이 올라가고 우울감이 낮아
> 진다. 감사하는 사람들은 자신에게 어떤 일이 일어나든지 간에 시간을 재구
> 성할 줄 안다. 자신에게 부족한 측면에 초점을 맞추지 않고, 자신이 가진 것
> 에서 좋은 측면을 찾아낸다."
>
> 제니스 캐플런 『감사하면 달라지는 것들』

나도 처음 감사 일기를 적을 땐 일상의 작은 것부터 쓰기 시작했다. 건강한 몸, 오늘 하루 먹을 것이 있는 것, 직장이 있어 생계를 이어 나갈 수 있는 것, 힘이 돼 주는 가족들 등 내 삶과 연관된 당연한 것들부터 적었다. 처음엔 크게 와닿지 않았는데, 감사 일기를 쓰다 보니 당연

하게 여기던 많은 것들이 정말 감사하게 느껴졌다. 건강한 몸과 직장이 있는 것만으로 난 복 받은 사람, 운이 좋은 사람이라 생각했다. 상황은 바뀐 것이 없는데, 세상이 다르게 보였다. 지금 내게 없는 것을 찾는 것이 아니라 내가 가진 것, 주어진 것에 감사하니 삶이 정말 행복했다. 그때부터 아침에 일어나면 늘 하는 말이 있다. '살아 있어 감사합니다. 나는 정말로 운이 좋고 복 받은 사람입니다.'

감사 일기를 적은 지 어느덧 3년째다. 감사 일기를 적으며 가장 크게 달라진 변화는 내 마음에 욕심이 사라진 것이다. 감사하는 삶은 지금 현재 내가 가지고 있는 것이 참 많다고 느끼게 해 주었다. 지금 이대로도 충분하다는 생각이 들었다. 내 주변에 있는 것들에 더 감사하게 되었고 나아가 어려운 타인을 도와주고 싶었다. 가진 것은 없었지만 매일 내면의 풍요로움이 주는 행복으로 하루가 채워졌다.

행복은 무엇인가에 감사하는 마음을 품는 것에서 비로소 시작된다. 우울감을 없애고 살아 있는 생명체를 소중히 여기게 한다. 확실한 것은 상황이 우리를 불행하고 행복하게 만드는 것이 아니라, 자신이 어떤 마음이냐에 따라 결정된다. 감사 일기를 적으며 내 삶을 변화시켜 보자. 내가 가진 것에 만족하고 작은 것에도 감사할 수 있다면 그 사람이 진정 행복한 사람이 아닐까. 감사하는 마음으로 지금 내 삶에 만족할 수 있다면 스스로가 매일 행복의 문을 열 수 있다.

⑵ 혼자 있는 시간이 있어 감사합니다

　혼자 있는 시간을 감사하는 시간으로 여길 수 있어야 한다. 그러나 혼자 있는 시간을 대부분 부정적으로 여긴다. 고립과 나만 혼자 떨어져 있는 시간으로 여겨 자칫 우울증으로 빠질 수 있다. 대부분 외로움을 버티지 못해 무작정 사람을 만나지만, 혼자 있지 못하는 사람은 결국 더 큰 외로움에 빠진다. 혼자 있는 시간에 감사하는 하루가 될 수 있다면 그 하루는 완전히 달라진다. 주어진 내 삶에 감사하며 그 시간을 어떻게 보낼지 생각해 보자.

> "감사가 나를 채운다. 홀로 있음이 선사하는 고요하고 평온한 저녁에 대한 감사, 홀로 있음을 벗 삼아 살아갈 수 있음에 대한 감사다. 홀로 있음은 내게 친구가 되어 주고 힘의 원천이 되어 준다. 홀로 있는 가운데 나는 스스로를 더 잘 알게 되었고 내 안의 고향을 발견했다. 마음의 고향에서 출발하여 삶의 좋은 것들과 연결해 나가는 일은 즐겁다."
>
> 프란치스카 무리『혼자가 좋다』

　혼자 있는 시간에 감사하게 되면 내가 누리고 있는 것들에 대해 감사하게 된다. 아픈 곳이 없고, 먹을 것이 있고, 잠을 잘 수 있는 공간이 있는 것만으로 감사하게 된다. 이렇게 당연한 것들에 대해 감사하게 되면 저절로 욕심과 괴로움이 줄어든다. '나 혼자 있어도 충분히 잘 지낼 수 있구나.'라는 생각이 든다. 내가 나의 가장 친한 친구가 될 수 있다. 누군가 옆에 없어도 충분히 잘 지낼 수 있고 행복할 수 있다는 자신감이 생긴다. 그렇게 감사하는 마음은 혼자 있는 삶을 고립이 아닌, 행복으로 만든다.

> "사람마다 행복에 필요한 것들은 다르겠지. 내 경우에는 너무 여러 번 읽어서 곧 외울 수 있을 것 같은 책, 창문을 선뜻 열 수 있는 날씨, 그리고 되도록 많은 고양이!"
>
> 야오야오 마반아스 『어떤 마음은 혼자 있을 때 더 잘 느껴져』

산뜻한 바람과 따스한 햇볕, 내가 좋아하고 즐겨 읽는 책, 함께할 수 있는 반려동물 등 이것들은 일상에 너무나도 당연한 것처럼 늘 우리 곁에 있다. 하지만 대부분은 이 당연한 것에 감사할 줄 모른다. 그럴수록 마음은 더 많은 것을 원하게 되고 현재에 만족하지 못한다. 혼자 있는 시간에 내 주변을 둘러보자. 아름다운 자연, 음식, 풍경 등 평소 당연하다고 여기던 것들에 감사해 보자. 혼자 있는 일상에 감사할 수 있다면, 그 시간은 누군가가 옆에 없어도 '나' 하나로 충분히 행복한 시간이 될 수 있다.

인생의 매 순간이 행복인지, 아닌지를 결정짓는 것은 감사하는 마음에 달렸다. 주변 환경이나 외부의 것이 문제가 아니다. 욕심과 집착 등 이런저런 많은 것으로 덮인 자신의 마음이 문제다. 아주 작은 것에 감사할 수 있는 사람은 늘 자신의 삶에 만족하며 산다. 상황은 하나도 바뀌지 않았지만, 모든 것이 바뀐다. 일상의 아주 사소한 것부터 감사 일기를 적어 보자. 감사하는 마음이 당신을 행복의 문으로 안내할 것이다. 감사야말로 아주 사소하지만, 우리가 할 수 있는 가장 아름답고 고귀한 표현이 아닐까. 감사할 수 있다면 세상은 천국이 된다.

# 25

# 긍정,
# 혼자 있어도 괜찮다라는 마음만 있다면
# 늘 행복할 수 있다

이미 많은 사람이 긍정적인 마음에 대한 중요성을 강조하고 있다. 긍정적인 마음가짐은 삶에 너무나 많은 도움을 준다. 늘 좋은 기운과 행복을 만들어 낸다. 어떤 상황이든 포기하지 않고 즐겁게 이겨 나갈 수 있게 해 준다. 특히 혼자 있는 시간에 긍정적인 마음은 필수다. '혼자서도 충분히 괜찮다.'는 생각 자체만으로도 자신의 삶을 더 당당하게 만든다. 이런 사람은 자신에게 고난과 역경의 상황이 와도 금방 이겨낸다. 긍정적인 마음가짐과 사고방식이 언제나 자신을 지켜 줄 것이다.

## (1) 삶은 해석이다

　혼자 있는 시간을 보내면서 많은 공부를 했지만, 특히 종교에 관해 관심을 많이 가지게 되었다. 계기는 딱히 없었다. 어느 다큐멘터리를 보다가 우연히 템플스테이와 관련된 영상을 보게 되었는데, '마음'이라는 것에 처음 깊이 관심을 가지게 되었다. 그때부터 불교의 매력에 푹 빠지게 되었다. 지루할 수도 있었지만, 이상하게 계속 보다 보니 재밌었다. 인생의 모든 지혜가 불교에 있는 것 같았다. 삶의 지혜를 얻고 마음공부를 통해 나의 삶을 좀 더 변화시킬 수 있었다. 불교 공부를 하면 할수록 많은 것을 내려놓게 되었고 마음의 상태도 편안해지고 가벼워졌다.

　그중 내가 가장 크게 배운 것은 '마음의 해석'이다. 내 마음이 어떻게 바라보느냐에 따라 세상은 결정된다. 어떤 세계든 내가 인식하는 사고방식이 사물을 부정적으로 보면 삶은 불행일 것이고, 긍정적으로 보면 삶은 행복한 삶이다. 간단한 이치지만 처음엔 선뜻 마음에 다가오지 못했다. 하지만 매일 정진하고 배우고 수양했다. 그러면서 정말 알게 된 것은 삶에서 일어난 거의 모든 일은 내가 어찌할 수 없다는 것이다. 그러나 그것을 어떻게 받아들일 것이냐는 온전히 나의 몫이었다. 법륜 스님의 책『인생 수업』에서도 긍정적인 해석의 중요성을 강조하고 있다.

"자신에게 일어난 일은 긍정적으로 바라보는 것이 좋습니다. 이미 일어나 버렸는데 그걸 부정적으로 생각한다고 해서 바뀌는 건 아니잖아요. 그렇다고 '무조건 잘될 거다.' 하는 낙관이 아니라, 일어나 버린 일은 항상 잘된 일이다. 이렇게 긍정적으로 보고 거기서부터 출발하면 어느 상황에서든 배울 수 있고, 그 풍부한 경험을 토대로 지혜로운 조언도 해 줄 수 있게 됩니다."

법륜 스님 『인생 수업』

이미 일어난 일에 얽매여 자신을 힘들게 할 것인가. '모든 일은 나에게 잘된 일이야.' 하고 생각을 바꿔 상황을 긍정적으로 해석할 것인가. 우리에게 일어난 모든 일을 긍정적으로 해석할 수 있어야 한다. 그래야 실패와 시련을 있는 그대로 받아들이지 않고 그것을 오히려 배움과 삶의 지혜로 받아들여 귀중한 경험이 되게 할 수 있다. 자신의 마음은 생각보다 마음대로 안 되는 경우가 많다. 그러나 매일 연습하고 공부하고 정진하다 보면 분명히 나아질 수 있다. 삶은 해석이다. 그러므로 행복과 불행은 남이 만드는 것이 아닌, 온전히 자기 자신이 만드는 것이다.

⑵ 외로움을 어떻게 바라볼 것인가?

외로움은 붙잡으면 붙잡을수록 더 외로워진다. 마음의 감정과 생각이라는 것은 한곳에 머물지 않는다. 자신이 부여잡지 않는 한 자연스레 사라진다. 그러나 우리는 잠시를 못 참는다. 누군가를 만나야 하고 옆에 항상 누가 있어야 마음이 편하다. 또한, 외로움은 '나쁜 것'이라는 인식에 갇혀 있다. 그러나 외로움을 긍정적으로 바라볼 수 있다면, 많은 것이 변할 수 있다. 나 자신은 물론, 인간관계, 마음의 집착 등 인생의 많은 괴로움에서 벗어날 수 있다. 긍정적으로 고독을 바라보는 사람일수록, 삶이 훨씬 행복할 수 있다.

"앞으로는 분명히 홀로 사는 사람이 늘어난다. 실제로 그 수는 증가하고 있으며 지금 싱글이 아닌 사람이라도 언제 홀로 살게 될지 알 수 없는 일이다. 도망쳐서는 안 된다. 마주서야 한다. 그것이 바로 고독력이다. 이 힘을 갖추기 위해서 무엇보다 필요한 것은 긍정적인 생각과 시선이다. 그렇게 되었을 때 고독은 우리의 인생에 은혜를 베풀어 줄 터이다. 지금 세상은 고독을 필요 이상을 부정적으로 보고 있다. 과연 고독이란 무엇인가. 그 대답은 자신 안에 있다. 자신이 어떻게 받아들이냐에 고독은 달라질 수 있다. 고독뿐만이 아니다. 삶의 모든 것이 마음먹기에 달려 있다."

가와키타 요시노리 『성공하는 인생은 고독을 두려워하지 않는다』

외로움을 잘 이겨 낸 사람은 어떤 상황이든 자신감이 넘친다. 주변에 사람이 있어도, 없어도 자신의 삶에 큰 영향을 미치지 않기 때문이다. 나의 삶에도 가장 큰 변화는 '관계'였다. 혼자 있는 시간을 잘 버티고,

잘 지내려고 노력하다 보니 더는 사람을 찾지 않게 되었다. 혼자서 충분히 잘 지낼 수 있다는 긍정적인 생각을 가지고 살다 보면 마음이 늘 즐겁고 자유로워진다. 관계가 궁극적인 나의 상태를 결정하는 것이 아니었다. 혼자 있는 나를 스스로가 어떻게 바라볼 것인가가 핵심이었다.

티베트 승려인 달라이 라마는 "중요한 것은 일어난 그 일이 아니라, 그 일어난 일을 바라보는 자신의 마음이다."라고 말했다. 일어난 일이 나에게 중요한 것이 아니라 삶을 내가 어떻게 해석하고 받아들이냐에 따라 삶은 달라진다. 이제 외로움을 어떻게 받아들일 것인가? 고립으로 나 자신을 한없이 가둬 놓을 것인가, 혼자서도 충분하다는 생각으로 내 삶을 스스로 행복하게 만들어나갈 것인가. 선택은 본인에게 달렸다.

긍정적인 마음은 삶을 바꾸는 필수 요소다. 어떠한 상황이든 내 삶을 이겨 나갈 수 있는 무기가 된다. 중요한 것은 일어난 상황이 아니다. 그때의 자신의 마음, 해석, 시선이다. 어떻게 삶을 해석하느냐가 중요하다. 그것이 긍정적인 해석이면 내 삶은 매 순간 즐겁고 행복할 수 있다. 혼자 있는 시간을 어떻게 받아들이냐에 따라 내 삶은 확연히 달라진다. 외로움 속에서 고독을 이겨 내고 시간을 잘 보낸 사람은 그 내면의 깊이가 확실히 다르다. 외로움을 긍정적인 관점으로 바라볼 수 있다면 외로움이 나에게 많은 것을 가져다줄 것이다. 삶의 행복과 자유는 외부의 것들에 결정되는 것이 아닌, 내 마음의 긍정적인 인식에 서부터 출발한다는 것을 잊지 말자.

## 26

# 운동,
# 체력과 몸 상태를 좋게 만들면
# 마음까지 좋은 영향을 받는다

정신이 육체를 지배한다는 말도 있다. 그러나 육체가 마음의 상태를 결정하는 때도 많다. 몸과 마음은 서로 아주 밀접하게 연결되어 있다. 어느 한쪽이 안 좋으면 따라서 안 좋아진다. 마음 수양도 중요하지만, 운동과 식이, 절제 등 자신의 육체에도 관리를 소홀해선 안 된다. 건강은 한 번 잃으면 쉽게 되돌리기 힘들다. 몸이 건강하면 마음까지 건강할 수 있다. 몸과 마음 모두 중요하지만, 몸의 상태가 마음의 상태에 많은 영향을 미친다.

## (1) 자기에게 맞는 운동을 찾자

　운동은 죽기 전까지 해야 할 필수 항목이다. 운동으로 얻는 효과는 정말 많다. 많은 분야의 전문가들이 이미 그 중요성을 말하고 있다. 운동은 염증이나 통증을 줄여 주고 혈액 순환을 돕고 과체중과 비만을 막아 준다. 머리를 맑게 하고 기분을 상쾌하게 한다. 운동이 힘들다고만 느껴진다면 처음엔 어떤 운동이든 좋으니 자신만의 재미있는 운동을 찾자. 운동은 신체적 훈련이라 힘이 드는 게 당연하다. 그러니 즐겁고 재밌는 운동을 찾는 게 중요하다. 운동도 꾸준히 해야 는다. 재밌어야 지속할 수 있다.

　고등학교 때 체중이 심하게 불어난 적이 있다. 입시 공부 스트레스와 평소에 먹는 것을 좋아하다 보니 시도 때도 없이 막 먹었다. 책상에 있는 시간이 많고 움직임도 없어 한참 살이 찔 땐 10kg 정도 쪘던 것 같다. 앉아 있는 게 불편하고 조금만 움직여도 숨이 찼다. 안 되겠다 싶어 학교를 마치고 집에 가서 매일 1시간씩 뛰었다. 처음엔 5분만 뛰어도 헐떡거렸다. 포기할까 하다가 고비를 넘기고 계속하다 보니 달리기를 하고 난 뒤의 상쾌함이 좋았다. 일주일 정도 하니 확실히 숨이 덜 차고 몸이 가벼워지는 것이 느껴졌다. 달리기를 한 다음 날은 유난히 머리가 맑아지고 공부가 훨씬 잘되었다. 신기하게 먹고 싶은 욕구도 줄어들었다. 몸에 많은 긍정적인 변화가 나타나면서 정신도 맑아졌다. 그때 운동의 재미를 처음 느꼈다.

> "심리 치료사인 미셸 메이든버그는 '혼자 달리기를 하면 세상에 음소거 버튼을 누르고 스트레스 해소라는 운동의 효과를 톡톡히 볼 수 있다. 달리기를 하면 어떤 생각에 완전히 몰입하거나 반대로 머리를 아주 깨끗이 비우고 멍한 상태에 빠지는 명상적인 경험을 할 수 있다.'고 말한다."
>
> 스포츠 전문지 『러너스 월드』

달리기는 신체적인 변화뿐만 아니라 정신적인 측면에서도 많은 변화를 가져다주었다. 머리와 정신을 맑게 하고 기분을 상쾌하게 했다. 몸을 많이 움직이다 보니 많이 먹어도 크게 살이 찌지 않았다. 신체적인 변화도 변화지만, 정신적인 측면에서 많은 도움이 됐다. 공부도 더 잘되는 느낌이었고 무기력한 감정이 사라졌다. 매사에 더 활기차고 적극적으로 임할 수 있었다. 다른 운동도 재밌지만 달리기가 나에겐 참 잘 맞았다. 숨이 헐떡거릴 만큼 힘들지만, 그것을 이겨내고 얻는 성취 과정에서 희열과 재미를 느꼈다. 나에게 첫 운동의 재미와 동시에 많은 이로운 점을 준 것이 달리기였다.

건강 관리를 위해서라도 운동은 반드시 해야 한다. 건강은 한 번 잃으면 회복하기 힘들다. 먼저 자신에게 맞는 운동을 찾는 것이 중요하다. 운동을 지속하기 위해선 재밌어야 한다. 재미가 없으면 흥미를 잃고 도중에 포기하게 된다. 그러니 어떤 운동이든 괜찮다. 자신을 조금 힘들게 하는 운동이면 좋다. 세상에 안 힘든 운동은 없다. 힘들어야 운동이다. 자신의 한계까지는 아니더라도 신체를 건강하게 할 수 있는 운동이면 충분하다. 다양한 운동 종목을 시도해 보면서 자신에게 알맞고 재밌는 운동을 찾아 평생의 자산인 건강을 스스로 관리하자.

## ⑵ 몸과 마음은 부부다

몸과 마음. 이 둘은 부부 같은 관계다. 뗄 수 없는 사이다. 마음이 아프면 신체가 위축되고 움츠러든다. 몸이 아프면 마음이 우울해진다. 몸이 힘들고 몸져누워 있는데 마음이 즐거울 리가 없다. 마음이 우울하고 아픈데 몸이 활기차고 적극적일 수가 없다. 그나마 쉬운 것이 몸을 관리하는 것이다. 마음은 눈에 보이지 않아 다루기가 쉽지 않다. 하지만 몸은 건강상에 큰 문제가 있지 않은 이상 내 의지와 노력에 따라 달라질 수 있다. 움직이고 활동하다 보면 마음도 금방 괜찮아진다. 우울증이나 정신 치료에 걷기나 운동이 있는 것도 그 이유다. 몸과 마음은 서로에게 많은 영향을 미친다.

몸이 마음에 큰 영향을 미친다는 것을 아플 때 알 수 있었다. 겨울 감기에 심하게 앓아누운 적이 있었다. 그 전날까지만 해도 마음은 즐거웠고 심리적 상태도 괜찮았다. 그런데 감기에 걸려 아무것도 할 수 없이 누워만 있으니 마음마저 우울해졌다. 갑자기 부정적인 생각들이 들면서 "못 일어나면 어떡하지?", "나 빼고 남들은 다 잘 지내고 있겠지?" "왜 이렇게 아플까." 등 의욕도 떨어지고 내 처지를 비관적으로 바라보게 되었다. 건강이 나빠지면 정신적인 측면까지 한없이 나빠질 수 있다는 것을 알았다.

그때부터 본격적인 건강 관리를 위해 팔 굽혀 펴기를 시작했다. 근력 운동도 꼭 필요한 운동이다. 근력 운동은 내 몸의 전체적인 윤곽과 균형을 잡아 준다. 체력과 힘도 생긴다. 또한, 자존감 상승에도 상당히 도움이 된다. 헬스장에 가서 운동하는 것도 좋지만, 언제 어디서든 할 수 있는 팔 굽혀 펴기만으로도 충분하다. 하루에 몇 개든 매일매일 조금씩 늘려나가면 된다. 나 같은 경우 처음엔 3~4개밖에 못했다. 하지만 꾸준히 노력하여 점점 늘려가 이젠 한 번에 20개까지 할 수 있게 되었다. 근력 운동 후 몸의 변화를 확실히 느꼈고 몸이 변하니 자연스레 자신감도 올라갔다.

"혼자 있으면 왠지 허약해 보이는 사람과, 늠름해 보이는 사람이 있다. 그 차이는 무엇일까. 허약해 보이는 것은 몸이 허약하기 때문이다. 늠름하게 보이는 것은 몸이 강인하기 때문이다. 사람들이 근력 운동을 하는 이유는 자신감의 원천이 바로 몸이란 사실을 본능적으로 알기 때문이다. 늠름해 보이는 사람이 혼자 있으면 "혼자 있는 걸 좋아하는 모양이군." 하는 식으로 평가가 올라간다. 홀로 있어도 볼품 있어 보이는 그런 몸을 만드는 것이다. 볼품 있는 몸을 갖게 되면 무리로 몰려 있는 것이 멍청하게 여겨진다. 강인하고 멋진 자신이 평범한 다른 많은 사람들 속에 묻혀 버리는 것을 참을 수 없게 되는 것이다."

센다 다쿠야『혼자 있어야 시작 할 수 있다』

　운동은 혼자 있는 시간을 더 활기 있게 만들어 주었다. 몸이 건강해지니 삶이 늘 적극적으로 바뀌었다. 건강한 생활이 가져다주는 행복은 생각보다 컸다. 그러면서 술자리나 내 몸을 상하게 하는 모임을 덜 가게 되었다. 운동은 이렇게 몸뿐만 아니라 마음과 삶 전체에 영향을 미친다. 몸과 마음은 서로에게 영향을 주는 부부 같은 존재다. 어느 하나 소홀히 해서는 안 된다. 특히 몸의 상태를 잘 유지하면 마음은 저절로 따라온다. 운동으로 건강한 삶을 살면 건강한 정신은 덤이다.

　운동은 정말 많은 장점이 있다. 건강은 물론 신체적인 윤곽과 몸의 라인, 균형 등 외적인 부분도 예뻐진다. 자존감이 올라가고 자신감이 생긴다. 머리를 맑게 하며 기분을 좋게 하고 우울증도 없애 준다. 혼자 있는 시간에 운동만큼 이익인 것도 없다. 하루 1시간 정도 내일 꾸준히 투자하면 자신의 몸은 물론 마음의 상태까지 변화할 수 있다. 몸과 마음은 뗄레야 뗄 수 없다. 특히 몸의 상태가 마음에 미치는 영향이 크다. 어떤 운동이든 좋으니 당장 시작해 보자. 자신의 몸과 마음, 더 나아가 삶 전체가 달라질 것이다.

# 27

# 성찰,
# 나를 되돌아보며 나의 잘못을 고쳐 나가야 한다

성찰의 시간은 자신의 잘못을 고치는 데에 있어 꼭 필요한 시간이다. 우리는 남의 잘못은 잘 보이지만 자신의 잘못은 못 본다. 늘 남 탓을 하고 욕하고 비난하면서도, 스스로는 틀린 게 없다고 생각한다. 하지만 완벽한 인간은 이 세상에 한 명도 없다. 누구나 실수를 하고 잘못을 한다. 어리석은 사람은 남의 잘못은 잘 지적하지만, 자신의 잘못은 없다고 생각한다. 자신의 잘못과 실수를 들여다볼 수 있는 시간이 바로 성찰의 시간이다. 내면을 깊게 들여다볼 수 있는 시간은 혼자 있는 시간에 가능하다. 성찰의 시간을 통해 자신의 행동, 생각, 말투 등을 돌아보며 반성하고 고쳐 나가야 한다.

## (1) 남 신경 쓰지 말고 자신을 봐라

　사람은 항상 자기중심적인 동물이다. 누구나 자기 기준에서 생각하고 행동한다. 우리 대부분은 갈등 상황에서 늘 '남은 잘못이 있고 나는 잘못이 없다.'라고 생각한다. 하지만 객관적으로 따져 보면 잘못한 사람도 잘한 사람도 없다. 자신의 잘못은 보지 않고 늘 남의 잘못만 보기 때문에 갈등은 계속된다. 문제가 끝이 안 난다. 문제의 본질적인 해결은 남을 보는 것이 아닌 자신을 보는 것에 달렸다. 남의 문제 말고 내게 문제가 없는지 먼저 살펴야 한다. 충고하고 지적하기 전에, 자신은 문제가 없는지 점검해 볼 줄 알아야 한다.

　나에게도 문제는 많이 있었다. 직장 생활을 하면서 항상 드는 의문이 '저 사람은 왜 저럴까?'였다. 유난히 눈에 밟히는 직장 상사가 있었는데 그의 행동과 말투가 마음에 들지 않았다. 그를 미워하게 되면서 '저 사람은 왜 저렇게 행동하지?', '왜 저렇게 못되게 말할까?' 등 문제를 계속 남에게서 찾았다. 하지만 그러면 그럴수록 해결되는 것은 없었고 나만 힘들어졌다. 남을 미워하는 마음이 내 몸을 점점 누르고 무겁게 했다. 괴로움이 계속 일어나며 업무에 지장도 생겼다.

　시간이 지나고 깨달은 것은 문제는 나에게 있었다는 것이다. 그 사람은 그냥 그 사람 성질대로 행동하고 말한 것이다. 그러나 난 다름을 인정하지 않고 오직 내 생각대로 그 사람이 행동해 주길 바랐다. 내 잘못이 아닌 계속 그 사람의 잘못만 봤다. 사람은 모두 자신의 성질, 기질, 습관에 따라 행동한다. 그것을 내 식대로, 내 마음대로 바꾸려고 하니 괴로움과 불만이 생긴 것이다. 내 생각을 내려놓고 그 사람의 입장에선 충분히 그럴 수 있다고 생각하니 마음이 가벼워졌다. 나를 힘들게 한 것은 그 사람이 아닌 '나'였다. 타인이 아닌 나를 보니 문제가 쉽게 해결이 되었다. 나의 잘못을 알아차리고 있는 그대로의 그 사람을 인정하니 자연스레 갈등이 사라졌다.

"주변을 돌아보면 세상 탓, 남 탓을 하며 자기변명에 바쁜 사람들이 너무도 많다. 비 오는 날 길을 걷다가 물구덩이에 빠지면 먼저 자신의 부주의를 탓해야 하는데 도로 보수를 게을리한 관공서만 욕한다. 내가 남보다 출세를 못 하는 것은 돈 없고 빽 없는 부모 탓이라며 환경을 원망한다. 조금 억울한 일이 있어도 한 번만 굽혀 생각하고 침착하게 자신을 돌아보면 거기에 분명히 내 탓이 있음을 알게 되는데, 분노에 눈이 가려 남들 눈에 뻔히 보이는 것이 보이지 않는다. 남을 탓하는 사람은 그로 인해 나날이 불행의 바다에 빠질 뿐이다."

원재훈 『고독의 힘』

갈등이 발생한다면 타인의 잘못보다 나에게 문제가 없는지 살펴봐야 한다. 남이 아닌 나를 봐야 한다. 혼자 있는 시간을 가지며 차분히 자신을 들여다보자. 사람은 모두 잘못을 저지르고 실수도 한다. 그러나 우리는 항상 나의 잘못은 관대하고 남의 잘못에 엄격하다. 성찰의 시간을 가지며 끊임없이 자신을 돌아보는 시간을 가져야 한다. 남 탓할 필요도 없고 신경 쓸 필요 없다. 항상 중요한 것은 '나'다. 남 신경쓰지 말고 나를 먼저 돌아봐야 근본적인 문제의 해결이 될 수 있다.

(2) 나의 결점을 찾는 시간

성찰의 시간은 나의 결점이 발견되는 시간이다. 일상을 타인과 함께 살다 보면 늘 타인만 보게 된다. 남의 잘못과 행동, 말투 등 우리는 쉽게 타인을 평가하지만 자기 자신에게도 그런 점이 있다는 것을 모른다. 늘 남을 비판하면서도 자신은 잘못이나 실수가 없다고 생각한다. 하지만 완벽한 사람은 없다. 누구나 장단점이 있고 고쳐야 할 점이 있다. 혼자 있는 시간은 나의 결점을 찾고 좀 더 나은 삶으로 가는 시간이다. 성찰의 시간으로 자기 자신을 잘 알 수 있다면 근본적인 변화가 일어날 수 있다.

혼자 있을 때 성찰의 시간은 나를 힘들게 하는 것이 무엇인지 들여다볼 수 있다. 내가 어디에 집착하고 있는지, 나를 괴롭게 하는 감정과 생각은 무엇인지, 왜 내가 그때 그런 부주의한 행동을 했는지 등 자신의 상태가 어떤지 볼 수 있어야 한다. 나의 결점을 제대로 찾아야만 해결 방안이 나온다. 하지만 대부분은 잘 모른다. 자신보다 남을 더 많이 보기 때문이다. 그렇게 되니 자신의 문제 해결 방안을 타인에게 묻는다. 말도 안 되는 것은 한평생 살아온 자신도 자기를 모르는데 남이 알 리가 없다는 것이다.

"타인과 함께 있으면 자신과 마주하는 시간이 그만큼 줄어듭니다. 그럴수록 고독한 시간을 가져야 합니다. 고독에 강한 인간이 차분하게 보이는 이유는 무의식 중에 다른 사람에게는 보이지 않는 내적 작업을 늘 되풀이하기 때문입니다. 그러므로 '혼자 성찰하는 시간'을 만드는 것이 필요합니다. 자신이 무엇에 집착하는지 깨닫고 그것이 자신의 행복에 이바지할 만큼 중요한지 아닌지 하나하나 확인해 보아야 합니다. 자신이 사로잡혀 있는 것, 집착하는 것, 믿는 것에 합리적인 근거가 있는지를 알면 거기에서 벗어나거나 반대로 그것을 받아들이고 이해할 수 있습니다."

고도 토키오 『혼자서도 강한 사람』

결점을 찾기 위해선 반드시 혼자 있는 시간을 가져야 한다. 나 자신과 마주하여 내가 나아가지 못하는 근본적인 원인을 찾아야 한다. 자신을 힘들게 하고 괴롭게 하는 자신의 결점을 찾아야 한다. 그것은 혼자 있는 시간에 스스로만이 찾을 수 있다. 타인의 평가나 조언은 그들의 의견일 뿐이다. 결국, 나 자신을 알 수 있는 것은 자신뿐이라는 것을 잊어선 안 된다. 처음엔 자신의 단점이나 결점을 마주하기 힘들 수 있다. 그러나 때론 정면으로 돌파해야 한다. 그래야 변화할 수 있다. 그렇지 않으면 결점에 대한 악순환은 계속 반복될 것이다.

누구나 성찰의 시간이 필요하다. 빠르게 변화하는 지금 이 시대를 사는 사람들은 자신을 들여다볼 시간조차 여의치 않다. 그러나 잠시라도 시간을 내어 자신의 행동, 생각 등을 들여다볼 수 있어야 한다. 장점뿐만 아니라 결점이나 잘못도 찾아낼 수 있어야 한다. 자기 성찰이 잘 되어있는 사람은 갈등 상황이 발생해도 무난하게 대처한다. 누구나 실수나 잘못을 할 수 있다고 생각하며 타인을 이해하고 용서할 수 있기 때문이다. 답은 항상 자기 자신에게 있다. 혼자 있는 시간을 통해 스스로 결점과 잘못을 찾아내고 고쳐 나가자. 궁극적인 변화는 성찰의 시간 즉, 스스로가 자신을 객관적으로 돌아볼 수 있을 때 일어난다.

파트 5

혼자 있는 시간 잘 보내는 방법 Ⅲ

# 28

## 나다움,
## 혼자 있을 때 진짜 나다움을 고민해 보아야 한다

나답게 산다는 것의 정의가 뭘까? 어떻게 사는 것이 나답게 사는 것일까? 한 번쯤은 질문하고 고민해 봐야 할 것이다. 우리는 대부분 타인의 욕망에 의한 삶을 살고 있다. 그저 남들이 좋아하고 인정해 주고 알아주는 길만을 향해 달려왔다. 타인의 인정을 받기 위해, 그런 삶이 좋다고 하니까 살아왔다. 나다움이 무엇인지 한 번도 교육받지도, 누가 가르쳐 주지도, 고민해 보지도 않았다. 열심히 살았지만 늘 허전함이 남는 것은 나다운 주체적인 삶이 아닌, 다른 사람의 삶을 살았기 때문이 아닐까. 혼자 있는 시간을 통해 진짜 나다움이 무엇인지 고민해 보고 찾을 수 있어야 한다.

## ⑴ 나답게 산다는 것은 도대체 무엇일까?

우리는 정형화된 한국의 입시 교육을 거치면서 자신에 대해 너무나 모른 채 살아왔다. 공부 하나로만 모든 것을 평가받아 왔다. 이런 세상에서는 개인보다는 사회와 직장, 명예, 돈 등이 삶의 우선순위다. 자신이 원하는 삶이 무엇인지도 모른 채 남들이 좋다는, 세상이 좋다는 삶을 살아왔다. 그러니 막상 간절히 원했던 직장에 취업이 돼도 삶의 큰 변화는 없다. 남들이 정해 놓은 '성공'이라는 길을 향해 달려왔지만, 막상 자신의 삶은 공허하고 피폐해진 경우가 많다. 자신이 원해서 간 자발적인 길이 아니기 때문이다.

사람은 자기다울 때 가장 행복할 수 있다. 자신의 자연스러움을 해칠 때, 우리는 불행해진다. 그렇다면 도대체 나답게 산다는 것은 그럼 뭐냐? '이것이 답이다.'라고 말할 순 없지만 내 생각엔 자신이 선택한 어떤 길이라도 그 길 위에서 진정으로 행복하다면, 그것이 나답게 사는 것이라 생각한다. 내가 정말 원하는 길, 하고 싶은 일을 하는 여정이 고통스럽고 힘들더라도 그것을 이겨내는 과정까지 행복할 수 있느냐. 아무리 남들이 좋다 해도 내가 싫으면 싫은 거다. 남은 남이고 나는 나다. 내가 지금 하는 일의 고통을 이겨내는 과정조차 행복할 수 있다면 그것이 나답게 사는 것이다.

'나답게 살고 싶다.'라고 처음 느낀 순간은 대학 졸업 날이었다. 학사모를 쓰고 사진을 찍는데 '드디어 끝이구나.' 하는 생각이 들었다. 그런데 기분은 그리 좋지는 않았다. 돌아보면 공부를 억지로 한 나날들이 많았고 그동안 열심히만 달려왔던 세월이 허무하기도 했다. 학사모를 벗으며 나는 다짐했다. '이젠 내가 원하지 않는 공부는 절대 하지 않겠다고.' 그 후 나는 직장을 다니면서 여러 가지를 시도하는 중 책과 글쓰기를 만났다. 특히 책을 읽고 글을 쓸 때가 너무 재밌었다. 물론 힘든 점도 있었지만, 그 과정 자체가 정말 즐거웠고 행복했다. 내가 무언가를 원해서 자발적으로 하고 있다는 것이 참 뿌듯했다. 내가 좋아하고 원해서 하는 일은 아무리 힘들어도 지속해 낼 수 있다는 것을 알았다.

시인 헨리 데이비드 소로우는 말했다. "삶이 다 했을 때, 삶을 후회하지 말라." 나다운 삶, 내가 원하지 않는 삶은 반드시 후회를 남긴다. 남들이 비웃고 비난해도 내가 만족하고 행복한 길이 있다면 그 길을 가야 한다. 외부의 말은 충고로 받아들이고 때론 흘려버릴 줄도 알아야 한다. 나다움을 찾는 길은 외롭고 쓸쓸하고 고독하다. 절대 쉽지 않다. 그러나 돌아보면 이 모든 것이 다 자신을 위한 것이기에 후회도 없다. 자기만의 길을 위해 어떤 어려움과 고통도 즐겁게 이겨내고 그 길 위에서 행복한 삶. 그것이 진짜 나답게 사는 것이 아닐까.

## (2) '나다움'을 발견하는 고독의 시간

혼자 있는 시간이 없으면 절대 '나다움'을 발견할 수 없다. 각박하고 빠른 세상 속에서 대부분은 자신이 아닌, 사회가 원하는 사람이 되어 살아가고 있다. 관습, 관례, 사회의 기준, 타인의 견해 등에 의해 나다움을 잃은 채 살고 있다. 혼자 있는 시간은 이런 '나'를 찾을 수 있다. 세상과 사람 등 여러 가지에 의해 외면당하고 가려졌던 진짜 '나'를 찾아낼 수 있어야 한다. 내가 어떤 사람인지, 무엇을 원하는지 철저히 자기 자신과 마주해야 한다. 나다움은 혼자 있는 시간에, 자신만이 찾을 수 있다.

난 20대 대학생 시절. 젊음만으로도 활기 넘치고 행복해야 할 시기에, 무언가 허전하고 삶이 만족스럽지 못했다. 해결할 방법이 보이지 않아 매일 학교에 마치면 학과 동아리 방에 갔던 적이 있다. 아무도 없이 멍하니 홀로 '이렇게 사는 게 맞을까?', '살아가는 이유가 뭘까?', '어떤 삶을 살아야 할까?' 등 나에게 질문했다. 그 시간만큼 외롭고 쓸쓸했던 적은 없었다. 추운 겨울, 혼자 난로 앞에서 웅크리며 고민했던 그날이 아직 생생하다. 그러나 지독하게 쓸쓸했던 그 시절에 했던 고민들이 지금 내 삶의 방향을 올바르게 가는 데에 큰 도움을 주었던 것은 분명하다.

"때로는 연기를 멈추고 있는 그대로의 자신으로 돌아가야 합니다. 본인다운 모습을 되찾을 필요가 있다는 말입니다. 사람은 언제 비로소 가장 나답게 행동할 수 있을까요? 바로 '혼자 고독하게 있을 때' 모든 연기를 멈출 수 있습니다. 주위에 다른 사람이 없으면 더 이상 연기할 필요가 없기 때문입니다. 이런 혼자만의 고독한 시간이 없으면 우리는 세상에서 연기하는 역할 스트레스에 짓눌릴 수밖에 없습니다. 인간적으로 성장하기 위해서 중요한 일 중 하나는 '혼자가 되는, 고독한 시간을 갖는 일'입니다. 인간은 고독한 가운데 자기 삶의 방식을 진지하게 생각하면서 성장합니다."

우에니시 아키라 『혼자가 되어야만 얻을 수 있는 것』

　세상과 사회가 정해 준 연기를 멈추고 자신을 돌아봐야 한다. 남들이 정한 인생을 걷는 길은 편하다. 남들의 인정과 부러움을 받는다. 그러나 자신의 영혼은 속일 수 없다. 시간이 지나고 돌아보면 그것만큼 후회되는 것이 없다. 자신의 삶을 살지 못한 후회의 감정이 평생 자신을 힘들게 할 것이다. 지금이라도 혼자만의 시간을 가져야 한다. 깊은 고독 속에서 진짜 자신을 찾을 수 있어야 한다. 외롭고 쓸쓸한 그 시간이 훗날 나다움을 발견하고 후회 없는 삶을 사는 것에 큰 도움이 될 것을 확신한다.

　나다움은 자신만의 길을 가는 것이다. 누구도 대체할 수 없는 사명 같은 것이다. 하지만 대부분 사람이 한 번도 고민해 보지도 않았고, 누가 가르쳐 주지도 않았다. 돈 버는 능력과 재능만 중요시하는 이 시대에서 자기 자신의 능력과 잠재력은 무시되어 왔다. 그러나 우리는 이제 나다움이라는 것을 고민해 봐야 한다. 혼자 있는 시간을 가지며 나 자신과 일대일로 마주해야 한다. 사람은 자기다울 때 가장 자연스럽고 행복할 수 있다. 나다운 모습으로 살아가는 것이 자기 자신에게 줄 수 있는 가장 의미 있는 참다운 모습이 아닐까.

# 29

## 초월적 사고,
## 평소 하지 않던 생각으로
## 우주와 세상에 대한 생각을 넓혀 나간다

혼자 있을 때 평소 하지 못한 생각을 할 수 있다. 혼자 고요히 방 안에 있다 보면 여러 가지 생각이 든다. 삶에 대한 호기심과 미지의 세계에 대한 탐구욕 등 다양하고 독창적인 아이디어가 생각난다. 그러다 보면 내가 평소에 늘 보던 세상과 환경에서 벗어나 내가 볼 수 없었던 곳을 보고 생각하게 된다. 세상에는 정말 다양한 세계, 사람, 문화, 환경 등이 있다는 것을 알 수 있다. 지금 내가 사는 삶에서 세상을 바라보는 시선이 넓어지고 생각이 달라진다.

## (1) 내면의 세계로 떠나는 여행

내면으로 떠나는 여행은 나만의 여행이다. 내면 깊숙한 곳까지 들어가다 보면 자신도 모르는 자신을 발견되기도 한다. 과거의 일이 떠오를 수도 있고 앞으로의 삶의 계획, 하고 싶은 일이 문득 떠오를 수 있다. 내면의 떠오르는 것들을 보며 자신의 생각과 감정을 느낄 수 있다. 대자연이나 사람들을 보며 자신만의 세계에 빠질 수 있다. 이렇게 혼자 있을 때 자신만의 세계로 빠지다 보면 자신이 어떤 사람인지, 무엇을 많이 생각하는지도 알 수 있다. 내가 사는 세상과 삶의 근원적인 궁금증에 대해 찾아보고 질문할 수도 있다.

혼자 방 안에 고요히 있다 보면 정말 많은 생각이 들 때가 있다. 앞으로의 미래나 과거에 관한 생각부터 모든 세상사의 문제에 대해 생각해 보게 된다. 학교의 교육은 필요한가?, 인간은 왜 누군가를 죽일까?, 정말 신은 있을까?, 운명에 관한 생각, 세계에 대한 호기심, 어떻게 사는 것이 잘사는 삶인가? 등 평소 하지 않았던 생각이나 질문들이 떠오른다. 무의식에 궁금하거나 알고 싶었던 것들, 생각지도 못했던 것들이 떠오른다. 그런 생각들과 고민, 문제들이 오히려 삶을 더 재미있게 해 준다. 소설가 박경리 작가는『두고 갈 것만 남아 행복하다』에서 다음과 같이 말한다.

"내 방식대로 진종일 대부분의 시간 혼자서 여행을 했다. 꿈속에서도 여행을 했고, 서산 바라보면서도 여행을 했고, 나무의 가지치기를 하면서도, 설거지를 할 때도 여행을 했다. 기차를 타고, 비행기를 타고, 혹은 배를 타고, 그런 여행은 아니었지만 보다 은밀하게 내면으로 촘촘하고 섬세했으며 다양하고 풍성했다."

박경리 『두고 갈 것만 남아 행복하다』

다양한 환경을 접하며 내면으로 여행을 떠나보자. 집이나 밖, 자연 속, 황량한 길거리, 가 보지 않았던 장소 등 자신이 접하지 못한 환경에 처하면 다양한 영감과 생각이 떠오를 수 있다. 그때 내면의 세계로 푹 빠져 자유롭게 놀아 보자. 자신의 무의식 속에 떠오르는 생각이나 고민에 대해 생각해 보고 집중해 보자. 하나하나 알아가다 보면 삶에 대한 궁금증과 호기심이 생긴다. 그렇게 배움에 대한 열망이 일어나고 삶 자체에 즐거움을 느낄 수 있다. 나만 알 수 있는 영역의 지혜나 지식도 생긴다. 무한하고 광활한 내면으로 떠나는 여행은 삶에 대한 넓은 시야와 호기심, 그리고 혼자 있는 시간의 특별한 즐거움을 준다.

(2) 미지의 세계 '다큐멘터리'

혼자 있을 때 간접적인 세계를 경험해 볼 수 있는 매체가 다큐멘터리다. 우리가 전혀 알지 못했던 미지의 세계를 탐험할 수 있다. 세계 여러 나라에서부터 한 번도 보지 못했던 희귀 동물, 역사, 종교, 대자연, 세상의 많은 사건 사고와 문제 등 세상에는 정말 다양한 것들이 있다는 것을 다큐멘터리를 통해 알 수 있다. 뉴스와 신문보다 훨씬 광대한 영역이며 글과 달리 영상과 해설로 시·청각적인 재미도 있다. 세상에 바라보는 시선 자체가 넓어지고 다양한 지식과 지혜를 얻을 수 있다. 기존에 가지고 있던 자신의 생각 자체가 완전히 달라질 수 있다.

다큐멘터리를 보면서 가장 크게 느낀 것은 세상엔 너무나 다양한 삶이 있다는 것이다. 아프리카, 몽골, 티베트, 툰드라, 시베리아 등 참 다양한 환경에서 다양한 사람들이 살고 있었다. 특히 차마고도(히말라야 유목 민족) 다큐멘터리를 보면서 내가 사는 삶이 정말 편한 삶이라는 것을 느꼈다. 유목 민족들은 야크(소같이 생긴 동물)와 함께 떠돌아다니는 유목 생활을 한다. 황량한 벌판에서 먹이를 구하고 소금을 채취해 필요한 물건을 물물 교환하며 살아간다. '어떻게 저렇게 살지?'라고 생각할 만큼 환경은 열악했다. 그러나 그들은 작은 것에 웃고 오늘 하루 먹을 것이 있다는 것에 감사하며 행복했다.

그 밖의 라마레라의 고래잡이를 잡는 어부들, 인도네시아의 맨몸 상어 사냥, 콩고의 아름다운 자연과 고릴라, 아프리카 동물들의 전쟁만큼 무서운 약육강식의 삶, 지나온 역사 속의 알지 못했던 사실 등 세상에는 너무나 다양한 삶이 있고 신기한 것이 많았다. 내가 몰랐던 것에 대해 알아가는 것이 참 즐거웠다. 혼자 있는 시간이 전혀 지루하지 않고 오히려 이런 것들을 집에서 볼 수 있는 것에 감사했다. 내가 사는 세계가 전부인 줄 알고 살았지만, 세상엔 너무나 다양한 삶들이 있다는 것을 알았다. 그런 것들을 보면서 자연스럽게 내가 하는 생각과 질문들이 나를 좀 더 창조적으로 만들어 준 것 같다.

그렇게 혼자 있는 시간에 다큐멘터리를 보면서 생각의 지평을 넓혔다. 어찌 보면 평생 알 수도 없고 볼 수도 없을지도 모르는 것들을 간접적으로나마 체험할 수 있어 기뻤다. 그뿐만 아니라, 나를 돌아보며 내가 가진 것에 감사했고 때로는 반성했다. 그 밖에도 문명사, 인류사, 심리학, 인문학 등 여러 다큐멘터리를 보면서 나의 내면세계와 지식과 지혜, 생각 등을 넓혀 나갔다. 세상을 보는 시선이 훨씬 넓어졌고 내가 사는 삶은 이 세계에 비해 아주 작은 일부분인 것을 깨달았다.

작가 알베르 카뮈는 "우주가 얼마나 큰 것인가를 가르쳐 주는 것은 거대한 고독뿐"이라고 말한다. 오직 혼자 있는 시간 속에서만 넓은 우주를 마음껏 여행할 수 있다. 다양한 환경과 매체들을 접하면서 자신의 영역과 삶에 대한 시선을 넓힐 수 있다. 내면의 여행과 다큐멘터리뿐만 아니라, 삶에 대한 재미와 궁금증을 유발할 수 있는 매체는 많다. 자신만의 세계로 떠날 수 있는 즐겁고 재밌는 매체를 찾아보길 바란다. 그렇게 혼자만의 시간의 호기심과 초월적 사고는 기존의 생각을 뛰어넘음은 물론 삶의 전체적인 생각과 지평, 시선을 넓힐 수 있다.

## 의미 부여,
## 작고 사소한 일상의 의미 부여를 통해
## 행복과 즐거움을 느낄 수 있다

'자극은 더 큰 자극을 부른다.'라는 말이 있다. 과잉 생산, 과잉 소비 시대에 우리는 '더 많이'를 외친다. 많은 사람이 작은 것에 만족할 줄 모르고 더 많은 것을 원하지만 이것만이 우리를 행복하게 하는 것은 아니다. 아주 사소하고 작은 것이 주는 행복, 흔히 '소확행'이라 불리는 것들이 오히려 우리 삶의 진짜 행복을 가져다준다. 일상의 작은 것에서 진정한 큰 행복을 얻을 수 있다. 자신이 어떤 의미를 부여하느냐에 따라 일상은 완전히 달라진다. 작은 것에도 긍정적이고 즐거운 의미 부여를 할 수 있다면 매일의 일상이 늘 즐거움과 행복으로 넘칠 것이다.

## (1) 일상의 사소한 것들의 즐거움

우리가 매일 맞닥뜨리는 일상에는 어떤 즐거움이 있을까? 찾아보면 아주 많다. 청소, 설거지, 요리 등 집안일에서부터 라디오에서 흘러나오는 음악, 새소리, 서늘한 바람, 자연의 아름다움 등 내가 의미를 부여하고 좀 더 관심을 가지고 보고 느끼려고 하면 이런 사소한 것들이 나에게 생각지도 못한 행복과 즐거움을 선사해준다. 평소 당연하게 생각하는 것들에 의미 부여를 할 수 있어야 한다. '집을 청소하니 마음도 깨끗해지는 것 같아.', '음악을 들으며 자연을 볼 수 있어서 행복해.', '햇살이 밝게 비추니 참 좋다.' 등 당연하고 작은 것이라도 의미를 부여할 수 있다면 그것들은 더는 작은 것도, 당연한 것도 아니다.

나 같은 경우 특히 비 오는 날에 행복감을 많이 느낀다. 쓸쓸할 수도 있지만, 비 오는 소리를 들으며 베란다에 앉아 있으면 세상을 다 얻은 것만큼 평화롭고 행복하다. 우산을 쓰며 지나가는 사람들, 떨어지는 빗소리, 시원한 바람 등 자연과 살아 있는 모든 것들에 감사한 마음이 든다. 때론 라디오를 들으며 알지 못했던 새로운 음악이 들릴 때도 참 행복했다. 흘러나오는 음악의 선율에 마음을 맡기다 보면 지난 과거에 받았던 내면의 상처와 슬픔이 치유되는 듯했다. 일상의 사소한 것에 즐거움을 느끼다 보니 무언가를 얻고 가지려는 욕심마저 사라졌다. 이런 사소한 하루가 쌓이다 보면 매일 나를 행복하게 해 줄 요소가 참 많다는 것을 느꼈다.

"일본의 가인 다치바나노 아케미는 말했습니다. '즐거움은 다른 사람에게 귀중한 책을 빌려서 첫 장을 넘겼을 때이다. 즐거움은 격의 없는 친구와 이야기하기도 하고 박장대소를 했을 때이다. 즐거움은 어제까지 피지 않았던 꽃이 아침에 일어났을 때 피어 있는 것을 본 순간이다. 즐거움은 좀처럼 눈에 띄지 않던 새가 날아와서 정원 앞 나무에 앉아 지저귀고 있을 때이다.' 이와 같이 즐거움을 느낀다고 해도 거창하게 생각할 필요는 없어요. 추운 날에는 가장 좋아하는 전골 요리를 먹는다거나 반려동물 영상을 본다든지, 마음에 드는 카페에서 차를 마시는 등, 일상의 흔한 즐거움을 느끼는 것만으로도 고독감을 해소할 수 있습니다."

우에니시 아키라 『단단한 내가 된다』

책을 한 장 넘기는 즐거움, 정원 앞에서 새소리를 듣는 즐거움, 연락이 뜸했던 친구와의 전화 통화. 이런 일상의 사소한 것들에 내가 어떤 의미를 부여할 것인가에 따라 하루는 바뀐다. 감사하고 따뜻한 의미를 부여할 것인가, 그저 당연한 것으로 하찮게 여길 것인가. 의미 부여로 자신만의 작은 즐거움을 찾을 수 있다면, 행복의 순간이 훨씬 많아진다. 지금 내게 있는 것만으로 충분히 감사하고 즐거울 수 있다. 일상에 이런 감사함이 쌓이면 하루하루가 행복하다. 일상의 사소한 것에서 감사함과 즐거움으로 내 삶을 더 행복하고 풍요롭게 만들어 가자.

⑵ 나는 매일 어떤 행동을 하는가?

　매일 반복되는 삶에서 삶의 의미를 잃어버린 사람이 많다. 많은 물질과 삶의 편안함을 얻었음에도 정작 본인의 삶은 허무하고 무기력하다. 더 많은 스포트라이트를 받은 사람일수록 혼자 있을 때 오는 공허함은 크다. 진정한 삶의 행복은 큰 것이 아닌, 작은 것에서부터 온다. 일상 속에서 자신이 하는 작은 행동과 마음가짐, 생각, 의미 부여 등이 자신의 삶을 더 의미 있고 가치 있게 만들어 준다. 그렇다면 내가 살아가는 이 순간에 어떤 행동을 하며 어떤 의미를 부여하며 살 것인가?

　내가 책을 읽는 행위 말고 또 매일 하려고 하는 행위는 건강 챙기기다. 3교대 근무를 하면서 수면 패턴과 생활 방식이 불규칙하여 건강이 많이 안 좋아졌다. 몸이 무너지면 정말 다 무너질 것 같았다. 그때부터 각종 건강 관리를 했던 것 같다. 식단 관리, 영양제 챙겨 먹기, 1시간씩 걷기, 근력 운동 주 3회 이상 실시하기 등 몸 관리에 전념했다. 매일의 일상을 운동으로 시작했다. 시간 없는 날에는 걷기라도 했다. 이런 식으로 건강을 관리하다 보니 체력이 좋아졌고 모든 활동에 좀 더 적극적으로 임할 수 있었다. 그러다 보니 생기가 넘치고 삶은 살 가치가 있다고 느껴졌다. 별 특별한 행위가 아닐 수도 있지만, 움직이는 활동을 하는 것만으로 하루가 변화하였다. 이런 나를 위한 사소한 행동들이 쌓여 살아갈 힘을 만들어 주었다.

"의미 없는 삶은 지속 가능하지 않다. 아무리 돈이 많아도 아무리 높은 지위에 올라가도 삶의 의미가 주어지지 않으면 허무해지는 거다. 의미는 도대체 어떻게 만들어지는가? '리추얼'을 통해서다. 리추얼은 일상의 반복적인 행동 패턴을 말한다. 사소하고 단조로운 반복으로 보이지만 자신이 의미 있는 존재로 확인되는 것이다. 그 삶의 사소함에서만큼은 내가 삶의 주인이기 때문이다. 주체로서의 삶을 일상의 리추얼에서 확실하게 경험된다. 삶의 의미는 올림픽 메달 수여식과 같은 대단한 세레모니를 통해 얻어지는 것이 아니다. 그런 세레모니는 평생 한두 번이면 족하다. 팝스타, 영화배우들이 알코올 중독, 마약 등으로 망가지는 이유는 그런 특별한 행사를 통해서만 삶의 의미를 만들고, 일상을 살아가는 법을 배우지 못했기 때문이다."

메이슨 커리 『리추얼』

어쩌면 모든 것이 일상에서 시작되는 것인지도 모르겠다. 우리는 항상 크고 특별한 것이 아니면 안 된다고 생각한다. 하지만 진정한 삶의 의미는 작고 사소한 것에서 온다. 매일 하는 행동, 생각 등 사소한 것들이 하나씩 쌓여 내 삶을 만든다. 그것들이 나의 삶에 특별한 의미를 만들어 준다. 나의 리추얼은 무엇인가. 일상에서 나는 어떤 행동을 반복하고 있는가. 나를 좀 더 의미 있게 만드는 나만의 리추얼을 찾아보자. 결국, 사소하고 작은 것들이 하나둘 쌓여 내 삶을 만든다.

일상의 작은 것들에 집중해 보자. 내가 매일 하는 행동들, 내가 가는 곳, 보는 것, 느끼는 감정과 생각 등 이런 사소한 것들이 하루를 만든다. 이렇게 모인 하루하루가 '나'라는 사람을 만든다. 삶의 의미를 너무 큰 것에서 찾지 말자. 아주 작은 것에도 만족하지 못하는 사람은 큰 것에도 만족할 수 없다. 작은 것에 만족할 줄 아는 사람은 자신의 삶에 더 감사하고 만족할 수 있다. 사소한 것들에 긍정적이고 감사의 의미를 부여해 보자. 매일 똑같이 여기고 당연시하던 것에 대해 감사와 행복을 느낄 수 있다. 그런 작고 사소한 것들의 의미 부여가 내 삶을 더 행복하고 즐겁게 만든다. 행복은 늘 작고 가까운 곳에 있음을 잊지 말자.

# 31

## 자연,
## 나무와 태양 등을 보며
## 감사와 아름다움을 느끼며 교감을 한다

자연과 인간은 하나다. 떼어 놓을 수 없다. 그러나 우리는 이런 자연을 너무나 당연시한다. 지구 온난화에 이어 각종 환경 오염이 날이 갈수록 심각해지고 있다. 분명한 것은 자연이 파괴되면 지구도 파괴되고 결국 인류도 파괴된다. 자연은 우리에게 정말 없어서는 안 될 것들을 제공해 주는 고마운 존재다. 우리는 일상 속에 늘 자연과 함께 살아가고 있다. 따뜻한 햇볕, 좋은 공기, 수분, 아름다운 풍경 등 많은 것을 주는 자연을 아끼고 소중히 여길 수 있어야 한다. 자연과 항상 교감하며 감사하게 생각할 수 있어야 한다.

## (1) 자연 안에 우리 삶이 있다

TV를 보다 우연히 〈나는 자연인이다〉이라는 프로그램을 본 적이 있다. 스스로 산속으로 들어가 집을 짓고 나무를 캐고 밥을 만들어 먹는다. 도시의 편리함과 산속의 불편함을 감수하고 자급자족을 삶을 실현하며 살고 있었다. 그런 사람들의 삶을 보며 참 대단하고 신기했다. 너무 불편하지 않을까? 외롭진 않을까? 했지만 정작 그들은 본인의 삶에 큰 만족과 즐거움을 느끼고 있었다. 좋은 공기를 마시고 산속의 자연들과 함께 어울려 사는 삶이 마음의 평화를 주고 속세의 번잡함을 없애 준다고 했다.

자연인의 삶을 몸소 시행하고 그 생활을 책으로 써낸 사람이 있다. 바로 미국의 수필가이자 사상가 책 『월든』을 쓴 헨리 데이비드 소로우다. 이 책은 그가 메사추세츠주 콩코드 근교의 월든 호숫가에서 2년 동안 생활한 기록을 담고 있다. 그는 호숫가에 지은 통나무집에서 검소하고 자급자족의 생활을 했다. 자연과 함께한 고독한 생활 속에서 많은 정치적 철학과 사상을 책에 담아냈다. "나는 삶의 가장 깊은 본질만을 만나고 싶었기에 숲으로 들어갔다."라고 말하며 자연과 함께 살며 삶의 진짜 본질을 찾는 네 노력했다. 그가 쓴 책에서 자연에 대한 예찬, 자연 속 삶의 행복이 드러난다.

"나는 자연을 얼마간 사랑한다. 자연은 인간이 아니지만, 인간과 연을 끊을 수 있게 해 주기 때문이다. 인간들의 기관은 자연을 통제하지도, 자연으로 침투하지도 못한다. 자연에서는 다른 종류의 법이 지배한다. 자연의 품에서 나는 완벽한 행복을 맛볼 수 있다. 만약 이 세상이 전적으로 인간으로만 이루어졌더라면 나는 뜻을 펼치지도 못하고 모든 희망을 접었을 것이다. 내게 인간은 제약이고, 자연은 자유이다. 인간은 내게 다른 세상을 바라게 만든다. 그러나 자연은 이 세상에 만족하게 한다."

헨리 데이비드 소로우 『월든』

소로우는 자연과 함께 살며 인생의 진짜 행복을 느꼈다고 한다. 많은 사람이 귀농을 하거나 산으로 들어가 사는 이유도 삶의 본질적 행복이 자연에 있기 때문이 아닐까. 도시의 번잡함과 빠르게 변화하는 삶은 많은 중요한 것을 놓치게 만든다. 자연은 그런 우리에게 마음의 평화와 느리고 여유로운 삶을 선물한다. 우리는 자연의 혜택을 누리며 살지만 정작 우리는 자연을 막 쓰고 있다. 인간과 자연은 함께 살아가는 공동체다. 산속이든 도시든 우리는 자연과 함께 공존해야 하는 것을 잊지 말아야 한다. 자연과 함께 살아가고 있음을 항상 인지하고 아끼고 감사하며 살아가야 한다.

## ⑵ 자연이 가르쳐 주는 것들

사람은 늘 자연을 찾고 의지하고 산다. 산과 바다로 여행을 가거나 관광지를 구경한다. 삶이 고될 때나 힘이 들 때 자연스럽게 자연을 찾는다. 그 이유가 뭘까? 힘들고 지친 일상에 자연 자체가 삶의 큰 위로와 힘이 되어 주는 것이 아닐까. 산을 오르거나 자연 속을 걷기만 해도 스트레스가 해소되고 마음이 안정된다. 맑은 공기에 복잡한 생각이 사라지고 기분이 좋아진다. 서늘한 바람을 맞으며 자연의 냄새를 맡으면 절로 행복한 기분이 든다. 이처럼 자연은 우리에게 마음의 위로와 안식처를 제공한다.

KBS 다큐멘터리 〈법정, 산에서 그를 만나다〉에서 법정 스님의 산속 생활을 볼 수 있다. 스님은 강원도 산골짜기에서 혼자 사는 삶을 선택했다. 홀로 있어야 온전히 자신을 들여다보는 삶에 정진할 수 있다고 말씀하셨다. 홀로 자신과 마주하며 보낸 시간을 글로 써 무소유와 홀로 사는 즐거움, 버리고 떠나기 등 많은 책으로 세상에 전했다. 스님의 사는 불일암에 가진 것은 고작 방석, 책, 호롱불이 전부였지만 그것만으로 충분해 보였다. 스님은 가지면 가질수록 자신이 그것을 가지는 것이 아니라, 가짐을 당하며 얽매이게 되고 자유롭지 못하게 된다고 말씀하셨다.

"주거 공간 같은 것이 될 수 있으면 단순해야 해요. 주거 공간이 단순해야 광활한 정신 공간을 가질 수 있어요. 아무것도 없는 빈 방에 있을 때 전체적인 자기, 온전한 자기를 누릴 수가 있어요. 무언가를 갖게 되면 거기에 붙잡히게 돼요. 가진 게 없으면 홀가분해져요. 텅 빈 상태에서 충만감을 느끼는 것. 그것이 핵심입니다."

법정 스님

스님은 누구보다 자연 속에서 평온하게 지내고 있었다. 가진 것 몇 개 없지만 자연 하나로 충분했고 누구보다 자유로운 삶을 살고 계셨다. '많이 가질수록 얽매인다.'라는 말을 자세히 생각해 보니 진짜 그랬다. 집에 물건이 많지만 정작 쓰는 물건은 별로 없다. 불필요한 물건들을 사기 위해 노동을 하고 또 노동에서 받은 스트레스를 풀기 위해 또 물건을 산다. 그러나 그 물건들이 주는 즐거움은 아주 잠시일 뿐. 그와 반대로 자연은 삶의 본질을 제공했다. 자연은 소박하고 간소한 마음가짐을 스님에게 가르쳐 주었고 그것을 스님은 세상에 글로 전했다. 이 다큐멘터리를 보면서 살아가면서 '인간에게 정말 필요한 것이 얼마나 될까?'라는 질문을 하며 나를 돌아봤다.

자연 속에서 홀로 사는 삶. 자신을 들여다보고 정진하는 삶은 외로워 보이기보다는 고요하고 편안하고 자유로워 보였다. 스님의 맑간 웃음 속에서 자유로움과 여유가 느껴졌다. 자연은 늘 우리에게 가르침을 준다. 적게 가지고 소박하게 살수록 행복할 수 있고 얽매이는 것과 집착이 없을 때 인간은 진정 자유로울 수 있다고 말해 주고 있다. 자연은 우리의 삶에 많은 것을 가르쳐 준다. 그 자연의 가르침을 배우고 익혀 내 삶에 적용해 보자.

자연과 인간은 동반자다. 서로에게 많은 영향을 미친다. 그런 자연을 아끼고 보존할 수 있어야 한다. 자연은 정신과 육체에 긍정적인 영향을 미칠 뿐 아니라 햇살, 바람, 나무, 꽃, 식물 등 다양한 볼거리와 삶의 필수적인 것들을 제공한다. 그런 자연을 당연시 여기지 말고 감사히 여기며 보존할 수 있어야 한다. 한가한 날에 가까운 뒷산이나 바다 등 자연 속으로 떠나보는 것이 어떨까. 그저 교감하고 느끼면서 자연이 주는 많은 것에 감사함을 느껴 보자. 또한, 자연이 주는 편안함, 고요함, 아름다움 등을 직접 체험해 보자.

# 32

# 봉사,
# 타인을 도울 때 삶은 더 가치 있어진다

　의미 있는 삶을 살기 위해선 반드시 충족되어야 할 두 가지가 있다. 하나는 개인의 자아실현 및 성장이고 하나는 그 능력으로 타인을 돕고 세상에 좋은 영향을 미치는 것이다. 우린 타인과 함께 살아가는 사회적 동물이다. 어렵고 가난한 이들을 돕고 자신의 것을 나누는 삶을 살 때 세상은 좀 더 아름다워진다. 내가 다른 사람을 도울 수 있다는 것만으로 자신의 존재를 가치가 올라간다. 남을 도울 수 있다는 자체만으로 행운이고 축복이다. 사실 남을 도와주는 것이 봉사지만, 주는 사람이 더 많은 것을 얻는다. 타인을 돕고 사랑을 나눌 때, 우리는 진정 아름답고 가치 있는 삶을 살 수 있다.

(1) 삶을 더 가치 있게 만드는 행위


   고등학교 2학년 때 막연하게 사회 복지사가 되고 싶었다. 나중에 무엇을 하며 살까?라는 질문에 딱히 떠오르는 게 없었다. 남을 돕고 돈도 벌 수 있으니 좋겠다는 단순한 생각에 사회 복지사를 떠올렸다. 그래서 무작정 집 주변에 요양 병원으로 봉사 활동을 다녔다. 막연히 봉사 활동 시간이 많아야 사회 복지사가 될 수 있을 거라 생각했다. 그렇게 매주 토요일 3시간씩 6개월 정도 했다. 구석구석 창틀을 닦고 청소를 했다. 어르신들의 말벗이 되어 드리는 일도 했다. 직업 때문에 시작한 봉사 활동이었지만 돌아보면 참 보람 있었고 뿌듯한 경험이었다.


   봉사를 하며 가장 기억에 남았던 것은 사람에 대한 공감과 애정, 연민의 감정이었다. 병에 걸려 아픈 사람들이 얼마나 힘든지 헤아려 보게 되었다. 몸과 마음 모두 아프고 지쳐 있어 정신적, 육체적으로 참 힘드실 것 같았다. 몸이 불편한 할머니를 태운 휠체어를 끌고 다니며 걸어 다닐 수 있다는 것만으로 참 행운이고 감사한 마음이 들었다. 잠시라도 그분들의 말벗이 되어 조금이나마 즐거움을 드릴 수 있어 뿌듯했다. '나도 누군가에게 도움이 될 수 있는 사람이구나.' 하며 마음이 뿌듯했다. 힘들었지만, 집에 돌아갈 때는 늘 기쁜 마음으로 돌아갈 수 있었다.

마더 테레사 효과라고 있다. 남을 돕는 활동을 통하여 일어나는 정신적, 신체적, 사회적 변화다. 1998년 미국 하버드대학교 의과대학에서 시행한 연구다. 테레사 수녀처럼 남을 위한 봉사 활동을 하거나 선한 일을 보기만 해도 인체의 면역 기능이 크게 향상되는 것을 말한다. 또한, 마더 테레사의 전기를 읽게 한 다음 인체 변화를 조사했더니 그것만으로도 생명 능력이 크게 향상되는 것으로 나타났다. 남을 돕는 봉사만으로 자기 몸의 모든 영역에서 다양한 좋은 반응이 일어나는 것이다. 그만큼 봉사는 남과 나 모두에게 좋은 영향을 끼친다.

철학자 니체는 하루를 기분 좋게 보내고 싶다면 오늘 어떻게 타인에게 기쁨을 줄 수 있을까?를 생각해 보라 했다. 그만큼 봉사는 받는 사람보다 주는 사람이 더 큰 기쁨과 행복을 얻는다. 타인을 돕는 자체만으로 마음이 따뜻해지고 인간애를 느낄 수 있다. 남을 도우면서 내 마음의 안정과 벅차오르는 내면의 풍요를 느낄 수 있다. 남에게 도움과 기쁨을 줄수록 자신의 삶은 더 충만해진다. 혼자 있는 시간에 봉사를 통해 삶을 더 아름답고 가치 있게 만들어 보자.

(2) 자신의 빛으로 타인을 비출 수 있는 사람

영화 〈스틸라이프〉의 주인공 존 메이는 홀로 고독사를 맞이한 사람들의 장례를 치러 주는 런던 케닝턴 구청 소속 22년차 공무원이다. 주 업무는 의뢰인의 유품을 단서 삼아 아무도 오지 않는, 고독사 한 사람의 장례를 치러 주는 일을 하고 있다. 매일 같은 일상이 반복되던 그에게 어느 날 예상치 못한 의뢰인이 나타난다. 자신의 아파트 바로 맞은 편에서 살던 '빌리 스토크'라는 인물이 죽은 채 발견된 것이다. 같은 날 동시에 메이는 늦은 업무 처리와 예산 절감으로 구청으로부터 정리 해고를 통보받는다. 존은 자신의 마지막 의뢰인인 '빌리 스토크'의 장례를 위해 그의 옛 직장 동료, 가족, 친구, 딸을 찾아다니며 장례식 참여를 권한다. 그러나 알코올 중독자였던 빌리의 마지막을 함께해 줄 사람은 그 누구도 없었다.

하지만 메이의 노력 덕분일까. 마지막 장례식을 위해 비석과 관을 준비하던 도중, 빌리의 딸 켈리에게 장례식에 참여한다는 전화를 받는다. 딸 켈리는 자신의 아버지를 위해 노력해 준 메이에게 호감을 사게 되지만, 장례식 하루 전, 메이는 불의의 교통사고로 갑자기 목숨을 잃는다. 늘 혼자였던 메이의 장례식엔 아무도 참석하지 않는다. 반대로 빌리의 장례식엔 메이의 노력으로 딸, 가족, 친구 등 많은 사람이 빌리의 마지막을 추모했다. 그러나 영화 마지막 장면에 반전이 일어났다. 쓸쓸했던 그의 무덤에 죽은 영혼이 하나둘 나타나기 시작했다. 그동안 메이가 장례를 치러 줬던 수많은 고독사한 사람들이었다. 그는 한평생 외로운 삶을 살아왔지만, 그의 마지막은 결코 외롭지 않았다.

마지막조차 아무도 찾지 않는 쓸쓸한 삶을 살았던 사람들. 그런 소외된 사람들의 마지막이 되어 준 존 메이. 영화의 마지막 장면을 보고 한참을 생각에 잠겼다. 깊은 감동에 가슴이 먹먹했다. 나에게 물었다. 나는 타인에게 어떤 사람이 되어야 할까? 그리고 어떤 사람으로 남고 싶은가? 난 어떤 삶을 살다가 가는 것이 나의 삶을 더 가치 있게 만드는 방법일까? 등 수많은 생각에 혼자 잠겼었다.

　생각 끝에 너무 거창한 생각은 하지 말자고 생각했다. 난 그저 나의 빛으로 타인을 비출 수 있는 '등대' 같은 사람이 되고 싶다고 생각했다. 내가 먼저 빛이 나야 타인을 비춰 줄 수 있지만, 그것은 크게 중요하지 않다. 사람은 저마다의 빛이 있다. 자신의 재능과 능력 또는 자비심으로 타인을 도울 때 우리 개인의 삶은 더욱 빛날 것이다. 존 메이는 외롭고 버려진 많은 사람의 마지막 빛이 되어 주었다. 가장 낮은 곳에 있는 그들의 삶을 추모하고 위로했다. 인간으로서 할 수 있는 최소한의 존엄과 예의, 사랑을 보여 줬다.

　"등대는 홀로 빛을 뿌리는 나눔의 삶이 얼마나 가치 있는지를 온몸으로 보여 주며 오늘도 검푸른 바다 한가운데 서 있다. 주위를 보면 등대처럼 온몸을 밝히며 살아가는 사람들이 있다. 그들은 우리에게 삶의 길을 알려 준다. 그렇게 배려와 헌신의 삶에서 보람을 찾는 사람들을 생각하자. 나를 질책하는 마음이 들어 한동안 숙연하게 지냈다. 모든 등대는 자기만의 신호를 가지고 있다는 사실을 알고 있는가. 이름 없는 섬 또한 그들과 마찬가지로 자기만의 시그널이 있다. 우리의 삶 또한 그래야 하지 않겠는가."

원재훈 『고독의 힘』

한 사람의 인생은 무엇으로 평가될 수 있을까? 돈, 관계, 명예, 지위 등 사람을 평가하는 기준은 다양하다. 분명한 것은 아무리 유명한 사람이나 돈이 많은 사람도 결국 죽는다는 것이다. 세상에서 사라지고 결국엔 잊혀진다. 그러나 삶의 마지막엔 그 사람이 얼마나 가지고 있냐가 아닌, 타인에게 얼마나 많은 도움을 주었느냐로 평가될 것이다. 자신의 빛으로 타인의 삶을 빛나게 한 사람은 그들의 가슴속에서 영원히 빛날 것이다. 꺼지지 않는 불빛이 되어 세월이 흘러도 그들의 기억 속에 영원히 빛날 것이다.

봉사는 세상을 아름답게 만드는 인간이 할 수 있는 가장 거룩한 행위다. 타인을 도우며 자신을 알아가고 삶의 중요한 가치들을 얻을 수도 있다. 자비, 사랑, 연민 등을 느끼며 사람이 갖춰야 할 기본 소양들을 갖출 수 있다. 도움을 받는 사람도 좋고, 도움을 주는 사람은 더 좋은 것이 봉사다. 세상을 좀 더 아름답게 만드는 봉사. 혼자 있는 시간에 가까운 아동 센터나 요양 보호 시설, 노숙자 센터 등을 방문해 보자. 타인을 돕는 것은 물론 자신의 삶에 가치와 보람을 느낄 수 있다.

# 33

## 만남,
## 새로운 사람과의 만남을 통해
## 생각의 지평을 넓힌다

혼자 있는 시간이 많아지면 사람을 만날 기회가 적다고 생각한다. 그러나 오히려 혼자 있는 시간이 다양한 사람을 만날 수 있는 정말 좋은 기회다. 다양한 모임, 장소, 활동 등에서 생각지도 못한 사람들을 만날 수 있다. 어느 노인에게 절절한 인생의 회한을 들을 수도 있고, 자신보다 어린 친구에게 삶에 대한 열정과 패기 넘치는 기운도 얻을 수 있다. 다양하고 새로운 사람들을 만나면서 자신의 세계와 생각을 넓혀 나갈 수 있다. 내가 알지 못했던 것을 새로운 사람들을 통해 배울 수도 있다.

(1) 세상은 넓고, 사람은 다양하다

　혼자 있는 시간은 고립으로 자신을 한없이 패배자로 여기는 시간이
아니다. 자기 자신을 되돌아보며 온전히 자신에게 집중하는 시간이
다. 나아가 혼자 있는 시간을 가지는 이유 중 하나는 타인과 관계를 잘
맺기 위해서다. 가끔은 새로운 사람들과 이야기를 나누며 생각의 지평
을 넓히는 것도 필요하다. 자신의 생각과 타인의 생각을 비교해 보고
그들의 삶에 대한 태도나 경험들을 들어 보는 것도 하나의 재미다. 기
회가 없다면 가장 쉽게 접할 수 있는 장소나 취미 모임에 참여해 보자.

　나에게도 많은 모임이 있었다. 당구 모임, 야구 모임, 운동 모임, 음
악 모임 등 여러 모임 중 가장 최고의 모임은 단연 '독서 모임'이었다.
독서 모임을 제외한 나머지 모임들은 대부분 뒤풀이가 주목적이었다.
그러나 독서 모임은 나에게 상당히 독특한 경험이었다. 한참 책에 빠
져 살고 있을 때, 다양한 사람들과 책을 읽고 이야기를 나눠 보는 것도
재밌겠다 싶어 가입했다. 첫 모임은 6명 정도 모인 모임이었는데, 별로
큰 기대는 없었다. 그러나 예상외로 너무 유익하고 벅찬 모임이었다.

　처음엔 프랑스 작가 로맹 가리와, 프랑수아즈 사강의 책에 관해 이
야기했다. 책은 하나였지만 의견과 생각은 정말 다양했다. 한 사람은
그 문학의 시대적 배경, 인물들에 대한 지식을 조리 있게 잘 말했다.

정말 내공이 대단하다고 생각했다. 부족했지만 나도 내가 느낀 것, 경험, 생각 등을 자유롭게 말했다. 의견과 조언을 나누며 느낀 것은 내생각만이 정답이 아니라는 것이다. 세상에는 정말 다양한 사람과 생각이 있다는 것을 깨달았다. 혼자 있어서 이런 모임도 참여할 수 있었다. 친한 친구와 함께했다면, 이것저것 따지다가 끝났을 것이다.

> "특별히 권하고 싶은 것이 평일의 낮 시간대에 가 보는 것이다. 외근 중에 과감히 땡땡이를 치고 가 보는 것도 좋고, 유급 휴가를 내고 평일 오후의 호텔 커피를 즐겨 보는 것도 좋다. 지금까지 지내던 공간에서 만나오던 사람과는 질적으로 다른 부류의 사람들이 그곳에 있음을 알게 된다. 평상시 만날 기회가 없는 유한 마담이 우아하게 시간을 보내고 있을 수도 있다. 몇 번 다니다 보면 유명인이나 사회적으로 크게 성공한 사람들도 곧잘 만날 수 있다. 잠시나마 지금 만나는 무리에서 벗어나 다른 세계의 공기를 마셔 보는 것은 거대한 자극이다. 회사원이라는 무리 사회의 고민 따위, 한 줌의 먼지 따위로 여겨질 것이다."
>
> 센다 다쿠야 『혼자 있어야 시작할 수 있다』

집이나 직장 등 반복되는 일상에서 벗어나 새로운 사람을 만날 수 있는 모임에 참여해 보자. 모임이 아니더라도, 카페나 바, 여행지 등 혼자 있으면 새롭고 다양한 사람을 만날 기회가 더 많이 주어진다. 아는 사람과 함께 있으면 이런 기회는 거의 없다. 새로운 사람과 이야기하다 보면 생각하는 범위도 넓어지고 뜻밖의 삶의 지혜도 배울 수 있다. 혼자 있는 시간은 그런 다양한 사람들을 만날 수 있는 최적의 조건이다.


(2) 삶의 경험, 이야기, 가치관을 공유하다

독서 모임을 계속하다 보니 정말 다양한 직업군을 만났다. 지금까지 만난 직업은 의사, 소프트웨어 개발자, 의류업, 화가, 베이시스트, 소방관, 선생님, 은행원 등 너무나 다양했다. 나와 다른 그들의 삶과 가치관, 인생 경험 등을 듣는 것이 참신하고 재밌었다. 직장 생활을 하다 보면 맨날 똑같은 사람만 보게 된다. 그 사람들과 이야기 하는 것이 일상이 되고 그 사람들의 영향을 많이 받을 수밖에 없다. 그러나 직장과 집을 벗어나면 좀 더 다양한 사람들의 가치관, 이야기, 경험 등을 들을 수 있다.

그중 가장 기억에 남는 사람은 대안 학교를 나와 먹고사는 공부가 아닌 삶을 위한 공부를 하는 한 청년이었다. 고등학교를 자퇴하고 대안 학교를 나와 지금은 인문학 공동체에서 공부하고 있다고 했다. 철학, 인문학, 고전, 문명사 등을 공부하며 자립과 전체적인 삶에 대해 동시에 배우며 살고 있었다. 요즘 청년들과는 너무나 다른 삶이라 특이

했다. 최소한의 일만 하며 공동체에서 숙식을 해결하고 지내는 삶을 보며 부럽기도 하고 신기하기도 했다.

그 친구는 먹고사는 것에 큰 의미를 두지 않았다. 정확히 말하면 그냥 딱 먹고살 만큼만 일했다. 많은 사람이 돈을 많이 벌고 싶어 했지만, 그 친구는 달랐다. 돈의 양이 아니라, 방향이 어디냐가 중요하다는 그의 가치관을 듣고 또 하나 배웠다. 그가 살아온 이야기를 들으며 내가 생각하지 못한 또 다른 삶이 있다는 것을 알았다. 내가 보고 듣고 느낀 것만이 이 세상의 전부가 아니라는 것을 알았다. 어떤 삶도 정답은 없다는 것을, 행복은 지극히 주관적이라는 것을, 그저 자신의 삶 안에서 행복하면 된다는 것을 다시 한번 깨달았다.

"동시에 다양한 사람들을 경험할 수 있고, 그들 각각의 개성을 알아 가고 존중하는 가운데 그들을 북돋아 줄 수 있다. 세월이 흐르면서 서로를 더 깊이 알아 가고 서로의 소중함을 알아 가는 것은 파트너 관계뿐 아니라 친구 관계에서도 마찬가지다. 진한 고독을 맛보았는가? 그렇다면 자신의 삶에서 세월이 흐르면서 진솔한 인간관계의 네트워크가 탄생하는 것을 달콤한 행복감으로 바라볼 수 있을 것이다. 가족보다는 거리가 있고 느슨한 관계, 태양계를 연상시키는 관계다. 태양계의 행성들은 중력을 통해 서로 연결되어 태양 주변에서 자신의 궤도를 돈다. 행성들은 서로 연결되어 있지만, 각각의 사이 공간은 아주 넓다."

프란치스카 무리『혼자가 좋다』

고독 속에서 시간을 잘 보낸 사람은 만남을 당연시 여기지 않는다. 한 사람 한 사람의 만남을 소중히 생각한다. 나의 시간만큼 그 사람의 시간도 소중하다는 것을 안다. 그런 사이 타인에게 좀 더 관심과 호기심을 가질 수 있다. 다양한 모임에 참여하여 사람들을 만나며 그들의 이야기와 경험, 가치관에 귀 기울여 보자. 그들과 내 삶을 공유하며 삶의 지혜를 배우고 자신의 시야와 생각을 넓혀 가자. 그렇게 다양한 사람들이 일상의 활력소가 되어 살아가는 재미와 즐거움을 줄 것이다.

　새로운 사람의 만남은 생각의 폭을 넓힐 수 있는 기회다. 생각지도 못했던 그들의 삶의 경험, 가치관, 이야기를 들으며 재미와 공감을 얻을 수 있다. 내가 알지 못했던 지식이나 지혜 등 일상에서 배울 수 없었던 것을 배울 수 있다. 혼자 있는 시간에 다양한 만남을 통해 자신의 세계를 좀 더 넓혀 보자. 혼자서 보내는 시간도 재미있지만, 때로는 자신과 다른 사람을 만나서 이야기하는 재미도 있다. 혼자 있는 시간에 낯선 사람과의 만남은 삶의 재미뿐만 아니라 영감, 깨우침, 지혜 등 새롭고 다양한 경험을 할 수 있는 좋은 기회다.

혼자 있는 시간을 잘 보내기 위해

알아야 할 것들 Ⅰ

# 34

# 영원,
# 세상은 영원한 것은 없고
# 모든 것이 사라짐을 알아야 한다

　세상에 영원한 것은 없다. 모두 사라지고 언젠간 죽는다. 태어나고 죽고, 다시 태어나고 죽고를 반복한다. 하지만 우리는 마치 영원히 살 것처럼 산다. 사람, 사물, 물질 등 내 앞에 있는 것이 마치 영원히 내 것인 듯 집착하고 애착을 가지며 괴로워한다. 그러나 이 세상에 절대 변하지 않는 사실은 모든 것은 사라진다는 것이다. 모두 이 세상에 잠시 왔다 가는 것이다. 이런 삶의 본질적인 것을 꿰뚫어 볼 수 있으면 집착이나 욕심을 부릴 이유가 없다. 영원하지 않다는 사실 하나만 안다면, 집착에서 벗어나 자유로울 수 있다.

## ⑴ 인생은 강물처럼

  강물은 흐른다. 바다든 계곡이든 작은 연못이든, 끝없이 흐르고 흐른다. 어디로 흘러가는지, 어디로 도착할지 모른다. 세상에 어떤 일이 있든 없든, 물은 계속 흐르고 흘러갈 뿐이다. 인생도 마찬가지다. 영원히 멈추는 것도, 사라지지 않는 것도 없다. 아무런 이유도 없이 흘러갈 뿐이다. 어디로 가는지, 어떻게 될지 아무도 알 수 없다. 삶도 마찬가지다. 우리의 삶도 한 치 앞을 알 수 없다. 그저 태어나 늙고 병들어 죽어 가는 과정만이 있을 뿐이다.

> "이 물은 흐르고 흐르며 영원히 흘러가지만
>
> 언제나 그곳에 있다는 것을!
>
> 그리하여 언제나 같은 물이지만
>
> 순간마다 새로운 물이라는 것을!"
>
> 헤르만 헤세 『싯타르타』

  지금 내가 가지고 있는 모든 것, 나 자신조차도 결국 사라진다. 강물처럼 흩어지고 흩어져 흔적도 없어진다. 높은 지위나, 유명세, 많은 돈, 사랑하는 사람 등이 영원하길 바라지만, 결국엔 모두 사라진다. 하지만 우리는 당연히 변하게 되는 것들을 '변하면 안 돼.'라는 생각에 집착하며 괴롭게 산다. 우리가 소중하게 생각하는 것들이 영원하길 바란다. 그러나 이 세상에 영원한 것은 없다. 그저 강물처럼 흩어지고 없어지며 잠시 왔다가 사라지는 것을 알 수 있어야 한다.

> "모진 훈련을 견뎌 내고 자신과의 싸움에서 이겨 세계 정상에 올랐던 이들은 한결같이 '이 또한 지나가리라.'를 훈련의 모토, 삶의 좌우명으로 삼는다고 한다. 하지만 진정한 승자는 정상 등극의 기쁨과 그 환호와 환희의 순간 역시 지나가리라는 것을 알고 있어야 한다. 그 환희와 환호를 강물처럼 흘려보내지 않으면 다음번의 승리는 사실상 물 건너간 것이나 마찬가지다. 왜냐하면 그 환희와 환호에 취해 더는 나아가지 못할 것이기 때문이다. 권력도 명예도 부도 사랑도, 또한 실패와 치욕과 가난과 증오도 모두 지나가리라는 것을 흐르는 강물은 말해 주고 있었던 것이다."
>
> 정진홍 『마지막 한 걸음은 혼자서 가야 한다』

모든 것이 사라지고 흐른다는 본질을 알면 이 세상에 집착할 것이 없다. 그냥 주어진 하루의 일을 할 뿐이다. 결과가 어떻든 상관없이 내가 좋아하는 일, 즐거운 일을 하면 된다. '이 또한 지나가리라.'라는 말처럼 이보다 더 큰 인생의 위로가 있을까? 지금 즐거운 일도, 죽을 만큼 힘든 일도 결국엔 지나갈 것을 안다면 지금, 이 순간의 무엇에 집착하지 않을 수 있다. 인생은 강물처럼 모든 것이 흐르고 변한다. 이 단순한 이치를 알면 삶의 많은 것이 정리될 수 있다.

## ⑵ 지금, 이 순간이 내 인생의 전부다

모든 것이 사라지고 없어진다면 삶을 대충 살아도 되는가? 아니다. '어차피 죽으니 대충 살다 가자.'가 아니다. 지금 여기, 내 삶을 충실히 살 수 있어야 한다. 매 순간이 나의 마지막이라 생각하며 순간을 소중히 여길 수 있어야 한다. 그런 사람은 오늘 당장 죽는다고 해도 후회와 미련이 없다. 지금, 이 순간은 내게 언제 올지 모르는 소중한 한 순간이다. 과거는 절대 되돌릴 수 없고, 미래는 알 수 없다. 내일 당장 일이 어떻게 될지도 모른다. 지금, 이 순간만이 내 인생의 전부이고 가장 소중한 날이다.

지금, 이 순간을 잘 사는 방법은 주어진 모든 삶에서 '그냥'이라는 자세를 가지면 된다. 결과가 어떻게 되든 상관없이 내가 원하는 일이나 하고 싶은 것을 '그냥' 해 보는 것이다. '열심히 하겠다.', '무엇을 이루겠다.' 등 어떠한 조건이나 생각에 집착하지 않아야 한다. 살아 있으니 살 뿐이고, 일이 있으니 할 뿐이다. 이렇게 '그냥'이라는 자세로 살면 머릿속의 많은 잡 생각을 줄일 수 있다. 실패해도 꼭 나쁜 것도 아니며 성공해도 꼭 좋은 것이 아니다. 인생은 해석하고 마음먹기에 달렸다. 결과가 어떻든 어차피 내 인생에 일어나지 않을 일은 절대 일어나지 않는다.

"사회적 출세와 등산에는 공통점이 있다. '오른다.'는 것이다. 사람들은 목표를 바라보면서 그곳에 오르기만 하면 꿈이 완성될 거라고 생각한다. 밑에서 꿈꾸는 정상이란, 행복과 유의어 또는 동의어일 가능성이 높다. 그래서 높은 곳에 서면 행복을 누릴 거라고 믿는다. 하지만 사람들은 사회적 출세와 등산의 두 번째 공통점을 흔히 간과한다. 그것은 '곧 내려가야 한다는 것'이다. 기대했던 대단한 것은 정상에 없으며, 등정의 기쁨을 제대로 누릴 여유도 없이 내려와야 한다고 말이다. 또한 높이 오를수록 더한 외로움을 만나게 된다. 높은 자리는 사람들을 멀어지게 한다. 외로움을 수시로 발견하게 된다."

한상복 『지금 외롭다면 잘되고 있는 것이다』

지금 내가 사는 이 순간에 충실하며 살 뿐. 어떤 기대도, 결과에도 집착하지 않을 수 있어야 한다. 더 나아가 그 과정을 온전히 즐길 수 있어야 한다. 과거와 미래는 알 수 없고 내가 어찌할 수 없는 영역이다. 지나가 버리고 오지 않은 일에 미련과 집착을 가지는 것은 어리석은 일이다. 오직 내가 할 수 있는 일은 지금 여기, 이 순간을 충실히 살아가는 것이다. 카르페 디엠(carpe diem). 현재를 즐겨라. 지금, 이 순간만이 내 인생의 가장 소중한 순간이고 전부다.

이 세상의 모든 것은 변한다. 변하지 않는 것은 하나도 없다. 강물처럼 정처 없이 흐를 뿐. 어디로 가는지조차 알 수 없다. 우리의 삶도 결국 끝이 난다. 태어나 늙고 병들어 이 세상에서 사라질 것이다. 마찬가지로 내 삶을 괴롭게 하고 즐겁게 하는 것도 영원하지 않다. 불가에서 말하는 무상전변(無常転変), '고정된 것 하나 없고 변하지 않는 것은 없다.'처럼 모든 것이 사라지고 흩어진다는 것을 알면 지금 내 인생에 중요한 것들이 보이기 시작할 것이다. 삶은 강물처럼 흐르고 흐른다. 흐르고 흘러 언젠가는 흩어지고 사라진다. 이 세상에 영원한 것은 하나도 없다.

# 마음,
# 내 마음이 지금 어떤 상태인지 잘 알아야 한다

비약적으로 빠른 경제 성장은 분명 우리 삶을 물질적으로 풍족하게 만들어 주었다. 그러나 많은 부작용을 낳기도 했다. 대표적인 것이 정신적 질환이다. 갈수록 정신적 질환을 앓는 사람들이 늘어나고 있다. 이런 질환들에는 많은 이유가 있겠지만, 마음의 문제가 가장 크다. 자신의 마음을 스스로 챙기지 못해서다. 과도한 경쟁, 성공에 대한 집착, 물질에 대한 욕심 등 이런 경쟁 사회의 많은 것은 늘 마음을 불안하게 하고 편안하지 못하게 한다. 상담이나 정신과 치료도 도움이 되지만, 그보다 중요한 것은 자신이 자기 마음 상태를 점검하고 알 수 있어야 한다. 그것이 첫 번째다.

## ⑴ 지금 내 마음은 잘 있나?

최근 들어 부쩍 뉴스나 신문 기사에 정신적 문제로 인한 사건 사고가 많다. 분노를 참지 못해 집에 불을 지르거나, 살인, 데이트 폭력, 스토커 등 우리 사회에 있어서는 안 될 범죄가 자주 일어나고 있다. 특히 분노 조절, 과잉 집착, 우울증이 심해지는 등 자신의 감정과 마음을 스스로 통제하지 못해서 생기는 사고가 많다. 우리는 몸이 아프면 바로 병원에 간다. 그러나 마음은 그렇지 않다. 마음은 곪아 썩더라도 병원에 가는 것을 창피해하거나 자신의 병을 부정하며 오히려 병을 키우는 경우가 많다.

빠른 경제 성장이나 발전은 여러 측면에서는 좋은 점이 많다. 그러나 좋아진 만큼 개개인에게는 좋지 않은 영향을 미치고 있다. 과도한 경쟁, 늘어나는 빈부 격차, 물질 만능주의 등의 욕망과 집착이 우리의 마음을 늘 조급하고 불안하게 한다. 이런 사회에서는 자신의 마음을 돌볼 여유가 없다. 마음은 눈에 보이지 않아 그대로 방치해 두는 경우가 많다. 심리 상담, 정신과 치료, 테라피 등 다양한 방법이 있지만, 스스로가 자신의 마음을 들여다볼 수 있어야 한다. 내 마음이 어떤 상태인지 자신이 제대로 진단할 수 있어야 한다.

"정말 가끔은 격하게 외로워야 합니다! 우리 모두가 '정상'이 아니기 때문입니다. 자동차도 비포장 도로를 한두 시간 달리면, 구석구석 정비해야 합니다. 나사가 풀리고 기름이 샙니다. 무쇠로 된 자동차도 그렇습니다. 우리는 그 여린 마음을 가지고, 수십 년 동안의 험난한 세월을 겨우 버텨 왔습니다. 그런데도 지금의 내 몸과 마음이 정상일 거라는 그 '터무니없는 믿음'은 도대체 어떻게 가능한 걸까요? 몸도 매년 정기 검진을 받습니다. 그 역겨운 물을 몇 리터나 마시고 장 내시경도 합니다. 조마조마해 하면서 결과를 받아봅니다. 작은 수치의 변화만 생겨도 겁내며 의사를 쫓아다닙니다. 몸의 사소한 변화도 그렇게 확인하는데, 어떻게 자신의 마음은 아무렇지 않다고 생각하는 걸까요? 어떻게 그런 무모한 확신이 가능한 걸까요?"

김정운 『가끔은 격하게 외로워야 한다』

혼자 있는 시간을 통해 자신의 마음을 들여다보는 것이 중요하다. 무엇 때문에 아픈지, 왜 불안한지, 이런 상황에서는 왜 이런 마음이 일어나는지 등 마음 상태를 점검할 수 있어야 한다. 내 마음을 챙겨줄 사람은 나밖에 없다. 상담을 받고 조언을 듣는다고 해도 자기 자신이 진단하는 것만큼 정확할 수 없다. 그동안 외면하고 방치한 나의 마음을 들여다보자. 당신의 마음은 잘 있는가? 자신의 마음을 잘 돌보고 관리할 수 있어야 건강한 정신을 지킬 수 있다.

## ⑵ 마음 상태가 나의 전부다

　난 처음에 정신과 병동에서 근무했다. 근무하다 보면 다양한 환자를 보게 된다. 조현병, 알코올 중독, 망상 장애, 우울증, ADHD 등 진단에 따라 다르지만, 원인은 대부분 비슷하다. 마음의 병을 제때 치료하지 않고 그대로 방치해 두었기 때문이다. 선천적인 경우를 제외한 대다수 사람이 스스로 병을 키운다. 자신이 어떤 상태인지도, 무엇이 문제인지도 모를 때까지 병을 키우다가 결국 돌이킬 수 없을 만큼 심해져 병원을 찾는다. 마음의 상태는 우리의 행동, 표정, 말투, 심리적 현상 등에서 밖으로 그대로 나온다.

　편의점에서 함께 아르바이트하던 동생이 상담을 요청한 적이 있다. 그 동생은 어릴 때부터 부모의 폭행과 폭언 속에서 자라 대인 관계에 심각한 문제가 있었다. 지나치게 타인에게 집착하고 타인이 자신을 떠나면 버림받았다고 생각하며 손목을 긋는 자해를 했다. 20살부터 정신과 약을 먹었지만, 크게 나아지지는 않았다. 뭐가 문제고 원인인지, 앞으로 삶을 어떻게 살아가야 할지 모르겠다고 말했다. 지금 그 동생에게 꼭 필요한 것은 과거의 부모님에게 받은 상처에 대한 참회 기도가 가장 먼저 필요하다고 생각했다. 또한, 늘 부정적인 자신의 마음을 들여다보는 알아차림과 자신의 삶을 긍정적으로 인식하는 연습이 필요했다.

그렇게 매주 1번씩 카페에서 만나 한 주 동안 있었던 일과 그때의 마음의 상태에 관해 이야기를 나눴다. 가족 이야기만 하면 자신의 어릴 적 상처에 대한 감정과 기억 때문에 처음엔 많이 힘들어했다. 그러나 함께 이야기하면서 자신의 마음을 돌아보고 과거에 대한 부정적인 면이 아닌, 긍정적인 면을 찾으면서 동생은 점점 나아졌다. 자신의 마음을 점검하면서 자신의 마음 상태가 정말 이럴 줄은 몰랐다고 한다. 삶에 대한 인식과 오래된 마음의 부정적 습관이 정말 무섭다고 했다. 지금도 계속 자신의 마음 상태를 돌아보며 수행과 상담을 병행하고 있다. 그러면서 어릴 적 상처와 기억들을 하나씩 치유해 나가는 중이다. 자신의 마음의 상태를 점검하면서 예전보다는 훨씬 더 밝게 세상을 적극적으로 살아가고 있다.

　　"심리학자 레베카 할리는 '우리의 감정은 외부와의 소통뿐 아니라 내면과의 소통 방식'이라며 마음 챙김 연습을 통해 경계를 살피기 시작하라고 제안한다. 처음에는 관찰하는 것으로 충분하다. 썩 좋지는 않은 이 기분은 무엇일까? 그다음 당신이 느끼는 감정에 이름을 붙인다. 아주 구체적일 필요는 없다. 레베카는 감정에 주의를 기울임으로써 점점 옳은 결정에 가까워지게 된다고 주장한다. 우선 당신의 감정이 무언가를 의미할 수 있다고 인정하고, 뚜렷한 메시지로 형성될 때까지 의지를 갖고 관찰해야 한다."

　　　　　　　　　　　　　　　　　모라 애런스 밀리 『나는 혼자일 때 더 잘한다』

모든 것은 마음에서 나온다. 내가 하는 모든 것들의 신호가 마음을 알아차릴 수 있는 힌트다. 이제 자신의 마음을 들여다봐야 한다. 자신을 힘들게 하는 것이 무엇인지 내면과 소통하며 마음의 상태를 점검할 수 있어야 한다. 마음과 눈을 마주치고 스스로와 이야기 나눌 수 있어야 한다. 그래야 지금 내가 어떤 상태인지, 어떤 감정이고 기분인지 알 수 있다. 내가 느끼고 반응하는 모든 감정과 생각이 지금 내 마음의 상태를 알려 주는 수신호 같은 역할을 한다.

마음을 스스로 안다는 것은 참 중요하다. 그 누구도 자신의 마음을 알 수 없다. 다른 사람이 안다고 해도 그것은 추측일 뿐이다. 오직 나만이 나를 알 수 있다. 자신의 마음에 좀 더 깊게 들어가 보자. 혼자 있는 시간을 통해 하루 10분이라도 자신의 행동, 말투, 생각 등을 점검해 보자. 자신의 마음은 자신만이 챙길 수 있다. 마음이 어떤 상태인지 아는 것이 몸을 돌보는 것만큼 중요한 일이다. 내 마음이 곧 우주이며 이 세상의 전부다. 내 마음에 따라 세상의 모든 것이 결정된다.

# 36

## 휴식,
## 혼자 있는 쉬는 시간을 가져야 한다

사람들은 바쁘고 열심히 살아야 잘 사는 것이라 믿는다. 이른 새벽부터 밤늦게까지 열심히 산다. 바쁘지 않으면 왠지 낙오자가 된 것 같은 불안감이 생긴다. 바쁘지 않으면 사회에 뒤처진다고 생각한다. 그래서 쉬는 게 사치라고 생각하는 사람도 많다. 휴식을 보내는 시간에 죄책감을 느끼는 경우도 많다. 그러나 휴식이 없는 삶은 삶의 질을 떨어트린다. 휴식이 없으면 몸이 지치고 여유가 없어 삶이 피폐해진다. 심해지면 번아웃(극도의 신체적, 정신적 피로에 의한 무기력증)까지 올 수도 있다. 잘 쉬어야 한 발 더 앞으로 나아갈 수 있다.

## (1) 쉬는 것도 잘 쉬어야 한다

휴식을 그냥 쉬는 시간으로 여겨서는 안 된다. 쉬는 것도 잘 쉬어야 한다. 휴식은 오직 나를 위한 시간이다. 열심히 산다고 인생이 늘 행복한 것은 아니다. 휴식과 일이 적절하게 조화될 수 있어야 한다. 행복한 삶을 원한다면, 내가 가진 기존의 생각, 관념 등의 '해야만 한다.'라는 강박을 내려놓을 수 있어야 한다. 저마다 능력과 한계는 다르다. 스스로가 그 한계를 파악하고 알맞게 휴식을 취할 수 있어야 한다. 그래야 삶의 균형을 잡을 수 있다

나도 한때 쉬면 안 된다는 강박증이 있었다. 책도 많이 읽고 좀 더 남들보다 성장하고 싶어 잠자는 시간까지 줄였다. 특히 한창 바이올린을 연습할 때는 직장을 마치고 계속 연습만 했다. 연습하다가 쉬는 시간에는 책을 읽었다. 물론 재밌기도 했지만, 시간이 지날수록 '해야만 한다.'라는 강박 관념이 생겼다. 잠까지 줄여 가며 열심히 했지만 내 몸은 철인이 아니었다. 갈수록 몸은 지쳐 갔다. 그러나 '쉬어야겠다.'라는 생각보다는, 좀 더 노력해야 앞으로 나아갈 수 있을 거라 생각했다. 하지만 욕심이 과했는지 결국 몸은 버티지 못했다. 흔히 말하는 번아웃(탈진)이 와서 직장 외에 하는 모든 활동을 잠시 내려놓게 되었다.

그렇게 일주일 동안 아무것도 하지 않았다. 아니 하기 싫었다. 흔히

말하는 번아웃(탈진)이라는 것이 이런 느낌인가 싶었다. 정말 아무것
도 하기 싫을 만큼 무기력증이 왔다. 계속 누워만 있었고 생활에 전혀
활기가 없었다. 쉬는 게 얼마나 중요한지 그때 몸소 깨달았다. 모든 걸
내려놓고 쉬는 시간을 가지니 점점 몸이 회복되었다. 잘 회복되니 다
시 무언가 하고 싶은 욕구가 솟아올랐다. 휴식 없이 열심히만 하다 보
면 몸은 지친다. 지나친 욕심이 화를 부른 것이다. 적절한 휴식을 취하
며 자신을 챙기면서 조금씩 앞으로 나아가는 것이 장기적으로 훨씬 좋
다는 것을 알았다.

> "쉬지 않고 열심히 일하는 사람보다 잠깐 쉬는 사람이 더 성공할 수 있다. 그
> 휴식은 아무것도 하지 않음을 의미하지만, 아무것도 하지 않음은 그저 시간
> 이 쓸모없이 흘러간다는 의미가 아니다. 그 시간은 오히려 도끼의 날을 가는
> 시간이다. 더 날카로운 도끼질을 준비하는 예비의 가정이 바로 휴식이다."
>
> 장순옥 『60분 고독의 기적』

　무작정 열심히 사는 것보다 더 중요한 것은 적절한 휴식이다. 우리
는 인간이고 초능력자가 아니다. 한계가 있다. 휴식이 없다면 결국 지
칠 것이며, 절대로 더 나아갈 수 없다. 이보 전진을 위한 일보 후퇴라
는 말도 있듯이 휴식은 앞으로의 내가 더 나아가고 더 잘할 수 있는,
에너지를 충전하는 시간이다. 쉬는 것에 죄책감을 가질 필요가 전혀
없다. 남과 비교할 필요 없이 자신의 페이스대로 가면 된다. 나에게 맞

게 적절히 휴식과 일을 병행하면 된다. 중요한 것은 세상에서 가장 소중히 다뤄야 할 '나 자신'이다.

## ⑵ 아무것도 하지 않는다

휴식을 어떻게 보내느냐는 사람마다 다르다. 휴식 시간에 자신이 좋아하는 것이나 하고 싶은 일을 하는 사람도 있고 온종일 침대에 뒹굴거나 못 본 드라마를 보며 쉬는 사람도 있다. 그러나 무언가를 하기보다 아무것도 하지 않는 시간을 가지는 것도 필요하다. 뇌는 휴식을 원한다. 아무것도 하지 않는 휴식 상태일 때 뇌는 더 활발히 움직일 수 있다. 뇌는 신체, 마음, 정신 등 우리 모든 것에 영향을 미친다. 잘 쉬어야 뭐든 잘할 수 있다. 아무것도 하지 않는 시간이 뇌의 진정한 휴식을 가져다준다.

뇌 과학자 앤드류 스마트(Andrew smart)는 그의 책 『뇌의 배신』에서 "아무것도 하지 않는 것은 삶에서 가장 중요한 행동"이라고 말했다. 두뇌는 휴식을 원하고 좋아한다. 뇌 과학에 따르면 뇌는 아무것도 하지 않을 때, 가장 활발히 움직인다고 한다. 이런 시간에 내면의 안 좋은 것들이 사라지고 창조성이 발휘된다. 신경 정신과 의사 만프레드 슈텔치히는 저서 『행복을 두려워하지 말라』에서 "우선 과로와 스트레스 상태에서 사람들은 물러나서 휴식하고 싶어 하며, 그렇게 쉬고 나서 다시금 에너지가 생겨야만 비로소 사람들과 어울리고, 교류하고, 친해지려는 욕구가 생긴다."고 말했다.

　나도 머리가 복잡하거나 몸이 힘들 때 그냥 침대에 가만히 누워 있는다. 아무 생각 없이 멍하니 있는 시간을 가진다. 그러다 보면 머리가 저절로 비워지고 몸도 나른해져 잠도 잘 온다. 그렇게 잠을 푹 자고 일어나면 다시 몸이 회복되고 살아나는 것을 확실히 느낄 수 있다. 에너지가 채워지니 다시 활동하고 움직이고 싶은 욕구가 생긴다. 무슨 일이든 적극적으로 할 수 있다. 휴식을 잘 취했을 때와 아니었을 때를 비교해 보면 확실히 컨디션이 다르다.

　미국 전설의 투자가 워렌 버핏도 아무것도 하지 않는 시간으로 하루를 시작한다고 한다. 생각을 비운 채 조용히 혼자 있는 시간을 보낸다고 한다. 혼자 있는 시간은 타인을 신경 쓸 필요 없는 있는 그대로의 자신을 내려놓는 시간이다. 그 시간은 창조의 시간이며 동시에 회복의 시간이다. 아무것도 하지 않는 시간은 절대 무의미한 시간이 아니다. 뒤처지는 시간이 아니라 내가 앞으로 더 나아갈 수 있게 만드는 시간이다. 사치라고 여기는 그 시간이 어쩌면 우리 삶에 가장 필요하고 중요한 시간이다.

휴식은 우리의 삶에 꼭 필요한 요소다. 열심히만 살면 지친다. 휴식이 없는 삶은 조급하고 불행하다. 그 시간을 남들보다 뒤처지는 시간으로 여겨서는 안 된다. 휴식은 삶 전체의 재충전 시간이다. 혼자 있는 시간을 통해 자신에게 적절한 휴식을 선물하자. 멍하니 아무것도 하지 않는 시간을 가지자. 그 시간은 머릿속을 비워 내는 회복의 시간이자 동시에 창조의 시간이다. 자신의 삶을 정비하고 앞으로 한 걸음 더 내딛기 위한 재충전의 시간이다..

# 37

# 습관,
# 혼자 있을 때 어떤 습관을 가질 것인가?

아침에 일어나고 씻고 밥을 먹는 등의 이런 행동들은 '해야지.'라며 생각하고 행동하지 않는다. 무의식적으로 행동을 반복하는 것을 습관이라고 하는데, 우리 인생에서 습관은 정말 중요한 역할을 한다. 어떤 습관을 지니느냐에 따라 인생은 달라진다. 한 번 만들어진 습관은 평생을 따라다닌다. 습관은 자신의 목표, 원하는 일의 달성에 큰 영향을 미친다. 반대로 안 좋은 습관의 형성도 마찬가지다. 평생을 따라다니며 자신을 괴롭힐 수 있다. 습관은 어떻게 형성하고 고칠 수 있으며, 더 중요한 것은 혼자 있을 때 어떤 습관을 지녀야 하는지다.

## ⑴ 사소한 습관 하나가 인생을 바꾼다

  습관은 작은 행동들의 결정체다. 무심코 하던 행동이 쌓여 자신도 모르게 습관이 형성된다. 이 사소한 습관들이 모여 인생을 만든다. 습관에 따라 인생이 완전히 바뀔 수 있을 만큼 습관은 무섭다. 좋은 쪽으로 형성된다면 삶의 큰 무기가 된다. 반대로 나쁜 쪽으로 형성되면 죽기 직전까지 괴롭힐 수 있다. 세 살 버릇 여든까지 간다는 말처럼 평생을 붙어 다니는 것이 습관이다. 매사에 내가 하는 사소한 행동, 말투, 생각 등을 잘 점검해 봐야 한다. 이런 자신의 사소한 행동들이 잘못 쌓이면 자신의 삶에 큰 해가 될 수 있다.

  일본의 소설가 무라카미 하루키는 새벽 4시에 일어난다고 한다. 일어나 6시간 정도를 쉬지 않고 글을 쓴다. 이후 점심을 먹고 오후에는 수영이나 달리기를 한다. 저녁에는 책을 읽고 음악을 듣고 저녁 9시에 잠든다. 그는 한 인터뷰에서 "나는 이런 습관을 매일 별다른 변화를 주지 않고 반복한다. 그러다 보면 반복 자체가 중요한 것이 된다. 반복은 일종의 최면으로, 반복 과정에서 나는 최면에 걸린 듯 더 심원한 정신 상태에 이른다."라고 말했다. 이처럼 소설을 쓸 때의 시간 동안 똑같이 반복되는 습관을 유지하기 위해서는 상당한 정신 수양이 있어야 한다고 했다. "예술적 감성만큼 체력도 필요하다."라고 말했다.

이처럼 한 습관을 만들기 위해선 철저히 정신 수양이 필요하다. 자기 수련을 통해 매일 행동을 지속시켜 나가야 한다. 내가 원하는 것을 이루기 위해서는 반드시 절제와 포기가 필요하다. 습관 형성은 철저하게 자기와의 싸움이다. 누가 대신해 줄 수 없다. 오로지 자신이 만들어 나가야 하는 외로운 싸움이다. 하루키의 일과처럼 매일 똑같은 반복된 행동을 하는 것은 상당한 고도의 수련이 필요하다. 그 과정을 이겨 낸 자만이 원하는 습관을 얻을 수 있고, 그 습관이 인생에 큰 무기가 된다.

습관을 형성하는 것은 많은 노력이 필요하다. 매일 매일의 행동을 이어 나가야 한다. 인내와 정신 수양을 요구한다. '천군만마를 이기는 것보다 자신을 이기는 것이 더 힘들다.'라는 말도 있듯이 그만큼 자신의 길든 습관을 바꾸기는 쉽지 않다. 그러나 반대로 한 번 습관을 잘 형성해 놓으면 습관은 쉽게 바뀌지 않는다. 이런 습관의 무서움을 인지하고 미리 자신이 하는 말투나 행동 하나하나에 조심할 필요가 있다. 무심코 하는 것들이 자신에게 엄청난 행운이 될 수도, 해가 될 수도 있다. 이렇게 자신의 사소한 행동 하나하나가 쌓여 습관을 형성하고 그 습관이 인생을 결정한다.

## (2) 결국 '자기 자신'을 아는 일이다

어느 연구에서 약 66일 동안 똑같은 행동을 반복하면 습관이 형성된다고 했다. 말이 66일이지, 66일 동안 똑같은 패턴을 반복하는 것은 생각보다 힘들다. 나도 여러 번 실패했다. 어느 것은 10일 가는 것도 힘들었다. 곰곰이 생각해 봤다. 왜 행동을 지속하지 못할까? 의지의 문제일까? 열정의 문제일까? 답이 쉽게 나오지 않았다. 어느 습관은 노력하지 않아도 쉽게 성공하고 어느 습관은 죽도록 노력해도 실패했다. 그때 책『아주 작은 습관의 힘』에서 답을 찾을 수 있었다.

이 책에서 습관은 결국 '정체성'이라고 말한다. 습관을 자신이 얻고자 하는 '결과' 중심이 아니라, '정체성' 중심의 습관을 세워야 한다고 말한다. 누군가 담배를 권했을 때 "담배 끊었습니다."가 아니라, "저는 흡연자가 아닙니다."라고 말해야 한다는 것이다. 행동이 아니라 '나'라는 사람, 정체성(identity)을 바꿔야 한다는 것이다. "나 이런 사람이야." 즉, 자신의 어떤 모습에 자부심을 느낄수록 그와 관련된 습관을 유지하고 싶어진다는 것이다.

결국 내가 어떤 사람이 되고 싶은지가 중요하다. 책을 통해 습관을 만드는 것도 결국 자기 자신과 마주하는 일이라는 것을 알았다. 생각지도 못한 내용인데, 곰곰이 생각해 보니 그것이 행동 변화의 핵심이었다. 나라는 사람의 정체성이 바뀌어야 근본적인 내 삶이 바뀐다. 나도 그랬다. '건강한 삶을 사는 사람이 되고 싶다.'라고 생각할 때 술을 끊고 운동을 하며 음식 조절을 했다. 하지만 '술을 끊고 싶다.'라는 결과만을 얻기를 바랄 때는, 그 행동이 무의식의 습관을 이기지 못했다. 생각만 할 뿐 늘 작심삼일이었다. 자신을 움직이게 하는 자기 자신의 믿음이 중요하다. 그것이 자신이 되고 싶고 지향하는, 나라는 사람을 말해 주는 '정체성'이다.

내가 누구고 어떤 사람이 되고 싶은지 알면 즉, 정체성이 바뀌면 행동은 자연스럽게 바뀐다. 나도 정체성 하나로 많은 변화가 생겼다. 건강한 사람, 음악 하는 사람, 책 읽는 사람 등의 '이런 사람이 되고 싶다.'라는 생각이 들 때는 그런 사람이 되지 못하도록 하는 행동들을 쉽게 차단할 수 있었다. 그러나 정체성도 끊임없이 변화하고 수정해 나가야 한다. 왜냐하면, 그것이 진짜 자기 자신이 원하는 모습이 아닐 수도 있기 때문이다. 습관이든 뭐든 결국 근본적인 질문인 '나는 어떤 사람인가?'로 돌아간다. 이것이 본질이며 나를 궁극적으로 바꿀 수 있는 핵심이다.

습관은 살아가면서 우리에게 많은 영향을 미친다. 형성하기도 힘들지만 바꾸기도 힘들다. 습관은 평생 나를 따라다니는 그림자다. 어떤 습관을 형성하느냐에 따라 긍정적인 영향을 미칠 수도, 부정적인 영향을 미칠 수도 있다. 습관이라는 것도 결국 자기 자신을 아는 일로 돌아간다. 근본적인 '나'라는 사람의 정체성이 바뀌지 않으면 어느 습관이든 바뀌지 않는다. 혼자 있는 시간에 내가 어떤 사람인지, 어떤 사람이 되고 싶은지 찾는 노력이 중요하다. 그것에 따라 나의 행동이 만들어지고 습관이 형성된다. 그 습관이 '나'라는 사람을 만들고 내 인생을 결정한다. 당신은 어떤 사람이 되고 싶으며, 어떤 습관을 만들고 싶은가?

# 38

## 절약,
## 혼자 있으면 돈의 방향을
## 좋은 쪽으로 돌릴 수 있다

　돈을 버는 것보다 더 중요한 것은 돈을 아끼는 것이다. 아무리 많은 양의 물을 부어도 새는 구멍이 있으면 물은 채워지지 않는다. 돈도 마찬가지다. 충동 구매나 과소비는 없는지, 꼭 필요한 것만 사는지 등 자신의 소비 패턴을 점검해 봐야한다. 궁극적으로 바뀌어야 하는 것은 욕망의 방향이다. 이 부분은 깊은 내면의 성찰이 필요하다. 근본적인 '나'가 바뀌지 않으면 일상뿐 아니라, 당연히 소비 패턴도 바뀌지 않는다. 소비도 자신의 가치관과 정신적, 심리적 상태에 따라 크게 변할 수 있다.

## (1) 소비만으로는 절대 자신의 내면을 채워 줄 수 없다

우리는 무분별한 많은 소비를 하며 살고 있다. 옷, 전자 제품, 가구 등 쓰고 버리는 양이 엄청나다. 자신이 가지고 싶은 제품이나 물건을 샀음에도 금방 싫증이 나면 버리고 또 새로운 것을 산다. 왜 이런 현상이 발생할까? 바로 소비가 주는 행복은 지속적인 행복을 채워 줄 수 없기 때문이다. 아무리 멋지고 비싼 아파트, 좋은 차, 전자 기기를 산다해도 그것이 주는 만족과 기쁨은 일시적이다. 이런 것들을 구매하기 위해 빚을 내거나 다시 많은 노동을 해야 한다. 그런 과잉 노동의 스트레스와 고단함을 다시 소비로 푸는 것이 문제다.

소비가 주는 기쁨은 잠시라는 것을 휴대폰을 바꾸면서 알게 되었다. 휴대폰은 계속 업그레이드되어 나온다. 그런 이런 최신 휴대폰은 대게 100만 원이 넘지만, 비싸도 가지고 싶다. 왜냐하면, 남들의 부러움을 사고 그 물건이 나에게 행복을 가져다줄 거라 생각하기 때문이다. 그러나 구매 후 한 달이 지나면서 휴대폰이 주는 기쁨은 어느새 무뎌지고 처음 느꼈던 설렘은 어디로 갔는지 아무런 감흥도 없었다. 내게 남은 건 2년 동안 매달 나가는 할부 값뿐이었다. 다달이 내는 요금이 생각보다 만만치 않았다. 무분별하게 유행만 쫓아가거나 나에게 꼭 필요치 않은 소비는 지금 내 경제적 상황을 더욱 어렵게 만들었다.

"나의 욕망이 무엇인지도 모른 채 나 아닌 다른 사람의 욕망을 욕망하게 되었고, 각자가 감당해야 할 고독은 모른 척하게 되었다. '나는 누구인가?'와 같은 자기 성찰도 회피하게 되었다. "원하는 것을 사도 마음이 허전하다."는 말은 소비가 내면을 채워 줄 수 없다는 것을 말한다. 그리고 당장의 소비에 관심을 집중하면서 직면해야 할 고독감이나 외로움을 지나치게 되면 결국엔 허무함을 느낀다. 사람들은 점점 혼자 있기를 두려워한다. 어떤 일이든 혼자서 잘 극복할 수 있다는 자신감도 잃어 간다. 이런 두려움을 극복하려면 주위의 불필요한 관심사들을 하나하나 가지치기해 나가야 한다. 중요한 것은 자신이 한계가 있는 존재임을 알게 되는 것이다."

사이토 다카시 『혼자 있는 시간의 힘』

과잉 소비로 인한 삶은 많은 것을 빼앗아 갔다. 특히 소비만을 향한 삶은 노동에 압박을 가했고 소비의 더 큰 악순환을 불러왔다. 소비는 궁극적인 내면의 기쁨을 채워 줄 수 없다. 또한, 소유의 욕망은 끊임없는 집착과 욕심을 만든다. 이런 욕망의 방향을 바꾸어야 한다. '나' 하나로도 세상은 충분하고 당당할 수 있는, 근본적인 내면의 자긍심과 자존감을 쌓는 데 더 노력해야 한다. 결국, 소비의 형태와 절약도 자신이 어떤 가치관과 어떤 사람이 되느냐에 따라 결정된다.

## (2) 절약이 되는 혼자만의 시간

돈은 없어서는 안 될 요소다. 살아가면서 반드시 필요한 것이 돈이다. 많은 경제 서적을 읽으면서 직장 생활과 적금만이 돈을 모으는 방법은 아닌 것을 알았다. 부동산, 주식, 사업, 자동화 시스템 등 세상에 돈 버는 방법은 정말 다양했다. 그러나 가장 중요한 첫 번째는 쓸데없는 곳에 돈을 쓰지 않는 절제와 검소함이다. 아무리 돈이 많아도 나가는 돈을 통제하지 못하면 돈은 모이지 않는다. 모아야 어떤 기회라도 생긴다. 혼자 있는 시간은 절약하기에 최적의 시간이다.

혼자 있는 시간을 가지지 못했을 땐 필요 없는 소비가 너무 많았다. 옷과 신발, 가구, 전자 기기 등 사고 싶은 것들을 무작정 샀다. 하지만 물건은 금방 질렸고 쓰지 않은 물건들은 시간이 지나면서 그대로 방치되었다. 또한, 누군가를 무분별하게 만나는 것도 문제였다. 만나면 항상 돈이 나갔다. 음식을 먹어도, 술을 마셔도, 커피를 마셔도 최소 만원 이상은 나갔다. 술 모임은 특히 2차, 택시비 등 모임 외 비용도 생각보다 금액이 컸다. 이런 생활이 자주 반복되면서 통장에 급격하게 돈이 줄어들었다. 어디에 뭘 썼는지도 잘 모르겠는데 어느 순간 보니 돈이 없었다. 생각 없이 막 돈을 쓰다 보니 이런 무분별한 소비의 악순환은 계속됐다.

적어도 돈을 쓸데없는 곳에는 쓰지 말아야겠다고 생각했다. 직장 생활하는데 저축은 해야 뭐라도 기회가 있을 것 같았다. 먼저 소비부터 줄였다. 옷은 꼭 필요한 것만 가지고 그 많던 신발도 팔거나 버렸다. 꼭 필요한 모임이 아니면 나가지 않았다. 혹여나 나가도 술이나 비싼 음식은 피하고 싸고 건강한 음식 위주로 먹었다. 특히 혼자 있는 시간을 잘 보내면 나갈 일이 거의 없다. 나갈 일이 없으니 자동으로 옷이 필요 없어지고 약속을 줄이다 보니 자연스레 돈이 모인다. 식비와 생필품 말고는 크게 돈 쓸데가 없었다. 그 시간에 내가 좋아하는 책을 읽거나 운동을 하며 보냈다. 큰돈은 아니지만 어려운 이를 위해 기부도 시작했다. 혼자 있는 시간으로 돈도 절약하고 삶의 여러 측면에서 좋은 결과를 얻었다.

"평소에 소소하게 돈을 쓰면 돈이 아무리 많다 해도 통장 잔액은 점점 줄어들 수밖에 없습니다. 그런데 혼자 있는 시간이 많다고 생각해 봅시다. 위에 말한 것처럼 돈을 낭비하지 않고 살 수 있지요. 하지만 혼자 있는 시간이 많을수록 고독을 느끼게 마련입니다. 그럴 때는 '혼자 있으면 돈을 허튼 데 쓸 일이 없지.'라고 생각하며 그 돈을 자신만의 즐거움을 위해 써 보는 건 어떨까요. 읽고 싶은 책을 산다, 온천에 간다, 먹고 싶었던 빵이나 케이크를 산다, 좋아하는 아티스트의 음악 CD를 산다, 미술관이나 박물관에 간다 등 다른 사람과 만나지 않고 혼자 즐길 수 있는 것에 돈을 써 보세요. 고독이 점점 옅어지고 즐겁고 쾌적함이 들어차서 마음의 상태도 마이너스에서 플러스로 바뀝니다."

우에니시 아키라 『단단한 내가 된다』

　혼자만의 시간은 절약하기에 가장 좋은 시간이다. 자신의 삶에 집중하면서 쓸데없는 욕망과 소비를 줄일 수 있다. 줄이는 돈만 모아도 생각보다 많은 돈을 모을 수 있다. 소비를 통제하지 못하면 가난과 빈곤에서 벗어날 수 없다. 절약한 돈으로 자신의 배움과 성장할 수 있는 곳에 투자하자. 좋은 일을 하는 시민 단체에 기부하는 것도 좋은 방법이다. 혼자 있는 시간은 경제적인 성장과 돈을 좀 더 좋은 방향에 투자할 기회다. 절약으로 전체적인 자신의 삶을 더 성장시킬 수 있다.

　돈은 삶의 수단이지, 목적이 되어서는 안 된다. 중요한 것은 돈의 방향이다. 자신의 소비 형태를 돌아보고 자신의 불필요한 욕망을 줄인다면 돈은 자연스럽게 모인다. 꼭 필요한 곳에만 돈을 쓰게 된다. 모인 그 돈으로 자신의 삶을 위해, 세상을 위해, 타인을 돕는 선한 곳에 쓸 수도 있다. 혼자 있는 시간을 통해 절제와 절약으로 돈을 모아 보자. 물건과 물질로 자신의 욕망을 채우기보다는 자신의 성장과 어려운 타인 그리고 세상을 위해 돈의 방향을 돌린다면 훨씬 우리의 삶을 더 가치 있고 이롭게 만들 수 있다.

# 39

## 위인,
## 세상의 모든 위대한 위인들은
## 모두 고독한 삶을 통해 업적을 달성했다

이름 있는 위인들은 하나같이 고독한 시간을 보냈다. 수많은 업적, 대작, 연구 결과 등 이 모든 것이 고독에서 나왔다. 그들은 자신의 목표를 달성하기 위해 칠흑같이 외롭고 힘든 시간을 견뎌냈다. 그렇기에 세상에 엄청난 영향을 미쳤고 많은 사람에게 감동을 주었다. '위대한'이라는 말은 남들이 쉽게 도달할 수 없는 즉, 아무나 할 수 없다는 것을 뜻한다. 힘든 외로움 속에서 자신과 싸움에서 이겨 낸 사람만이 위대한 업적을 달성할 수 있다.

## (1) 위대한 업적은 고독에서 나온다

역사가 에드워드 기번 "대화는 이해의 질을 높이지만 고독은 천재를 위한 학교다."라고 말했다. 타인과 함께 있는 시간은 이야기를 나누고 즐거운 시간이 될 수 있다. 그러나 즐거움은 딱 그때뿐이다. 비약적인 성장과 획기적인 변화는 고독 속에서 이루어질 수 있다. 이미 많은 위인이 업적으로 증명했고 그들의 실제 삶을 통해 보여 줬다. 겪어 온 생활이나 시련, 고통은 우리가 감히 상상할 수 없다. 아이러니하게도 업적을 만들어 내는 사람이 힘들면 힘들수록, 그 작품은 많은 사람에게 영향을 미치고 세상에 감동을 준다.

수많은 위인이 있다. 음악 쪽은 베토벤, 모차르트, 차이콥스키 등 평생을 고독 속에서 보낸 사람이 많다. 작가는 괴테, 마르셀 프루스트, 프란츠 카프카, 버지니아 울프, 셰익스피어, 헤밍웨이 등이 있고 미술에는 미켈란젤로, 고흐, 피카소, 로댕, 뭉크 등이 있다. 너무 많아 일일이 나열할 수 없지만 수많은 철학자, 종교학자, 시인, 영성가, 과학자, 예술가 등 이름 있는 큰 업적을 남긴 위인들은 혼자 보내는 시간이 압도적으로 많았다. 지독한 고독의 시간을 통해 영혼이 담긴 작품과 예술을 다양하게 창조해 냈다.

"'천재를 만든 것은 고독'이라 말해도 과언이 아니다. 그들이 고독하지 않았다면 독창적이고 참신한 발상은 태어나지 못했을 것이기 때문이다. 남들처럼 세상의 기준에 따라 살아간다면 그에 대한 의문이나 고민 또한 없을 것이다. 물론 천재도 한 사람의 인간이므로 고뇌와 갈등이 있었을 것이다. 하지만 그들은 굴복하지 않았고 그 결과 세기의 대발견을 이루어 냈다. 고독에서 도망치지 말자. 자신의 외로움을 철저하게 직시하며 "왜 나는 남들과 같은 걸 견딜 수 없을까?", "왜 나는 남들과 같은 생각을 하고 싶지 않은 건가?" 생각해 보자. 물론 답은 간단히 나오지 않는다. 그렇지만 답을 구하는 과정에서 독창적인 사고를 키우고 자기다운 삶의 방법을 찾을 수 있다."

와다 히데키 『혼자 행복해지는 연습』


고독을 잘 실천했던 사람 중 내가 가장 좋아하는 사람은 시인 라이너 마리아 릴케다. 독일 출생자로서 사랑과 고독, 인생에 대한 것들을 시와 소설로 남겼다. 그중 가장 좋아하는 책은 『젊은 시인에게 보내는 편지』다. 이 책은 시인 지망생이었던 프란츠 카푸스에게 보내는 5년간의 편지가 담겨 있는 책이다. 시인 지망생이 품은 삶을 둘러싼 많은 물음에 애정 어린 답장을 썼다. 10편의 편지들 속에 젊음과 사랑, 고독, 시, 예술, 죽음, 존재 등 인생 전반적인 것에 대한 릴케의 견해와 통찰이 담겨 있다.


이 책을 읽으면서 창작을 하는 많은 분의 고독과 고통을 간접적으로 느낄 수 있었다. 얼마나 많은 어려움과 방황, 인내를 겪으며 그 길을 갔을지 상상할 수 없었다. 그런 고통과 시련이 있었기에 아프고 힘든 사람을 위로하고 격려해 줄 수 있는 작품이 나온 것 같다. '풀리지 않는 문제들을 인내하고 사랑으로 대하라.', '질문에 대한 답을 생각만 할 것이 아니라 직접 살아 보라고도 말한다.'라는 구절이 아직도 삶에 많은 위로가 된다. 인생이 뜻대로 되지 않을 때, 늘 그의 책에서 조언과 힘을 얻는다. 그중 가장 인상 깊었던 말은 고독에 대한 그의 견해였다.

> "당신의 고독이 위대한 존재라는 사실을 알아차렸다면 기뻐하십시오. 그리고 자문하십시오. '위대하지 않은 고독이 어떻게 고독이란 말인가?' 고독은 단 하나뿐이며 위대하고 견디기 힘든 존재입니다. 고독의 성장은 소년들의 성장처럼 고통스럽고, 해마다 찾아오는 봄들의 시작처럼 슬프기 때문이지요. 하지만 그런 것들에 흔들리지 마십시오. 진실로 필요한 것은 딱 한 가지밖에 없습니다. 그건 바로 고독, 내면의 위대한 고독입니다. 자신의 내면 깊숙한 곳으로 파고들어 가서 몇 시간 동안 그 누구도 만나지 않는 것, 그러한 것을 끝내 해낼 수 있어야 합니다."
>
> 라이너 마리아 릴케 『젊은 시인에게 보내는 편지』

고독은 위대하다. 고독을 견뎌 낸 사람만이 위대한 길을 갈 수 있다. 누구에게나 견디기 힘든 시간이다. 그 고통은 마치 시린 겨울을 견디고 아름다운 꽃이 피는 봄처럼, 성장하는 소년의 아픔처럼 아프다. 하지만 그 지독한 고통의 시간이 없었다면 위대한 업적들은 이 세상에 나오지 못했을 것이다. 위대한 길은 아무나 갈 수 없다. 그 길은 늘 고독하며 많은 시련과 고통과 오해가 따른다. 그러나 그 길 위에서 인내하고 이겨 낸 사람만이 역사에 이름남을 위대한 업적을 남긴다.

위대한 위인들은 고독 속에서 자신을 찾았고 자신만의 길을 갔다. 남들을 따라 하거나 세상의 기준에 맞춰 살았다면, 세상에 영향을 미칠 만한 업적을 달성하지 못했을 것이다. 그들은 세상이 요구하는 것들을 무시했다. 비난과 오해에도 굴복하지 않았고 자신만의 길을 걸어갔다. 자신이 누구인지 고뇌하며 내면에 집중했고, 자신만이 할 수 있는 일, 자신이 원하는 것에 모든 것을 쏟아부었다. 경제적 풍요와 안정, 결혼 등 사회가 정해 놓은 기준들을 뿌리쳤다. 고독 속에서의 엄청난 절제와 노력이 지금의 위대한 결과를 만들었고 많은 사람에게 감동을 주었다. 고독은 위대함을 만들어 내는 어머니다.

# 40

# 용기,
# 세상은 도전하고 저지르는 자만이
# 기회를 얻을 수 있다

보이지 않는 것은 알 수 없기에 늘 불안하고 두렵다. 모든 처음은 긴장 반 설렘 반이다. 예를 들면 새로운 사람을 만나거나 새로운 일에 도전하는 것은 늘 긴장되고 두렵다. 그래서 많은 사람이 그 길을 먼저 간 자에게 답을 찾거나 조언을 구한다. 물론 그들의 조언과 경험이 도움이 될 수도 있다. 그러나 그 조언만으로 내 삶을 결정해 버리는 것은 위험하다. 전적으로 그것은 그들의 삶이고 경험일 뿐이다. 내가 직접 경험해 보지 않고선 절대 모른다. 삶은 자신이 경험한 것만이 전부다. 마음이 이끄는 대로 일단 저지르고 보는 사람이 더 많은 기회와 경험을 얻을 수 있다. 그로 인해 생각지도 못한 결과가 나타날 수 있다.

## (1) 삶은 도박꾼의 몫

삶은 경험이 중요하다. 안정만을 추구한다면 많은 경험을 할 수 없다. 오히려 시간이 갈수록 무기력해지고 지루해진다. 많은 것에 도전하고 시도해 보는 사람은 다양한 경험을 할 수 있다. 그 경험들이 많이 쌓일수록 삶의 노하우가 되고 지혜가 된다. 이 세상에서 하나밖에 없는 자신만의 이야기가 될 수 있다. 이런 사람들은 늘 타인에게 들려줄 이야기가 많아 재밌다. 경험이 많은 사람은 인생에서 오는 많은 사건을 대담하고 재밌게 받아들이며 살아간다. 많은 도전과 실패, 성공의 경험이 쌓여 그 사람만의 개성이 만들어진다.

나도 하는 일에 항상 두려움이 앞서는 성격이었다. "실패하면 어떡하지?", "실수하면 어쩌지?", "중간에 그만두면 어쩌지." 등 해 보지 않은 일에 대한 두려움이 컸다. 하고 싶은 일이 있어도 늘 이런 부정적인 생각 때문에 선뜻 나서기가 힘들었다. 그렇게 망설일 때마다 이런 두려움을 없앤 한 문장이 있었다. '삶은 도박꾼의 몫'이라는 영성가 앤서니 드멜로 신부님의 말씀이다. 도박꾼은 성공 실패를 따지지 않고 일단 저지르고 본다. 실패할 수도 있지만 반대로 상상도 못한 기회를 얻는 경우도 많다. 실제 도박은 위험하지만, 삶에서만큼은 이런 마음가짐을 가져야겠다고 생각했다. 진정한 실패는 두려워서 아무것도 안 하는 삶이다.

"일단 자리를 잡으면 자리에 안주하는 사람이 있다. 그런 사람은 다시 자신을 돌아보는 일 없이 주어진 자리에 만족하고 더 이상 노력하지 않는다. 이런 마음가짐이 사람을 망가뜨린다. '끊임없이 새로운 도전을 하고 있는가.', '매사에 새로운 의미를 부여하고 있는가.'라는 생각을 가지고 끊임없이 도전할 수 있도록 하는 힘은 바로 한곳에만 머물지 않겠다는 강인한 의지다. 어떤 일이든 긴장의 끈을 놓치지 않고 한 해 한 해 최선을 다하다가 어느 순간부터 그 끈이 느슨해질 때가 있다. 전혀 성장하지 못할 때도 있다. 물론 나름의 경험이 쌓였기 때문에 관성으로 일을 할 수는 있다. 그럼에도 생기를 잃었다면 자리에 안주하고 있거나 자신의 상태를 제대로 파악하지 않았다는 말이다."

사이토 다카시 『혼자 있는 시간의 힘』

 우리는 늘 했던 행동보다 하지 않았던 행동을 후회한다. 이제는 실패가 두려워 도전조차 안 하며 살다가 시간이 지나 후회하는 삶은 그만해야 한다. 도전하고 시도하는 사람만이 경험이든 지혜든 무엇이든 얻을 수 있다. 실패하면 어떤가. 실패는 삶을 배울 수 있는 소중한 경험의 시간이다. 실패를 해봐야만 배울 수 있고 성장할 수 있다. 실패만이 나를 더 단단하게 만든다. 내가 움직인 만큼 삶은 변하고 달라진다. 세상에 나가 좀 더 다양한 것들을 저지르며 경험해 보자. 삶은 저지르는 도박꾼의 몫이다.

⑵ 많은 시도와 경험이 두려움을 이긴다

두려움은 사람이면 누구든지 가지고 있다. 우리는 늘 불안과 걱정을 안고 산다. 특히 처음인 경우 모르기 때문에 훨씬 더 두렵다. 그러나 그 전에 두려움이 생기는 이유를 자세히 들여다봐야 한다. 나도 처음에 내 안에 이유 모를 두려움이 왜 생기는지 알고 싶었다. 그래서 '처음'과 같은 무지의 상황에 나를 많이 던졌다. 그런 많은 시도 끝에 두려움의 원인을 찾아냈는데, 바로 '처음부터 잘하고 싶은 마음'이었다. 근데 생각해 보면 이것은 욕심이다. 처음부터 잘하는 사람이 세상에 어디 있을까? 말도 안 되는 것을 바라고 있었다. 잘하고 싶은 과한 욕심이 두려움을 만들어 낸 것이다.

그러나 욕심이 두려움을 만든다는 것을 알아도 매 상황에서 오는 어쩔 수 없는 두려움은 늘 존재했다. 특히 알 수 없는 무지에서 오는 두려움은 늘 나를 따라다녔다. 두려움이 생길 때마다 내 마음을 알아차리는 연습을 하다 어느 순간 깨닫게 된 것은 두려움이 나를 앞으로 나아가지 못하게 하는 것이 아니었다. 내가 두려움이란 감정을 붙잡고 "무서워, 안 돼, 할 수 없어."라고 단정 지어 버리는 것이 문제였다. 그때 두려움은 피하는 것이 아니라 오히려 함께 안고 가야 하는 것을 알았다. 그 후로 무지의 상황에 계속 나를 던졌다. 두려움의 강도가 점점 줄어드는 것이 확실히 느껴졌다. 실패도 많이 했지만, 결국 많은 경험이 두려움을 이긴다.

"우리가 단 한 가지 두려워해야 할 것은 바로 두려움 그 자체다. 두려움이란 무지에서 온다. 새로운 뭔가를 시도할 때 '모른다는 것 자체'가 두려움이다. 두려움은 때로 '유사한 것에 대한 실패'에서도 온다. '예전에 해 봤는데 안 되더라.'와 같이 마치 '제대로 했지만 동작하지 않더라.'라고 주장한다. 물론 시도를 했을지도 모른다. 그리고 실패를 경험했을 수도 있다. 중요한 것은 실패한 후에 다시 시도조차 하지 않는다는 것이다. 오히려 시도에 대한 거부감을 가지고 적극 반대하는 일도 있다. 새로운 시도를 하게 될 때 발생할 수 있는 리스크를 감당하기 싫은 것이다. 그렇다고 기존의 방법을 고수하는 것이 올바른 선택일까? 항상 물음표로 끝나고 결론에 도달하는 일은 극히 드물다."

1993년 프랭클린 루즈밸트 대통령 취임사 중

두려움의 상황에 놓인 경험이 많으면 많을수록 두려움은 사라진다. 자신이 매일 똑같이 마주하는 상황에서 벗어나 새로운 세상에 자신을 많이 던져 봐야 한다. 자신이 원하는 일에 두렵고 자신감이 없다면 일단 무조건 저질러 보는 것이 좋다. 도전과 실패를 반복하다 보면 어느새 두려움이 무뎌져 무슨 일이건 마음껏 도전하는 자신을 발견하게 될 것이다. 많은 연습과 용기 그리고 실패와 경험이 자신 안의 두려움을 이길 수 있다.

도전하는 과정에서 삶의 많은 것을 얻을 수 있다. 인생의 배움, 지혜, 경험 등 책이나 학교에서는 절대 배울 수 없는 것들을 얻을 수 있다. 막연한 두려움에 아무것도 하지 않을 때, 사람은 안주하게 되고 영혼은 늙는다. 용기를 내어 저지르는 사람은 무엇이든 얻는다. 그 과정에서 얻은 것만이 자신의 것이고 삶의 이야기가 된다. 그 길에서 실패할 수도, 성공할 수도 있다. 그러나 분명한 것은 도전하지 않은 사람과 도전한 사람의 차이는 분명히 드러난다는 것이다. 자신이 시도했던 그 모든 과정의 경험이 훗날 자신의 삶에 엄청난 재산이 된다.

# 직장,
# 직장을 사랑해서는 안 된다

초등학교 때부터 대학까지 10년이 넘는 시간의 목표는 대부분 '좋은 직장'일 것이다. 그러나 간절히 원했던 직장을 막상 들어오면 생각했던 것과 현실은 다른 경우가 많다. 인간관계부터 임금, 근무 환경, 야근, 건강 등 자신이 그리던 직장의 모습과는 대부분 다르다. 또한, 직장은 스트레스, 건강 악화, 반복되는 삶의 무기력함 등 우리의 삶에서 여러 안 좋은 문제를 일으킨다. 하지만 직장을 당장 그만둘 수는 없다. 당장에 닥쳐올 현실의 문제도 무시할 수 없다. 직장을 잃지 않으려 많은 노력을 하지만, 대부분 자신에게 돌아오는 것은 '돈'밖에 없는 것이 현실이다.

## (1) 직장은 비즈니스일 뿐

　직장 생활 3년 정도 하다 보면 이런저런 경험이 많이 쌓인다. "아 직장이 이런 곳이구나." 할 정도로 회의감이 들 때도 있고 당장 때려치우고 싶을 만큼 화가 나는 일도 있다. 그만큼 직장에는 많은 사건 사고가 발생한다. 말 한마디가 크게 와전되어 비난과 몰매를 맞은 적도 있다. 사소한 행동 하나가 상대방의 오해를 불러일으켜 큰 싸움으로 번진 적도 있다. 열심히 노력한다고 해서 나를 무조건 잘 봐 주는 것도 아니며 오히려 나의 노력을 역이용하는 사람도 있다. 직장은 정말 많은 것이 얽혀 있는, 위험성과 모호성이 동시에 존재하는 그런 곳이다.

　애초에 나는 취업 준비를 열심히 한 사람들과 달리 '받아 주는 곳 아무 데나 가자.'라는 생각이었다. 그냥 가서 하다 보면 될 거라는 생각만 했다. 복지, 월급, 근무 환경 같은 것은 크게 따지지 않았다. 이런 마음가짐으로 입사해서 생활하다 보니 남들보다 훨씬 직장에서 자유로울 수 있었던 것 같다. 피나는 노력으로 얻은 것도 아니고 그렇다고 큰 기대를 가지고 들어온 것도 아니다. 직장에서 지킬 규율만 지키며 내가 하고 싶은 대로 했다. 상사들에게도 딱히 잘 보이고 싶은 마음도 없었고 적당히 맞춰 주면서 내 삶을 더 챙기자는 마음이었다.

　시간이 어느 정도 지난 뒤 직장에서 혼자가 되는 게 낫겠다고 생각했다. 왜냐하면, 직장의 환경 자체가 부정적인 영향을 많이 끼쳤기 때문이다. 잦은 술자리 모임에 뒷담화, 주식, 낚시, 축구 등 이런 것이 어느 직장을 가나 공통된 것이라면 어딜 가도 큰 변화는 없겠다는 생각을 했다. 처음엔 조금 두려웠지만, 더는 내 정신에 해를 끼치는 것보단 나을 것 같았다. 그때부터 일과 관련된 부분 외에는 최대한 말수를 줄였고 직장에서의 친목 모임이나 술자리는 거의 나가지 않았다.

혼자의 생활이 편했지만 물론 안 좋게 보는 사람들도 있었다. 직장 생활을 왜 그런 식으로 하니, 개인주의니, 왜 동료들끼리 친하게 안 지내니 등 말이 많았다. 대부분 그런 말을 하는 사람을 가만히 보면 술 모임 말고는 삶의 즐거움이 없다. 하지만 내가 말하는 혼자의 삶은 좀 더 자신의 삶을 챙기는 것이지 타인과 벽을 쌓고 지내는 것이 아니다. 서로 각자의 삶에 더 집중해서 개인의 성장과 행복에 더 신경 쓰자는 말이다. 물론 이런 내 생각을 말해 봤지만, 이해해 주는 사람은 별로 없었다. 하지만 뭐 어쨌든 중요한 건 나다. 혼자가 되면서 내 삶의 여유와 건강을 되찾았다. 아직도 그 선택에 후회가 없고 내 인생에서 참 잘한 선택이라 생각한다.

직장에서 혼사가 되는 게 두려울 수 있지만, 오히려 훨씬 많은 장점이 있다. 직장을 사랑하지 않는다면 충분히 혼자가 될 수 있다고 생각한다. 혼자서도 잘 지낼 수 있다면 직장 안에서 여러 관계에 얽매일 필요가 없다. 여기를 나가서 어떤 일이든 할 수 있다는 당당함이 중요하다. 직장은 일하고 돈을 받는 비즈니스 관계일 뿐이다. 자신이 맡은 일만 잘해 주면 된다. 직장에서 혼자 잘 지내는 삶. 이건 진짜 경험해 봐야 누릴 수 있는 행복이다.


## (2) 직장 밖으로 눈을 돌려라

혼자로 지내면서도 직장에서 받는 스트레스는 어쩔 수 없다. 오래 다니지는 않았지만, 직장을 다니면서 가장 안 좋은 점이 직장 특유의 관습들이었다. 회식, 술 모임, 친목 모임, 상하 관계, 야근 등의 직장에 뿌리내린 관습들과 쓸데없는 규칙들이 개개인의 삶 자체를 피폐하게 만든다. 그러나 다행히 일찍 혼자가 되면서 단체 회식 외에는 나가지 않고 쓸데없는 모임 등에 시간을 낭비하는 일도 없어졌다. 그렇게 나에게 투자할 수 있는 시간이 많아졌다. 최적의 환경이었지만, 이제 무엇을 할지가 중요했다. 이 시간이 어쩌면 젊음의 마지막 순간이며 마지막으로 나를 펼칠 기회일지도 모른다는 생각을 했다.

먼저 하고 싶은 음악을 다시 시작했다. 20대 초반에 배운 드럼을 시작했다. 직장을 마치고 매일 1~2시간씩 했다. 사실 직장 마치면 너무 피곤해서 무엇을 한다는 게 쉽지 않았다. 그렇지만 시간을 쪼개서 꾸준히 1년 정도 열심히 연습하고 배우니 어느새 밴드를 다시 시작하고 있었다. 여유가 좀 생겨 피아노와 바이올린도 배웠다. 피곤하고 힘들었지만 재밌었기 때문에 포기하지 않을 수 있었다. 바이올린도 2년 정도 꾸준히 배웠다. 그 노력 덕분에 오케스트라 공연도 2~3차례 했다. 나 자신이 좋아하고 할 수 있는 것이 하나씩 늘어 간다는 자체가 참 뿌듯하고 행복했다. 직장 밖에는 참 재밌는 것이 많았다. 그 시간이 내 인생에서 가장 생산적인 시간이었다.

> "아무리 바빠도 혼자만의 시간을 확보해야 합니다. 분주한 직종에 종사하거나 직장에 다녀도 성찰하는 시간의 중요성을 인지하고 나서 일하는 방식을 선택해야 합니다. 고독은 자신의 인생의 주도권을 찾는 소중한 시간입니다. 저도 정체성을 여러 개 가지고 있습니다. 가정에서는 물론 회사에서도 다른 정체성으로 행동합니다. 기업가 모임에서의 행동과 아이와 관련된 모임에서의 행동도 다릅니다. 또 작가로 나서는 자리도 있는데, 그 안에서도 여러 미디어를 통해 다른 정체성을 선보입니다. 모두 제 모습이지만 미디어마다 각각 다른 캐릭터를 보여 주고 있습니다."
>
> 고도 토키오 『혼자서도 강한 사람』

이렇게 나는 온전하게 나에게 투자하여 여러 분야의 '나'를 만들었다. 음악 하는 나, 운동하는 나, 책 읽고 글 쓰는 나, 새로운 일에 도전하는 나 등 다양한 분야의 나를 만들었다. 혼자 있는 시간을 가지지 않고 직장에만 얽매이는 삶을 살았다면 이런 결과는 없었을 것이다. 온전히 나에게 집중한 결과다. 직장은 간단히 말해 일하고 돈을 받는 곳이라 생각한다. 그에 따른 어떤 비난이든 달게 받겠다는 생각을 하면 두렵지 않다. 그때의 행동에 한 치의 후회도 없는 것은 지금 내 모습에 너무나 만족하기 때문이다. 신기한 건 이렇게 직장에서 내 마음대로 행동하고 생활해도 나를 좋아해 주는 사람은 좋아해 준다는 것이다.

직장에서 받은 스트레스는 직장 안에서 해결해서는 안 된다. 직장에서는 몸과 마음을 망치는 활동들이 대부분이다. 이상한 관습이 없어지지 않는 이상 자신을 지킬 수 없다. 대신 직장 밖으로 눈을 돌려야 한다. 직장 하나만 바라보고 있으면 나중에 크게 후회한다. 자신을 찾고 돌아보고 좀 더 자신을 성장시킬 수 있는 분야를 찾기 위해 노력해야 된다. 자신이 잘하는 영역을 틈틈이 하나씩 만들어 가야 한다. 그래야 언제 어떻게 될지 모르는 상황에 대비할 수 있다. 어떤 것이든 좋으니 직장 밖으로 눈을 돌려 자신의 재능과 적성을 살리는 능력을 키워 보자.

급변하는 시대에 직장 하나만을 바라보고 있으면 예상치 못한 상황에 무너질 수 있다. 열심히 일한 노력과 헌신에 대한 대가가 배신감으로 돌아올 수 있다. 사랑하면 사랑할수록 그런 감정은 더 크게 온다. 과도한 사랑은 집착을 낳고 병을 만든다. 돈을 많이 벌면 그만큼 자신의 많은 것을 내줘야 한다. 그것이 세상의 이치다. 이제 직장에 대한 집착과 사랑은 내려놓고 자기 자신에게 집중하자. 직장 외의 시간을 열심히 활용하여 자신이 원하는 일이나 다른 분야의 능력을 키워 보자. 직장을 사랑해서는 안 된다. 누가 뭐래도 이 세상에서 가장 먼저 사랑해야 할 것은 '나 자신'이다.

# 42

# 고통,
# 고통은 나를 더 강하게 만든다

　고통은 누구나 피하고 싶은 것 중 하나다. 누구나 고통 없는 편하고 아늑한 삶을 원한다. 하지만 삶에서 오는 고통과 시련은 피할 수 없다. 재난, 교통사고, 사랑하는 사람과의 헤어짐 등 인생은 자기 뜻대로 안 되며 예기치 못한 사건들이 우리를 슬픔에 빠트린다. 하지만 사람이 가장 크게 성장할 수 있는 때가 언제일까? 타인의 박수를 받고, 모든 일이 내 마음대로 풀릴 때일까? 아니다. 삶이 계획대로 되지 않고 우리를 시련과 고통에 빠트릴 때, 그때 진정으로 우린 더 성장할 수 있다. 아픔이 크면 클수록 내면은 더 단단해진다.

## (1) 외로움을 담보로 얻은 것들

누구나 외로움은 피하고 싶은 것 중의 하나일 것이다. 대부분 외로움이라는 감정을 고립되어 있다는 것으로 부정적으로 인식한다. 즉, 사람들과 어울리지 못하는 것으로 인식한다. 사회성이 부족한 못난 존재로 보는 사람이 많다. 이런 사람들은 인생의 중심이 늘 타인에게 있다. 누가 옆에 있어야 하고 없으면 불안하다. 그러나 또 막상 함께 있어도 큰 행복을 못 느끼며 타인이 자신 마음대로 움직여 주지 않을 땐 괴로워한다. 그러나 외로움이야 말로 진정으로 나를 강하게 만드는 요소다. 외로움의 시간을 이겨 낸 사람만이 진짜 강한 사람이 될 수 있다.

나도 외로움에 사무쳐 힘든 적이 많았다. 외로움을 잘 버텨 내다가도, 어느 순간 외로움이 깊게 파고들 때가 있다. 견딜 수 없을 만큼 외로움이 커질 때면 누군가를 만나고 싶은 마음이 커진다. 처음엔 버티지 못해 누군가를 만났다. 만나서 이야기를 하다 보면 외로움은 잠시 없어졌지만, 집에 오면 마음이 텅 빈 것처럼 느껴졌고 외로움은 전보다 훨씬 더 크게 다가왔다. 그때부터 '외롭다는 이유만으로 절대 누군가를 만나지 않겠다.'라고 다짐을 하며 끝까지 버텼다. 신기하게도 한 번 외로움을 참아 내니 확실히 다음엔 타격이 덜했다. 한 번 견뎌 냈던 경험이 내 안의 역치가 되어 외로움을 이겨 내는 힘이 생긴 것이다.

"홀로 있는 것을 두려워하지 말고, 그 시간이 더 크고 넓은 세상을 위한 과정이라 여기며 오히려 즐기기 바란다. 혼자 있는 것을 견디지 못하면서 여러 사람들과 어울릴 수 없고, 가벼운 짐을 들어 올릴 수 없다면 산과 같은 인생의 무게를 견딜 수 없다는 사실을 잊지 말자. 지금 당신이 외롭다면, 그래서 눈물이 날 만큼 괴롭다면, 그 모든 것을 먼 훗날의 풍요를 위한 시간으로 생각하고 현재와 미래를 채울 재료들을 부지런히 모으길 바란다. 당신은 지금 터널을 지나는 것처럼 고독할 뿐이다. 따라서 이렇게 말할 수 있다, "우리 삶은 고독이라는 어둠 속에서 한층 견고하게 지켜진다." 고독을 사랑한다면, 터널이라는 지름길이 당신을 밝고 환한 삶으로 인도할 것이다."

원재훈『고독의 힘』

외로움은 나에게 많은 것을 가져다주었다. 내면의 평화, 성찰, 자신감, 창조적 영감과 생각 등 내면 깊숙이 잠자고 있던 '나'를 찾고 만나는 시간이었다. 외로움을 담보로 얻어 낸 값진 결과였다. 과연 외로움은 고통스러운 시간일까? 다시 생각해 보면 절대 아니다. 인생의 전환점이 될 수 있는 중요한 시간이다. 외로움을 이겨 낸 사람만이 당당히 홀로 설 수 있다. 남에게 휘둘리지 않는 자신만의 주관과 가치관을 가질 수 있다. 이런 사람은 자신만의 개성이 생긴다. 그 개성이 다른 사람과 비교할 수 없을 만큼 그 사람을 빛나게 한다. 외로움을 담보로 얻은 선물이다.

## ⑵ 고통이 지나간 자리에 남는 것

한 스님께서 강연 중 "길을 가다가 한쪽 다리가 부러지면 어떻게 생각해야 할까요? 한쪽 다리가 부러졌다고 우는 게 좋을까요, 나머지 한쪽 다리가 안 부러졌다고 다행이라 생각해야 할까요? 어떤 쪽을 선택하느냐에 따라 불행이 될 수도 있고 행운이 될 수 있습니다."라고 말했다. 사람은 누구나 고통을 겪는다. 고통은 힘든 것이고 피하고 싶다. 하지만 이 고통스러운 사건을 어떻게 바라보느냐에 따라 고통은 행운이 될 수도 좌절이 될 수도 있다. 편안하고 안정된 삶은 즐거움과 아늑함은 줄지언정, 그 뒷면에 있는 성장이라는 측면은 거의 없다.

고통이 있어야 성장할 수 있다. 운동할 때엔 몸이 아프고 한계치에 도달해야 근육이 찢어지고 성장한다. 책을 읽을 땐 머리가 아플 만큼 집중해야 사유를 깊게 할 수 있다. 인간관계에서 다양한 관계를 많이 맺어 보고 상처도 받아보고 해야 그로 인해 자신의 문제점에 대해서도 알 수 있다. 악기를 연습할 때도 잘 안되는 부분을 계속 연습해야 한 단계 앞으로 나아갈 수 있다. 모두 고통스러운 과정이다. 그러나 힘들고 고통스러운 과정이 있어야 내가 한 발 더 앞으로 나아갈 수 있다. 몸이 편하고 큰 어려움이 없다면 제자리에 멈춰 있을 가능성이 크다.

나의 삶에서도 전 여자친구와 헤어짐이 당장 순간에는 정말 괴롭고 고통스러웠다. 그러나 지나고 보면 헤어졌기 때문에 더 많은 사람을 만날 기회가 생겼다. 삶에 많은 시련과 고통이 눈앞의 현실에는 당장은 불행처럼 보인다. 그러나 시간이 지나서 돌이켜 보면 오히려 잘된 일이 많다. 지금 정말 힘든 고통의 시간을 지나고 있다면, 이 고통스러운 시간이 나를 한층 더 성장시킬 것으로 생각하자. 훗날 돌아보면, 그런 고통의 시간이 나를 한층 더 성숙하게 하고 강한 사람으로 만든다는 것을 알게 될 것이다.

> "고통만이 성장할 수 있게 해 주죠. 하지만 고통은 가슴으로 받아들이는 겁니다. 궁지에 빠진 사람이나 불쌍한 사람은 결정적으로 고통을 놓쳐 버리고맙니다. 주머니에 해결책을 가진 사람을 조심하고, 당신에게 자기 마음을 얘기한 사람 외에는 모두 경계하세요. 흘러가게 내버려 두십시오. 가야 할것은 가게 될 것입니다."
>
> 공지영 『네가 어떤 삶을 살든 나는 너를 응원할 것이다』

고통의 지나간 자리엔 더 강한 것이 남는다. 막상 닥친 현실은 견딜 수 없을 만큼 슬프고 괴롭다. 그러나 그 시간을 이겨 낸 뒤의 자신은 누구보다 성장해 있을 것이다. 이 세상에 어떤 무엇도 고통 없이 얻는 것은 없다. 갓 태어난 아기도 걷기 위해 몇천 번은 넘어지고 다시 일어선다. 우리는 모두 과거에 고통스러운 시간을 지나온 경험이 있다. 기억하자. 힘들고 고통스러울수록 우리는 더 성장할 수 있다는 것을. 고통의 시간이 지나간 자리가 결코 상처가 아님을 말이다.

　고통은 자신을 더욱 강하게 만든다. 우리는 편안하고 아늑한 삶을 원하지만, 그것만이 삶의 전부는 아니다. 고통이 만들어 내는 가치도 정말 소중하다. 특히 외로움의 고통을 견뎌 내는 시간은 자신의 삶에 있어 정말 큰 축복의 시간이다. 돈으로도 배울 수 없는 많은 것을 배울 수 있다. 지독한 외로움을 이겨 낸 사람은 안다. 그 시간이 자신을 더 성장시키고 단단하게 만들었다는 것을. 그 시간이 훗날 돌아봤을 때 자신을 진정으로 성장시켰던 시간임을 알게 될 것이다.

혼자 있는 시간을 잘 보내기 위해
알아야 할 것들 Ⅱ

# 홀로서기,
# 인생은 결국 혼자서 모든 것을 헤쳐 나가야 한다

살아가면서 우리는 타인으로부터 많은 도움을 받고 도움을 준다. 그러나 마지막엔 결국 혼자다. 마치 기차에서 내리는 모습과 같다. 많은 사람이 함께 타고 가지만, 결국 자신이 내리는 역에 내려 저마다의 길을 떠난다. 영원히 함께하자는 약속조차 세상의 이런저런 이유로 지켜지지 못한다. 삶은 우리가 알지 못하는 모호성이 존재한다. 결국, 누구나 혼자 헤쳐나가야 할 수밖에 없는 운명이다. 그 누구도 자신의 인생을 대신 책임져 줄 수 없다. 이 사실을 모르면 늘 세상과 남에 의해 흔들리는 삶을 살아야 한다.

## (1) 마지막엔 누구든 혼자다

불교 경전 중 하나인 『무량수경』에는 이런 내용이 있다. "사람은 다양한 사람과 관계를 맺으며 살아가지만, 결국은 혼자 태어나고 혼자 죽는다. 혼자 왔다가 혼자 가는 게 인생이다." 고독은 인간에게 숙명 같은, 떼어 낼 수 없는 본질 같은 것이다. 죽기 전까지 함께 가져가야 한다. 피하려 해도 피할 수 없고 아무리 많은 사람과 함께 있어도 그 순간은 잠시일 뿐, 영원하지 않다. 세상 누구든 언젠가는 반드시 혼자인 시간을 마주해야 한다. 인생은 어쩌면 그 시간을 어떻게 잘 이겨 내는지의 싸움일지도 모르겠다.

30대가 들어서면서 그 많던 사람이 다 어디로 갔나 싶다. 학창 시절에 그렇게 친했던 친구 중 연락 한 번 안 되는 친구도 많다. 연락이 닿는 친구라 해도 쉽게 볼 수 있는 것도 아니다. 각자 저마다의 삶을 살기도 바쁘기 때문이다. 일자리나 아르바이트에서 만난 사람, 대학교, 동아리 등 지금까지 수많은 사람이 나를 스쳐 갔다. 그중 남아 있는 사람도 있고 없는 사람도 있다. 새로운 만남이 있으면 헤어짐도 반드시 있다. 가장 가까운 가족도 마찬가지다. 그 누구도 영원히 내 옆에 있을 사람은 없다. 이런 인연의 관계를 잘 들여다보면, 인생도 결국엔 혼자임을 알 수 있다.

"내 발로 병원을 찾아가고, 새로운 업무를 구상하고, 사람들에게 친절할 수 있는 여유를 되찾았다. 누가 잡아 줄 거라는 기대를 완전히 없애면, 신기하게도 혼자 곧잘 선다. 그때마다 깨달았다, 나는 '혼자'이고 싶지 않아 떼를 쓴 것이었다. 누가 날 걱정해 주길, 내 고민을 제대로 들어 봐 주길, 내 혼란을 똑같이 느껴 주길 바랐던 마음이 좌절돼 잔뜩 비뚤어진 것이다. 결국은 '혼자'가 핵심이다. 회사 스트레스든, 성공 스트레스든, 내 스트레스를 100 퍼센트 이해하고 공감할 사람이 없다는 것. 그게 핵심이었다."

이혜린『혼자는 싫은데 혼자라서 좋다』

인생은 결국 혼자 왔다 혼자 가는 것이다. 혼자 모든 것을 헤쳐나가야 한다. 누구도 나를 100% 이해해 줄 사람은 없다. 누군가에게 의지하고 기대하는 순간 삶은 불행해진다. 가족도 친구도 연인도 나의 삶을 전적으로 책임져 줄 수 없다. 이 세상의 단 한 명도 빠짐없이 누구나 언젠가는 혼자가 되는 시기가 온다. 그 시기를 잘 준비하고 대비할 수 있어야 절망과 우울의 늪에 빠지지 않는다. 마지막엔 결국 '혼자'다. 피할 수 없는 우리 모두의 운명이다.

## ⑵ 인생은 누구나 공평하다

인생은 어찌 보면 공평하지 않다. 어떤 사람은 부자의 집에서 태어나 남들의 부러움 속에서 많은 것을 누리며 산다. 누구는 찢어지게 가난하여 당장 먹고살기도 힘든 환경에서 하루하루를 살아간다. 겉보기에 세상은 굉장히 불공평해 보이는 것이 많다. 돈 없고 능력 없는 사람들은 사회에서 여러 차별적인 대우나 불이익을 받는다. 그러나 이런 힘든 상황을 잘 이겨 내고 돌아보면 나중에 자신에게 큰 자산이 된다. 당장 현실에 반감과 열등감을 가질 수는 있지만, 그 시절을 어떻게 헤쳐나가고 견뎌내느냐에 따라 돈으로는 절대 얻을 수 없는 많은 것을 얻을 수 있다.

특히 혼자 있을 때 물질적으로 풍요롭지 못한 환경에서 많은 것을 얻을 수 있다. 가난하고 소외된 사람들을 이해하고 공감하며 그들의 아픔을 감싸 줄 수 있다. 또한, 작은 것에 대한 감사함, 음식의 소중함, 자신에 대한 존재, 타인에 대한 공감과 배려 등의 삶의 지혜와 여러 가치를 배울 수 있다. 청소와 집안일, 요리 등 일상의 생활 속에서의 배움과 지혜를 얻을 수 있다. 이런 당연하고 사소하게 보이는 것들이 절대 당연하고 하찮은 일이 아니라, 삶에서 정말 중요한 일들임을 깨달을 수 있다.

나도 혼자 있을 때 인생의 중요한 것들을 많이 배웠다. 특히 소비나 음식에 대한 소중함을 몰랐고, 항상 작은 것에 만족하지 못했다. 더 많은 것을 원하고 추구하는 삶을 살았다. 그러나 혼자 있는 시간이 길어지면서 나 스스로 많은 것을 헤쳐나가면서 훨씬 더 배운 것이 많았다. 책에서 얻은 지혜, 영감을 주는 시, 일상의 소중함, 음식에 대한 감사, 내가 가진 것들에 만족하는 자세 등 이런 모든 것들이 혼자 인생을 헤쳐나갈 때 배웠던 소중한 자산들이다. 물질적으로 힘든 적도 있었지만, 그 시기를 묵묵히 잘 이겨 내고 난 뒤의 나는 정말 스스로가 멋있고 대견하다고 생각할 만큼 많이 바뀌어 있었다.

> "혼자 사는 사람은 독립심이 강해지고 성장한다. 인간은 신체적 욕구 외에 두 가지 기본 욕구를 갖고 있다. 바로 성장 욕구와 관계 욕구다. 홀로 서기를 해야 하는 사람은 성장할 기회를 많이 맞이한다. 어쩔 수 없이 배워야 하고, 홀로 헤쳐 가야 하기 때문이다. 홀로 있음을 배우면 인생의 갈림길에서 더 수월하게 대처할 수 있다. 인생의 중요한 결정들, 질병, 죽음. 독일의 싱어송라이터 라인하르트 마이는 인생의 갈림길에서 우리는 혼자라고 노래한다. 평소 혼자 있는 것에 훈련이 된 사람은 인생에서 이런 중대한 시간에 맞닥뜨렸을 때, 기도나 명상 등 내적인 힘을 얻는 데 집중할 수 있다."
>
> 프란치스카 무리『혼자가 좋다』

혼자 삶을 이겨 낸 사람들은 늘 성장할 기회를 맞이한다. 어쩔 수 없이 놓인 상황에 부딪히고 깨지며 자신을 단련해 나간다. 외롭고 힘들수록 우리는 성장한다. 그 시간이 나를 더 강하고 성숙한 사람으로 만든다. 인생이 풀리지 않고 세상이 불공평하고 슬럼프라고 해서 지금

이 상황을 부정적으로만 바라보지 말자. 그 순간을 잠시 벗어나 한 발짝 떨어져 볼 수 있다면 삶이 내게 이런 상황을 주는 이유에 대해 곰곰이 생각해 볼 수 있다. 분명한 것은 그 힘들고 고통스러운 순간들이 훗날 자신의 삶에 큰 자양분이 된다는 것이다. 그러므로 인생은 공평하다. 힘들고 고통스러울수록 자신은 더 성장할 수 있다.

인생은 혼자다. 많은 사람과 함께 있어도 결국 혼자서 헤쳐 나갈 수밖에 없다. 남에게 의지하는 삶은 불행을 초래한다. 타인의 기대 속에 늘 자신을 괴롭게 한다. 혼자의 힘만으로 사는 힘을 키울 수 있어야 한다. 누군가 옆에 있어도 좋고 없어도 괜찮은, 관계에 상관없이 자신 스스로가 당당할 수 있어야 한다. 힘들고 외로운 순간이 많겠지만, 어차피 인생은 혼자 헤쳐 나가야 하는 '홀로서기'의 연속이라는 것을 알아야 한다. 살아 있는 생명이라면 이 같은 '홀로서기'는 절대 피할 수 없다.

44

# 나만의 길,
# 남의 칭찬과 비난에 흔들리지 말고
# 나만의 길을 가야 한다

누구에게나 자신만의 길이 있다. 그 사람만이 할 수 있는 일, 태어난 이유와 같은 제각각의 사명이 있다. 이름 있는 현인들, 위인들은 모두 자신만의 길을 걸었다. 누가 뭐라든, 꿋꿋이 자신의 길 위에서 자기만의 업적을 만들어 냈다. 하지만 자기만의 길을 가는 것은 무척이나 힘든 일이다. 세상의 기준, 타인의 비난, 사회 관념 등은 정해진 틀 안에 사람을 가둬 놓는다. 한 사람의 재능과 개성을 완전히 가려 버린다. 칭찬이든 비난이든 이런 외부에서 오는 많은 소리에 때로는 귀를 닫고 이겨 낼 수 있어야만 진정으로 자신만의 길을 갈 수 있다.

## (1) 내 인생의 최고의 선생님

   난 정해진 세상의 틀 안에서 무난히 잘 커 왔다. 세상이 시키는 대로, 좋다는 대로 잘 따라왔다. 물론 좋은 점도 있었고 즐거운 추억도 많았다. 하지만 결론은 행복하지 않았다. 내 삶을 주체적으로 살지 못한 삶은 항상 공허함과 후회를 남겼다. 열심히 살아도 잘 산 것 같은 느낌이 들지 않았다. 고민했다. 어떻게 해야 행복할 수 있을까? 난 무엇을 하기 위해 태어났을까? 어떤 일을 하는 게 나의 삶을 보람 되게 하는 걸까? 아직 확실히 찾은 것은 아니지만, 그런 질문을 하게 만든 내 인생 영화가 있다. 바로 영화 〈죽은 시인의 사회〉다.

   주인공 존 키딩 교수는 내가 이때까지 봐 왔던 선생님과는 확연히 달랐다. 대학 입시만을 최고로 생각하는 학교에서 그는 입시를 위한 교육을 하지 않았다. 그의 교육의 목표는 '자유로운 사색가'를 만드는 것이었다. 학교에서 하는 교육, 사회의 말들, 선생들의 조언 등을 무조건 받아들이지 말라고 한다. 그것을 스스로 생각해 보고 나에게 정말 필요한 건지, 그것이 정말 좋은 것인지를 고민하고 질문하고 사색할 수 있어야 한다고 가르쳤다. 또한 '카르페 디엠'을 외치며 인간은 누구나 죽으니 매 순간을 즐길 수 있어야 한다고 말했다.

   또한, 학생의 가치를 시험 점수에 두지 않았다. 시를 창작하는 수업에서 누구든 내면에 자신만의 가치가 있고 그것이 귀하다는 것을 보여 주었다. 자신 안에 있는 것을 소중하게 여겨야 한다고 말했다. 주변 선생들이 잘못된 교육이라 말해도 그는 자신만의 교육 철학을 밀고 나갔다. 그렇게 학생 한 명 한 명의 개성과 재능, 신념 등 삶에서 중요한 것들을 깨우쳐 주는 교육을 했다. 정형화된 형식에서 벗어나 자신만의 교육 신념으로 학생들을 가르치는 그의 모습에 감동했고 한편으로는 존경스러웠다.

> "다른 사람 앞에서 자신만의 신념을 지키는 것은 어렵다. 타인의 인정을 받는 것도 중요하지만, 나의 신념이 독특하고 나 자신의 소유임을 믿어야 한다. 비록 다른 사람들이 그것을 이상하다거나, 인기 없다거나, 심지어 '나쁘다.'고 생각하더라도. 로버트 프로스트는 말했다. '숲속에 두 갈래 길이 나 있었다. 나는 사람들이 적게 간 길을 택했고, 그것이 내 모든 것을 바꾸어 놓았다.' 이제부터 여러분도 자신만의 길을 찾길 바란다. 자신만의 걸음걸이와 속도로. 어떤 방향이든지. 무엇을 원하든지. 자랑스럽든, 어리석든, 그 무엇이든지. 이 세상은 자네들 것이다."
>
> J. kidding, 영화 〈죽은 시인의 사회〉

영화를 5번 넘게 보며 존 키딩 교수님을 내 인생 최고의 스승으로 삼았다. 삶의 많은 것에 흔들릴 때, 늘 이 영화를 다시 본다. 세상이 정해놓은 길이 아닌, 한 사람 한 사람의 개성과 행복을 위해 노력했던 존

키딩 선생님. 그가 말한 한 구절 한 구절을 생각하면 아직도 가슴이 뛴다. 세상 사람들에게 비난, 질타를 받더라도 자신만의 길을 기꺼이 갈 수 있어야 한다. 실패해도 자신의 길 위에서 실패하고 쓰러지는 것이 더 행복하다. 비록 영화 속의 인물이지만, 그는 내가 흔들리고 쓰러질 때마다 나를 일으켜 세워준 내 인생 최고의 선생님이다.


## (2) 답을 밖에서 찾지 말라

나의 삶에 큰 영향을 미친 한 명의 철학자가 있다. 바로 미국 문학의 아버지라 불리는 '랄프 왈도 에머슨'이다. 이 사람이야말로 진정한 '마이 웨이'의 길을 걸었던 사람이다. 그가 말한 한마디 한마디에 내가 가지고 있던 기존의 생각들, 관념들이 하나씩 무너져 갔다. 그는 자신의 책 가장 첫 장에서 '당신 자신을 자기 이외의 곳에서 찾지 말라.'라고 말하면서 답은 내 안에 있는데 왜 밖에서 엉뚱한 답을 찾냐고 강력하게 비판한다. 그의 책에 한 일화가 있다.

어린 시절에 있었던 일이 기억난다. 어떤 존경받는 조언자가 교회의 오래된 교리들을 무조건 따르도록 강권했을 때 나는 이렇게 답했다.

"제가 순전히 내면의 힘으로 살아가려고 할진대, 그 오랜 전통이 아무리 신성한들 나와 무슨 상관이란 말입니까?"

"그런 충동은 아래에서 올라오는 것이고, 위에서 내려오는 것은 아니야." 조
언자가 말했다.

"나는 내 충동을 그렇게 보지 않습니다. 하지만 그 충동 때문에 내가 악마의
자식이 된다면, 나는 악마로 살아가겠습니다."

랄프 왈도 에머슨『자기 신뢰』


    내 안에서 올라오는 것만이 답이라는 것이다. 아무리 좋은 말이든,
세상이 좋다고 하든 그것이 내 마음에서 아니라고 하면 답이 아니라 한
다. 자신만의 기질에 따라 생활하는 것 외에는 뭐든 잘못된 것이라 말
한다. 정말 센 사람이다. 다른 사람들이 악마라고 불러도 내 안에서 그
것이 답이라고 말하면 그냥 밀고 나가는 사람이다. 이 세상 모든 것에
신이 있다고 주장하며 우리 개개인도 신이라고 말했다. 사람은 누구나
그 사람만의 기질과 성향, 성격이 있다. 사회나 학교, 직장 등 각각의
개성이 전부 가려지는 이 시대에서 그의 말은 나의 모든 생각과 관념을
깨트리는 망치가 되었다. 또한, 위대함에 대해서도 이렇게 말했다.

"'아, 그렇게 하면 당신은 딱 오해받기 딱 좋아요.' 남에게 오해받는 것이 뭐
그렇게 대수란 말인가? 피타고라스도, 소크라테스도, 예수도, 마르틴 루터

도, 코페르니쿠스도, 갈릴레오도, 뉴턴도 모두 오해받았다. 아니, 이 세상에서 순수하고 현명한 영혼은 다들 그런 식으로 오해를 받았다. 그러니 오해를 받는 것은 곧 위대하다는 뜻이다."

랄프 왈도 에머슨 『자기 신뢰』

자신만의 길을 가는 데엔 반드시 오해가 따른다고 한다. 이름을 남긴 수많은 위인도 여러 사람의 비난과 오해를 받았다. 그러나 그들은 개의치 않고 자신만의 길을 갔다. 자기 자신의 길을 가기 위해 노력했다. 많은 시련과 고통이 있었지만, 자신만의 길을 간 그들은 그 길 위에서 만족하고 행복했다. 많은 사람에게 선한 영향을 미치며 역사에 남을 위대한 업적도 남겼다. 자신의 인생을 남에게 묻거나 멘토에게 맡기지 말자. 오로지 나 자신에게 묻고 또 물어라. 답은 항상 자신 안에 있다.

자신의 길을 가는 것은 힘들다. 가까운 주변인들의 응원과 칭찬은 고사하고 비난과 쓴소리만 들을 수 있다. 그러나 꿋꿋이 자신만의 길을 걸을 수 있어야 한다. 누구 하나 응원해 주지 않아도 개의치 말고 자신만의 길을 가라. 자신의 삶에 후회와 미련을 남기지 마라. 그 누구도 아닌 자신만의 걸음을 걸어라. 자신만의 길을 갈 수 있을 때 우리는 자신의 존재 가치와 삶의 의미를 느낄 수 있다. 더 나아가 진정한 자아실현과 행복을 느낄 수 있다.

# 45

## 욕심,
## 만족하고 비워 낼 때 더 많은 것을 얻을 수 있다

인간의 욕심은 끝이 없다. 과도한 욕심은 삶을 피폐하게 만든다. 많은 돈과 물건을 가지고 있어도 부족하다고 생각하는 사람이 많다. 이런 사람은 늘 자신의 삶에 부족함을 느낀다. 반대로 자신이 가진 것이 넉넉하지 않아도 지금 이대로 충분하다 여기고 만족하는 사람은 늘 여유롭고 행복하다. 과도한 욕심의 끝은 파멸뿐이다. 무수히 많은 역사에서 그대로 보여 주고 있다. 자신을 돌아보고 욕심을 내려놓고 지금 현재에 만족해 보자. 얻을 때 보다 비워 낼 수 있을 때 훨씬 더 많은 것을 얻을 수 있다.

## (1) 채우기보단 비워 낸다

대부분은 무언가를 계속 가지고 채워 넣을 때 잘 사는 삶이라 생각한다. 좀 더 많은 것을 가질수록, 배부르게 먹을수록 만족감을 느낀다고 한다. 그러나 진정한 행복과 만족은 비워 낼 때 온다. 많은 물건에 정신이 빼앗기고 과식은 비만과 각종 질병을 부른다. 욕심은 늘 우리의 삶을 망가뜨린다. 잘 먹고 많이 가지는 것이 진정 잘사는 삶인가? 어떤 삶이 잘사는 삶인지 스스로 고민해 봐야 한다. 욕심을 비워 내고 절제할 수 있다면 오히려 더 자유롭게 살 수 있다. 삶은 항상 가볍고 산뜻해야 한다.

많은 역사와 책, 다큐멘터리 등을 보면 쇠퇴하고 몰락한 국가의 공통점이 있다. 바로 '욕심'이다. 기득권 세력의 과한 부의 축적과 백성을 배고프게 한 나라는 반드시 몰락했다. 인류 역사상 가장 거대한 고대 문명의 도시였던 로마의 몰락 원인도 욕심이었다. 한 사람의 욕심이 초래하는 결과는 상상 그 이상이다. 선조들의 역사에서 우리는 배울 수 있다. 인간의 욕심에는 끝이 없고 그 결과는 정말 참혹하다는 것을. 오히려 나누고 비워 낼 때 불평등을 줄일 수 있고 함께 나아가는 삶을 살 수 있다.

손방의 호는 사휴거사였는데, 황전견이 그 뜻을 물었다. "맑은 국과 거친 밥을 먹어도 배부르면 그만이고, 낡고 해진 옷을 입어도 따뜻하면 그만이며, 셋은 평범하고 둘만 만족스러워도 지나가면 그만이고, 탐욕이나 투정을 부리지 않는 것도 늙으면 그만이다." 그러자 황정견이 말했다. "이것이 곧 안락해지는 방법이다. 욕심이 적은 것은 자랑하지 않는 집안이고, 만족함을 아는 것은 극락의 나라다."

허균 『혼자 있는 시간이 가르쳐 주는 것들』

성철 스님은 밥도 죽지 않을 정도로 먹는 것이 가장 좋다고 했다. 작은 것의 만족을 모르면 항상 무언가를 원하고 쫓는 삶을 살게 된다. 충분히 가졌음에도 불구하고 더 많은 것을 원할수록 삶은 불행해진다. 항상 '지금 내가 가진 것만으로 충분하다.'라는 마음으로 자신의 삶에 만족할 수 있어야 한다. 원할수록 마음은 무거워진다. 무거울수록 삶은 버겁다. 진정한 삶의 맛은 '채움'에서 오는 것이 아니라 '비움'에서 온다. 비워 낼 수 있을 때 비로소 삶은 가볍고 편안해지며 여유로워진다.

(2) 인간은 늘 똑같은 실수를 반복한다

대학교 때 '즐기자.'라는 명목 아래 살다 보니 술로 몸이 너무나 망가졌다. 술자리가 좋아 무작정 친구나 동료, 선배들과 함께 술자리를 자주 가진 것이 화근이 되었다. 몸이 안 좋아져 '다시는 술을 안 마신다.' 라고 해 놓고 어느 정도 몸이 회복되면 또 술을 마시러 갔다. 관계를 넓히고 즐거움을 추구하고 싶은 욕심에 더 그랬던 것 같다. 인간은 망각의 동물이며 무지하여 자신의 잘못을 또 반복한다는 것을 알았다. 즐거움과 쾌락에 눈이 멀어 나 자신을 망쳤다. 그때의 깊은 성찰과 반성으로 지금은 술을 완전히 끊었지만, 같은 실수를 반복했던 그 시절이 아직도 후회스럽다.

우리는 하지 말아야 할 것을 알면서도 계속한다. 자신의 욕망을 스스로 제어하지 못할 때 삶은 망가진다. 더 잘 먹고 더 잘 살고 싶은 욕심에 같은 실수를 저지르는 것을 반복한다. 배가 터질 것 같아도 음식을 먹고, 술에 중독되어 몸이 망가져도 여전히 똑같은 행동을 반복한다. 이런 행동이 자신을 파괴할 수 있다는 것을 알면서도 어쩔 수 없다. 이런 중독된 행동들에서 벗어나기 위해서는 왜 그 행동을 반복하는지에 대한 정신적·심리적 원인이 무엇인지 알아야 한다. 그러기 위해선 깊은 성찰이 필요하다. 외부의 많은 것을 차단하고 자신과 일대일로 마주하며 왜 그 행동을 하게 되었는지에 대한 고민과 반성의 시간이 먼저 필요하다.

소설가 장 지오노가 쓴 『나무를 심은 사람』 중에 이런 구절이 있다. "나는 이것을 가지고 있다. 그리고 저것도 가지고 있다. 그러므로 나는 행복하다. 내게 이것은 없다. 그리고 저것도 없다. 그렇지만 나는 행복하다." 어떤 물건을 가지거나 소유하는 것에서 행복이 정해지는 것은 아니다. 무한한 물질적인 삶의 추구는 욕심에 의해 우리를 똑같은 실수를 반복하는 늪에 빠뜨린다. 그러나 이런 욕심에 물을 주지 않으면 그 욕심은 자연스럽게 시든다. 같은 실수를 반복하지 않도록 욕심을 내려놓고 자신의 마음을 수양하는 삶을 살아가자.

욕심이 많은 사람은 늘 쫓기는 삶을 살며 자신을 힘들게 한다. 가진 것에 만족하지 못하여 끊임없이 무엇을 원하고 갈망한다. 그러나 인생의 진정한 행복과 평화는 비워 낼 때 온다. 덜어낼 때 삶에서 진짜 중요한 것과 필요한 것이 무엇인지 알 수 있다. 인생이란 여행은 짐이 적으면 적을수록 좋다. 또한, 비운 만큼 타인과 나눌 수 있다. 욕심을 내려놓고 자신이 가진 것에 만족하는 삶을 살자. 삶의 진정한 풍요와 행복은 채울 때가 아니라, 비워 낼 때 온다.

# 46

## 정면,
## 혼자인 시간을 피하면 피할수록 더 외로워진다

주변에 사람이 많고 인맥이 많은 사람을 보면 대부분 부러워한다. '저 사람은 외롭지 않아 좋겠다.' 하며 인기가 많은 사람을 무작정 동경한다. 그러나 사실은 관계가 많을수록 외로움은 더 크게 다가온다. 외로움을 피하면 피할수록 자신의 삶은 더 외로워진다. 궁극적으로 타인은 근본적인 외로움을 없애 줄 수 없다. 오히려 그 관계의 즐거움이 클수록 혼자 있는 시간에 오는 공허감과 허전함은 더 크게 온다. 외로움을 정면으로 맞이하고 삶의 일부분으로 받아들일 수 있어야 한다. 함께 견뎌내고 살아 낼 때, 외로움은 긍정적인 의미가 될 수 있다.

## (1) 외로움 도피에 종착지는 더 큰 외로움이다

대학교 때 밴드 동아리, 학과 동아리, 영화 보기 동아리 등 몇몇 동아리에서 활동했다. 대학 생활을 더 즐겁게 하고 싶어 여러 곳에 들어갔다. 일주일을 학과 공부와 동시에 동아리 활동으로 바쁘게 보냈다. 새로운 친구를 사귀고 각종 술자리나 동아리 모임에 참석하며 한 시도 외로울 일이 없이 보냈다. 그러나 학년이 올라갈수록 학과 공부가 바쁘다 보니 동아리 참여도 소홀해졌다. 동아리 활동을 하는 횟수가 점점 떨어지면서 자연스럽게 사람들과의 관계도 소홀해졌다. 어쩔 수 없이 몇 개의 동아리에서의 참석이 저조해 탈퇴할 수밖에 없었고 학과 동아리 하나만 활동하게 되었다.

그때부터 나도 모르는 외로움과 허전함이 더 크게 다가왔다. 함께 즐겁게 보냈던 시간이 계속 떠오르며 혼자 있을 때의 외로움은 더 깊어졌다. 관계로부터 오는 즐거움이 사라진 자리에 오는 공허함은 더 크게 다가왔다. 혼자 있는 시간이 고립이 되면서 자연스레 마음의 문이 닫혔다. 그러면서 매사에 쓸쓸하고 무기력해졌다. 무분별한 만남은 오히려 나를 더 외롭게 만들었다. 관계에서 얻는 즐거움과 재미는 그때뿐이었다. 주변에 관계가 많은 삶은 오히려 나의 삶을 돌아보지 못하게 만들었고 혼자 있을 때 더 큰 외로움을 불러온다는 것을 알았다.

"다채로운 색깔의 물감 웅덩이를 밟아 걸음마다 경쾌함과 설렘이 묻어나는 사람들과 달리, 아무 색깔도 묻지 않고 아무것도 담기지 않은 제 걸음은 어딘가 병들어 보이기까지 하는 것이지요. 어쩌면 발걸음이란 볼 수 없는 마음을 드러내 보이는 하나의 도구일지도 모르겠다는 생각이 들었습니다. 외로움으로부터 도피한 곳에서 더 큰 외로움을 마주한 것 같다는 생각이 듭니다. 내 사람이 아닌 사람들에게 얻는 위로는 생각했던 것보다 훨씬 더 찰나였던 것이지요. 도로 집으로 돌아옵니다. 다시 혼자가 됐습니다. 어쩌면 저는 함께였던 적 없이 내내 혼자였던 걸 수도 있습니다."

이석환 『집에 혼자 있을 때면』

외로움은 혼자 있을 때 보다 관계를 통해 더욱 깊어진다. 타인과 보내는 시간이 많을수록 혼자 있을 때 외로움은 배가 된다. 또한, 관계 안에서 상대가 내 뜻대로 되지 않고 타인에게 공감과 이해를 받지 못한다는 느낄 때, 외로움은 더 크게 다가온다. 잦은 만남은 나 자신을 돌아볼 수 없게 만들어 자칫 삶의 방향을 잃을 수 있다. 외로움은 그 누구도 아닌 자신만이 헤쳐나가야 한다. 처음엔 어렵겠지만, 혼자 있는 시간을 가지며 나와 잘 지내도록 여러 노력을 해보자. 확실한 것은 외로움의 종착점이 자신이 아니라면, 그 결과는 더 큰 외로움일 뿐이다.

⑵ 물고기는 늘 자기가 좋아하는 미끼에 목숨을 잃는다

　요즘 젊은 세대들의 가장 인기 있는 직업이 '연예인'이라고 한다. 인기, 지위, 명성, 유명세 등을 가지면 성공적인 삶이라 생각한다. 그러나 사람들의 기대와 관심, 사랑을 많이 받는 직업일수록 정신적으로 피폐해진다. 최근 연예인들의 자살, 우울증, 공황 장애 같은 병만 봐도 알 수 있다. 늘 타인의 기대와 눈높이에 자신을 맞춰야 하고 그 기대를 충족하지 못할까 봐 전전긍긍하며 불안하게 산다. 심해지면 정신적으로 문제가 생기고 자살까지 이어질 수 있다. 많은 인기와 명성을 얻은 사람일수록 사라지는 것에 대한 두려움과 공허함이 훨씬 더 크게 다가온다.

　대부분 우리가 간절히 얻고자 하는 것들이 실제로는 우리를 망치는 경우가 많다. 눈에 좋아 보이는 것이 때로는 나에게 안 좋은 영향을 미칠 수 있다. 외롭고 단절된 것 같은 혼자 있는 시간도 관점을 다르게 보면 정말 즐겁게 지낼 수 있다. 자신이 평소 하고 싶은 것을 도전해 보며 다양한 일들을 경험해 볼 수 있다. 누구의 간섭도 받지 않고 가고 싶은 곳을 여행할 수 있으며, 쉬고 싶을 땐 자유롭게 쉴 수 있다. 타인의 시선이나 기대를 충족시킬 필요도 없으니 삶이 늘 자유롭다. 자신의 오래된 틀에 박힌 편견과 생각이 때로는 많은 중요한 것을 놓칠 수도 있다.

인기가 많든 사람이 많든 인간의 본질은 똑같다. 누구나 다 외롭다는 것이다. 단지 외롭지 않은 척할 뿐이다. 보기에 좋아 보이는 것이 모두 좋은 것이 아니다. 그 안을 들여다보면 저마다의 고충이 있다. 오히려 안 좋게 보이는 일이 실제로는 좋은 일이 되는 일도 있다. 마찬가지로 혼자 있는 삶이 남들에게는 안 좋게 보일 수 있다. 그러나 생각을 조금만 바꾸면 정말 좋은 기회의 시간이다. 중요한 것은 남이 좋아 보이는 삶이 아닌 내가 좋은 삶을 살아야 한다는 것이다. 적어도 그것이 내 기준으로는 성공이다.

수학자 파스칼은 "우리의 불행은 거의 모두가 자신의 방에 남아 있을 수 없는 데서 온다."라고 말했다. 혼자 있는 시간을 피할 때 불행은 찾아온다. 인기나 명성, 인맥 등이 보기엔 부럽고 좋아 보인다. 그러나 그런 것들만을 추구하고 얻기 위해 노력하는 삶은 자신을 잃어버릴 수 있다. 혼자 지내는 삶의 즐거움을 알면 이런 외부의 욕망이 자연스레 줄어든다. 나 혼자로서 충분히 즐거울 수 있다면 타인과 함께 있어도 즐겁다. 자신이 지금 무엇을 원하고 있는지 잘 들여다보자. 다른 사람들이 보기에 좋은 것인가? 진정으로 나를 위하고 내가 원한 것인가? 물고기는 언제나 자신이 가장 좋아하는 미끼에 목숨을 잃는다.

외로움을 피하고자 많은 사람을 만나는 것은 오히려 더 큰 외로움을 불러일으킨다. 타인과 만남이 잦을수록 혼자 있을 때 더 외로워진다.

혼자서도 잘 즐길 수 있고 잘 지낼 수 있다면 두려울 것이 없다. 타인이 옆에 있든 없든 상관없이 인생을 항상 주체적으로 살 수 있다. 외로움은 절대 타인이 해결해 줄 수 없다. 오히려 피하면 피할수록 더 크게 다가온다. 외로움을 정면으로 받아들이고 인정하자. 그때 외로움은 더는 부정적 의미가 아닌, 내 인생을 함께할 둘도 없는 친구가 될 수 있다.

# 가짜 자존감,
# 세상 사람들이 나를 인정해 주는 것이
# 독이 될 수 있다

　남에게 받는 인정으로 나 자신의 가치와 행복이 올라가는 것이 '가짜 자존감'이다. 자존감은 남과 비교해서 내가 우위에 있는 것이 아니다. 자존감의 본질은 내가 누구보다 우위에 있거나 낮아지는 것이 아니라, 그것과는 상관없이 자기 스스로 괜찮은 존재로 여기는 것이다. 그러나 많은 사람이 가짜 자존감을 가지고 살아가고 있다. 남들이 부러워할 만한 재물이나 명성을 가지고 있으면 자신이 괜찮은 사람인 줄 안다. 사회적 지위, 권력, 물질적 풍요가 자신의 가치를 올려 줄 것이라 믿고 살아간다. 물론 그럴 수도 있다. 그러나 그것들이 사라질 때, 한없이 추락한다.

## (1) 타인의 사랑이 아닌, 스스로의 사랑으로

철학자 라캉은 말했다. '인간은 타자의 욕망을 욕망한다.' 즉, 우리는 어릴 적부터 타인의 박수와 칭찬 등 타인이 인정해 주는 행동을 욕망하고 따라 한다는 것이다. 내가 싫어하거나 별로 내키지 않는 일이라도, 타인이 좋아해 주고 인정해 주면 기꺼이 한다. 모든 사람이 대부분 그렇게 커 왔다. 사회와 학교, 가족, 친구 등 남들이 인정해 주는 가치관, 대학, 직장만을 위해 살아왔다. 그러나 어느 순간 그 일이 자신이 원한 일이 아닌 것을 깨닫는다. 그리고 자신의 길을 주변 친구나 멘토에게 묻는다. 자신과 적어도 20년을 넘게 살아왔지만, 내가 뭘 좋아하는지, 내가 어떨 때 행복한지 모른다. 늘 자신이 원하는 것이 아닌, 남이 원하는 삶을 살아왔기 때문이다.

나 역시 삶에서 늘 후회하는 것 중 하나가 좀 더 일찍 나 자신을 위해 살지 못한 것이다. 열심히 살아왔지만, 정작 그 안에 나는 없었다. 살아가면서 자신이 뭘 하고 싶은지, 어떻게 살고 싶은지 한 번도 질문해 본 적이 없다. 그렇게 타인의 사랑과 인정만을 위한 삶을 살아왔다. 내가 주체적으로 삶을 사는 것이 아닌 타인의 칭찬과 기대를 충족시키는 행위가 잘 사는 삶인 줄 착각하며 살아왔다. 중요한 사실은 타인의 인정과 사랑은 그 사람의 몫이라는 것이다. 내가 아무리 잘해도 나를 안 좋게 볼 수 있고 별로 노력하지 않아도 나를 좋게 볼 수 있다. 내가 어찌할 수 없는 영역이다.

> "타인에게 인정받으려고 할 때, 거의 모든 사람이 '타인의 기대를 만족시키
> 는 것'을 수단으로 삼네. 적절한 행동을 하면 칭찬받는다는 상벌 교육의 흐
> 름에 따라서 말이지. 하지만, 가령 업무의 목표 자체가 '타인의 기대를 충족
> 시키는 것'이 되면 그 일을 하기가 괴로울 걸세. 늘 타인의 시선에 신경을 곤
> 두세우고 다른 사람의 평가에 전전긍긍하느라 '나'라는 존재를 억누를 테니
> 까. 상담을 받으러 오는 내담자 중에 성격이 제멋대로인 사람은 별로 없네.
> 오히려 타인의 기대, 부모와 선생의 기대에 부응하려고 애쓰다가 괴로워하
> 지. 쉽게 말해 자기 마음대로 행동하지 못하는 걸세."
>
> 기시미 이치로·고가 후미타케 『미움받을 용기』

　타인의 인정과 사랑을 갈구하는 사람은 늘 괴롭다. 내가 원하고 자
유로운 삶을 살지 못하고 늘 타인의 시선을 의식해야 하기 때문이다.
그럴수록 자신의 삶에서 '나'라는 존재는 없어진다. 타인에 기대와 평
가에 늘 초조해하며 불안해한다. 이제 그 인정 욕망에서 벗어나야 한
다. 타인이 나를 사랑해 주지 않고 인정해 주지 않으면 어떤가. 나 스
스로가 이 세상에 하나밖에 없는 나를 아껴 주고 사랑해 주면 된다. 내
가 나에게 주는 사랑으로 당당히 살아가자. 세상 모든 것과 별개로 있
는 그대로의 자신의 존재를 사랑하는 마음. 그것이 자신을 사랑하는
진정한 자존감이다.

## (2) 타인에게 '좋은 사람'은 자기 자신에게는 '나쁜 사람'이다

누구나 타인에게 좋은 사람이 되고 싶어 한다. 물론 칭찬과 인정을 받고 싶어 하는 것은 당연하다. 그러나 남들에게 '좋은 사람'이 되고 싶은 욕망이 과하면 문제가 된다. 자세히 들여다보면 주변으로부터 좋은 사람으로 평가를 받을수록 그 사람의 삶은 불행하다. 잘 보여야겠다, 잘해야겠다는 압박감에 늘 불안과 스트레스 속에 산다. 인정과 칭찬이 거듭될수록 자신의 삶은 속박된다. 문제는 타인의 평가와 기대는 갈수록 높아진다는 것이다. 결국, 자신의 모든 행동이 당연시 여겨지고 작은 실수에도 크게 실망하게 된다.

나도 그랬다. 타인의 칭찬과 인정을 받기 위해 열심히 노력했다. 하지만 그럴수록 삶은 조급했고 타인의 시선에 자유롭지 못했다. 그들의 기대에 맞추는 삶에 나의 행복은 없었다. 그런 삶이 좋지 않다는 것을 알지만, 어렸을 때부터 그렇게 살아온 마음의 습관이 쉽게 바뀌진 않았다. 마음 수행과 알아차림으로 지금은 많이 좋아졌지만, 아직도 고쳐지지 않는 과제다. 물론 완벽하게 고치는 것은 힘들겠지만, 계속 연습하며 정진해 나갈 것이다. 물론 타인의 인정과 사랑이 나쁜 것이라고는 생각진 않는다. 과한 인정 욕망에 빠지지 않게 자신의 마음을 잘 조절할 수 있느냐가 중요하다.

"주변으로부터 '좋은 사람'으로 평가받을수록 성실함에 대한 강박이 강하다. 책임감이 있다든지 근면 성실하여 믿을 수 있다든지 부지런하다는 등의 평가는 세상의 기준에 의한 것이다. 이제까지 좋은 평가를 받아 왔기 때문이라도 계속해서 성실하게 사는 수밖에 없다고 생각한다면, 완전히 타인의 시선에 속박되어 있는 것이다. 한마디로 자신에게 좋은 사람이 아니라 타인에게 좋은 사람이다. 자신에게 좋은 사람이기 위해서는 스스로 편안하고 자유롭다고 느껴야 한다. 성실하지 않게 비칠까 불안한 것이 아니라, 남이 뭐라고 생각하든 내가 최선을 다했으면 된다는 마음으로 느긋해지도록 하자."

와다 히데키 『혼자 행복해지는 연습』

남들에게 좋은 평가를 받을수록 자신에게는 나쁜 사람이 될 가능성이 크다. 자신보다는 타인의 인정과 사랑을 받는 것이 더 중요하기 때문이다. 하지만 시간이 갈수록 타인의 기대는 눈덩이처럼 점점 커진다. 타인은 더 많은 것을 바라며 자신은 그 기대를 맞추기 위해 더 노력해야 한다. 이 인정 욕망에서 벗어나야 자유와 행복의 길에 닿을 수 있다. 중요한 것은 타인이 아닌 나 자신에게 먼저 좋은 사람이 되어야 한다. 남의 시선이 아닌, 자신의 시선으로 세상을 살 수 있어야 한다. 자신의 삶은 자신만이 지켜 낼 수 있다. 스스로 질문해 보자. 난 타인으로부터 좋은 사람인가? 아니면 나 자신에게 좋은 사람인가?

남들에게 사랑받고 인정받아야만 가치 있는 사람이라 생각하는 '가짜 자존감'에서 벗어나야 한다. 타인을 통해서 자신이 입증되고 늘 타인의 시선에 휘둘리는 삶은 불행하다. 남들이 평가하는 자신과 진짜 자신을 동일시시키는 오류에서 벗어나야 한다. 타인의 인정과 사랑이 내 삶에 독이 될 수 있다. 이제 그것들은 그들의 몫으로 남겨 두라. 받아도 좋고 안 받아도 괜찮다는 당당함을 가지라. 이 세상에 있는 그대로의 자신을 가장 사랑해 줄 사람은 자신밖에 없다는 것을 늘 기억하며 나 자신의 사랑으로 당당히 살아가자.

# 48

## 사랑,
## 이성 친구와 사랑에 빠질수록
## 혼자 있는 시간이 필요하다

대부분은 함께 시간을 많이 보낼수록 진정한 사랑이라 생각한다. 사실은 서로가 붙어 있는 시간이 많을수록 오히려 둘의 관계는 악화된다. 함께 있는 시간이 많을수록 서로를 구속하고 속박하게 된다. 항상 함께 있으니 서로에 대한 소중함도 줄어든다. 그래서 아무리 사랑하더라도 각자 혼자만의 시간을 가질 수 있어야 한다. 사랑하는 사이에도 자신을 되돌아보는 시간이 필요하다. 온전히 자신으로서 존재하고 서로가 더 나은 존재가 되려 할 때, 사랑 안에서 둘은 진정으로 행복할 수 있다.

## (1) 사랑은 난로처럼

사랑할수록 반드시 거리가 필요하다. 서로가 혼자 있는 시간을 가질 수 있어야 한다. 혼자 행복할 수 있어야 상대와 함께 있을 때 진정으로 행복할 수 있기 때문이다. 하지만 사랑에 빠지면 빠질수록 서로에게 콩깍지가 쓰인다. 그렇게 되면 상대의 잘못된 행동과 생각, 말투까지 무분별하게 수용하게 된다. 그런 상황이 반복될수록 콩깍지가 벗겨졌을 때 관계는 걷잡을 수 없이 악화된다. 서로가 더 나은 사람이 되고 서로의 성장을 위해 노력할 때 진정한 사랑을 나눌 수 있다. 사랑 안에서 서로에게 상처 주지 않고 온전히 두 사람만으로도 행복할 수 있다.

나의 연애도 그랬다. 만나는 시간이 많을수록 싸움이 늘어났다. 처음엔 이해하고 맞추려고 노력했지만 함께 있는 시간이 늘어날수록 서로의 소중함을 잊게 되고 당연시하게 되었다. 어느 순간 항상 일주일에 몇 번은 만나야 하고, 어디를 가야 하고 등의 정해진 틀의 형식적인 연애를 하고 있었다. 서로가 각자 떨어져 혼자 있는 시간을 가지며 자신의 삶과 연애의 균형을 맞추는 것이 좋다고 생각했다. 그러나 서로의 이견이 좁혀지지 않았고 나도 그녀도 결국 서로의 온도를 맞추지 못하고 헤어졌다. 그 시절을 돌아보면 함께 있어 주는 것도 사랑이지만, 상대를 위한, 상대가 더 잘되기를 바라는 마음이 진짜 사랑이라는 것을 깨달았다.

"우리는, 이제 성숙해지려는 우리는 떨어져서도 사랑할 수 있어야 한다. 그리고 나의 정의는 이것이다. 사랑이란 홀로 있기를 가장 행복해하는 사람이 자신의 일부를 다른 이를 위해 내어 주는 것이다. 함께 성장하기 위하여."

공지영 『그럼에도 불구하고』

사랑 안에서 각자 홀로 있는 시간이 필요하다. 그래야 상대의 소중함, 사랑이 주는 진정한 의미와 행복, 상대에 대한 감사함 등을 알 수 있다. 상대를 내 소유물로 인식하고 구속하고 속박하지 말라. 서로가 성장할 수 있는 시간을 만들어 주라. 제대로 된 사랑은 상대와의 간격을 난로처럼 유지하는 사랑이다. 너무 가깝지도 멀지도 않는 사랑이 오래간다. 적당한 거리에서 오는 너무 차갑지도, 뜨겁지도 않은 사랑이 우리의 삶에도 꼭 필요하다.

## (2) 각자가 온전히 '나 자신'으로 존재할 때

사랑에 대해 나에게 가장 깊은 영향을 미친 사람은 독일 철학자 에리히 프롬이다. 그의 저서 『소유냐, 존재냐』를 읽고 큰 충격에 빠졌다. 결론부터 말하면 내가 하던 사랑은 진짜 사랑이 아니었다. 그저 상대를 내 것으로 인식하고 내 뜻대로 하려는 '소유'로서의 사랑이었다. 그것은 사랑이 아니다. 사랑이라는 자체는 소유할 수 있는 것이 아니다.

진정한 사랑은 상대를 있는 그대로, 존재 자체로 존중하고 사랑하는 것이다. 그는 우리 대부분은 사랑하고 있지 않다고 말한다. 상대를 존재 자체로 사랑하는 것이 아닌, '넌 내 것이야.'라는 소유의 명분 아래 상대를 구속하고, 감금하고, 지배하고 있기 때문이다.

> "소유 양식에 있어서는 나와 내가 가지고 있는 것 사이에는 살아 있는 관계가 없다. 그것과 나는 물건이 되어버리며 나는 그것을 가지고 있다. 왜냐하면 그것을 내 것으로 할 수 있는 힘을 가지고 있기 때문이다. 그러나 또한 반대의 관계도 성립한다. 그것이 나를 소유하는 것이다. 왜냐하면 나의 동일성 즉, 건전한 감각은 내가 그것을 소유하는 사실에 의존하고 있기 때문이다. 생존의 소유의 양식은 주체와 객체 사이에 살아 있는 생산적인 과정에 의해 확립되는 것이 아니다. 그것은 객체와 주체를 모두 물건으로 만들어 버린다. 그 관계는 죽은 관계이며 살아 있는 관계가 아니다."
>
> 에리히 프롬 『소유냐 존재냐』

결혼 또한 마찬가지라 말했다. 결혼 전에는 상대방에게 잘 보이기 위해 뭐든 노력한다. 그러나 결혼을 하고 법적인 테두리 안에 들어오면서 서로는 서로의 소유물이 된다. 결혼은 상대방의 모든 것의 독점을 인정한다. 상대는 내가 소유하고 하나의 재산이 되었기 때문에 이제 '독 안에 든 쥐'처럼 무조건 자신의 것이라 여긴다. 두 사람은 더는 서로에게 사랑스러운 인간이 되려고 노력하지 않는다. 이제 그들은 서로를 사랑하는 대신 그들이 가지고 있는 돈, 사회적 지위, 가정, 자식 등의 공동 재산 소유로 결혼 생활을 유지한다. 안타깝지만 현실이다.

근본적인 문제는 상대가 아닌 '나'로 돌아가야 한다. 자신을 돌아보며 혼자서도 온전한 사람이 될 수 있어야만 결혼해서도 행복할 수 있다. 나에게 잘 맞춰 줄 상대를 찾아 행복한 생활을 바라선 안 된다. 나 스스로가 바뀌지 않으면 행복한 생활은 없다. 상대를 한 명의 인격체로서 존중할 수 있어야 하고 무엇보다 나 스스로가 혼자서 온전히 행복할 수 있어야 한다. 나 혼자 온전히 설 수 있을 때, 결혼이든 연애든 그 관계 속에서 행복할 수 있다.

> "사랑이라는 것은 젊고 아름다운 사람을 사랑하여 손에 넣고자 하거나, 훌륭한 사람을 어떻게든 자신의 것으로 만들어 그 영향력 아래에 두려고 하는 것이 아니다. 또한 사랑한다는 것은 자신과 비슷한 자를 찾거나 슬픔을 나누는 것도 아니며, 자신을 사랑하는 사람을 기꺼이 받아들이는 것도 아니다. 사랑한다는 것은 자신과는 완전히 정반대의 삶을 사는 사람을 그 상태 그대로, 자신과는 반대의 감성을 가진 사람을 그 감성 그대로 기뻐하는 것이다. 사랑을 이용하여 두 사람의 차이를 메우거나 어느 한쪽을 움츠러들게 하는 것이 아니라, 두 사람 모두 있는 그대로 기뻐하는 것이 사랑이다."
>
> 시라토리 하루히코 『초역 니체의 말』

두 사람이 진정 있는 그대로 존재할 때, 우리는 진정한 사랑을 할 수 있다. 내가 사랑하는 사람은 가지고 버리는 소유물이 아니다. '넌 내 것이야.'라는 이 당연해 보이는 사고방식이 굉장히 위험하고 파국으로 치달을 수 있다는 것을 알아야 한다. 행복한 사랑을 이어 나가는 핵심은 자기 스스로가 바로 서는 것이다. 나 스스로가 바뀌지 않으면 이 세상에 바뀌는 것은 아무것도 없다. 각자 서로가 자기 자신을 먼저 돌아봐야 한다. 서로가 더 나은 사람이 되기 위해 노력하고 발전할 때, 진정한 사랑을 시작할 수 있다.

사랑은 서로가 각각 온전히 존재할 때 완성된다. 상대를 내 마음대로, 내 뜻대로 해 주길 바라고 원한다면 그것은 소유의 사랑이다. 사람에겐 누구나 자유의 권리가 있다. 그 누구의 소유물도 될 수 없다. '사랑'이라는 명목 안에 그 사람을 내 울타리 안으로 구속하고 속박해선 안 된다. 진짜 사랑은 그 사람의 성장을 바라는 것이다. '나 아니더라도 정말 잘됐으면 좋겠다.'라고 바라는 것이 존재로서의 사랑이다. 혼자 있는 시간으로 사랑하는 상대를 위해 나 자신을 수련하고 가꾸는 데 힘쓰자. 서로가 더 나은 사람이 되기 위해 노력하고 서로를 존재 자체로 존중할 수 있을 때, 우리는 사랑 안에서 진정으로 행복할 수 있다.

# 49

# 받아들임,
# 일어난 일에 대해 저항하지 말고
# 담담히 받아들여야 한다

세상을 살다 보면 많은 일이 일어난다. 성공과 기쁨, 즐거움이 찾아올 때도 있고 때로는 견딜 수 없는 아픔과 슬픔이 찾아올 때도 있다. 그러나 우리는 행복은 당연시 받아들이면서 불행에 대해서는 늘 불평불만 한다. '왜 나에게만 이런 일이 생기나.', '억울하다.', '하늘도 무심하시지.' 등 일어난 일에 대해 끊임없이 불평불만을 늘어놓으며 괴로워한다. 하지만 모든 일은 언제 어디서 무슨 일이 일어날지 모른다. 그것을 어떻게 받아들일 것인가는 오로지 자신의 몫이다. 그저 있는 그대로의 일어난 현실을, 담담히 받아들일 수 있어야 한다. 그것이 알 수 없는 삶을 살아가는 현명한 자세다.

## (1) 내가 할 수 있는 일과 할 수 없는 일을 구분하라

인생에는 우리가 어찌할 수 없는 많은 영역이 존재한다. 운이라고도 하는데 운은 늘 예상치 못한 상황과 형태로 우리에게 온다. 또한, '이 세상에 노력하면 안 될 게 없다.'라는 말은 반은 맞고 반은 틀리다. 그게 사실이라면 세상은 절대 온전하게 돌아가지 않으며, 그게 거짓이라면 인간에게는 한 줄기 희망조차 없을 것이다. 운은 우리 삶에 상당히 많은 영향을 미친다. 아무리 노력해도 안 되는 것이 있는 반면에 남들이 쉽게 얻지 못하는 것을 거저 얻는 경우도 있다. 이 세상엔 설명할 수 없는 삶의 모호성과 우연이 존재한다. 이렇게 알 수 없는 세상을 어떻게 현명하고 지혜롭게 살아갈 수 있을까? 난 어느 기독교 한 구절에서 그에 대한 답을 찾을 수 있었다.

> "주여, 제가 할 수 있는 것은 최선을 다하게 해 주시고
> 제가 할 수 없는 것은 체념할 줄 아는 용기를 주시며
> 이 둘을 구분할 수 있는 지혜를 주소서."
>
> 성 프란치스코의 기도문 중에서

내가 할 수 있는 것과 할 수 없는 것을 구분하는 것이다. 어쩌면 이것이 세상을 살아가는 가장 현명한 방법의 하나라고 생각한다. 그렇다면 내가 할 수 있는 것은 무엇일까? 아마도 내 생각, 의지, 노력일 것이다.

그 외는 내가 어찌할 수 없다. 아무리 취업 공부를 열심히 해도 직장에서 받아 주지 않으면 취업을 할 수 없다. 아무리 사랑하는 사람에게 잘해 줘도 그녀가 나를 사랑하지 않는다면 사랑은 이루어질 수 없다. 난 이 기도문을 읽고 세상이 내 맘대로 안 될 때 항상 '주여 뜻대로 하소서.'라고 외친다. 바라는 것을 위해 노력하되, 그 결과는 하늘에 맡긴다는 뜻이다.

받아들임을 가장 잘 제시한 인물이 있다. 스토아학파 철학자 에픽테토스다. 그의 핵심은 '내 힘으로 어떻게 할 수 있는 것과 내 힘으로 어떻게 할 수 없는 것'을 구분하는 것이었다. 세상 모든 것이 내 뜻으로 이루어지기를 바라는 건 어리석은 짓이라 했다. 내 의지와 상관없이 일어나는 모든 일은 나의 해석에 따라 결정된다고 말한다. 그 상황이 일어나는 것은 어찌할 수 없지만, 그것을 어떻게 해석하고 받아들일지는 내 마음에 달렸다. 이런 마음에 관한 통찰과 지혜가 수천 년의 시간이 지나도 변하지 않고 아직도 많은 사람에게 영향을 미치고 있는 이유다.

이 세상의 모든 일이 내 뜻대로 바라기를 바란다면, 삶은 무척 괴로워질 것이다. 왜냐하면, 이 세상은 자기 뜻대로 될 수 없는 것이 정상이기 때문이다. 노력만으로 다 되는 것도 아니며, 열심히 산다고 무조건 성공하는 것도 아니다. 삶에는 운이라는 것이 반드시 존재한다. 이런 알 수 없는 삶에서 중요한 것은 내가 할 수 있는 일과 할 수 없는 일을 구분하는 것이다. 내 의지와 상관없이 일어난 일은 어쩔 수 없다. 그러나 그것에 의미와 해석을 부여하는 것은 내 마음이다. 어떤 의미로 해석을 할 것인지, 그로 인해 어떤 삶을 살 것인지는 온전히 자신에게 달렸다.

## (2) 저항하지 않고 흘러가는 대로

나이가 한 살 한 살 먹을수록 인생은 내 뜻대로 되지 않다는 것을 느낀다. 아주 작은 사소한 일부터 직장, 가족, 연애 등 모든 것이 쉽지 않다. 예기치 못한 사건과 일들이 나를 힘들게 한 적도 많다. 이런 삶을 돌아보며 깨달은 것은 내가 원하지 않더라도 내 삶에 일어날 일은 반드시 일어나게 되어 있고, 내가 아무리 원해도 일어나지 않을 일은 절대 일어나지 않는다는 것이다. 그것을 알고 난 뒤, 난 내게 일어나는 모든 삶 자체에 '왜'라는 이유를 달지 않았다. 그저 담담하게, 일단 내게 주어지는 모든 상황을 있는 그대로 인정하고 받아들이겠다고 마음먹었다. 그러자 삶이 너무나 편해졌다.

이런 삶에 대한 집착, 내 뜻대로 될 수 없는 삶, 누구나 주어진 운명이 있다는 것을 알려 준 작가가 있다. 바로 일본 작가 소노 아야코다.

그녀는 폭력적인 아버지 때문에 불행한 어린 시절을 보낸다. 부모님의 불화로 이혼까지 겪으며 그녀의 어린 시절에 행복한 기억은 거의 없었다. 이후 가톨릭 학교에 다니면서 신의 존재를 인식하게 되었고 누구에게나 신이 부여한 운명이 있다는 것을 알게 되었다. 삶에 대한 통찰, 인내, 불행에 대한 해석 등 다양한 삶에 대한 지혜를 그녀의 책에서 배울 수 있었다. 그녀의 저서 『약간의 거리를 둔다』에서도 이런 구절이 있다.

> "흘러가는 대로 내버려 두는 것. 그것이 내 삶의 미의식이다. 왜냐하면 인간은 죽기 전까지 막연히 흘러가는 게 전부이기 때문이다. 쓸데없이 저항하기보다는 당당하게, 묵묵히 주변 사람들과 시대의 흐름을 따라가고 싶다. 한집에서 같이 사는 가족일지라도 실은 서로 고독하다. 왜냐하면 각자 나름대로 살아갈 것을 신에게 명령받았기 때문이다. 그 삶들은 누구 하나 칭찬해 주지 않더라도 그 자체로 훌륭하게 완결되어 빛난다. 자기 행위를 타인에게 평가받지 못해 안절부절 못하는 사람들은 버둥거릴 수밖에 없다. 내가 만족할 수 있는 삶을 보내고 있다면 누가 알아주지 않아도 행복하다는 자신감이 중요하다."
>
> 소노 아야코 『약간의 거리를 둔다』

신이 내게 주신 운명대로 살아가겠다는 그녀의 담담함이 묻어 있다. 그저 흘러가는 대로 묵묵히 현실을 수용하겠다는 말이다. 인생에는 아무리 애를 써도 안 되는 것이 있다. 내게서 일어날 일은 결국 일어나기 마련이고, 일어나지 않을 일은 절대 일어나지 않는다. 해석은 저마다의 몫이다. 일어난 일에 이런저런 이유를 달며 불평불만이나 한탄을 한다고 해서 당장 현실이 달라지진 않는다. 내가 어찌할 수 없는 것들에 대해 어떻게 받아들일 것인가는 자신에게 달렸다. 이왕 일어난 일이라면 긍정적인 쪽으로 받아들이는 게 좋지 않을까. 어차피 내 힘으로 바꿀 수 없는, 어쩔 수 없는 것이라면 말이다.

삶은 어떻게 받아들일 것이냐에 따라 그 사람의 운명도 결정된다. 한 상황에 대해 누구는 감사와 긍정으로, 누구는 불행과 한탄으로 받아들인다. 일어난 일이 중요한 것이 아니라, 그 일을 어떻게 해석하느냐가 중요하다. 따지고 보면 인생에서 자신의 의지대로 할 수 있는 일은 많이 없다. 우리가 할 수 있는 일은 어쩌면 삶이 내게 던지는 모든 상황을 어떻게 받아들이고 해석할 지다. 내게 일어나는 모든 일을 그저 담담히 받아들이자. 이후 일어난 그 일이 자신에게 어떤 배움과 의미를 주는지 생각해 보자. 그러다 보면 세상에 좋은 일, 나쁜 일이라는 것은 애초에 없다는 것을 알게 될 것이다. 그저 어떻게 받아들일 것인가 하는 자신의 해석만이 있을 뿐이다.

# 50

# 죽음,
# 죽음에 당당히 직면하라

 

삶에서 절대 피할 수 없는 것이 '죽음'이다. 살아 있는 생명체는 반드시 죽는다. 시기는 사람마다 다르지만, 결국엔 죽는다. 죽는 그 순간에는 내가 소유한 차, 집, 물건 등 가지고 갈 수 있는 것은 하나도 없다. 죽음을 직면했을 때, 내게 정말 무엇이 중요한지 알 수 있다. 나의 죽음을 가치 있게 하는 것은 내가 얼마나 많이 가졌느냐가 아니라 세상에 얼마나 좋은 영향을 미치고 더불어 타인에게 얼마나 많은 도움을 주었느냐일 것이다. 죽음에 직면할 때, 지금 내 앞에 보이지 않던 많은 것이 보이기 시작할 것이다.

## (1) 우리는 매일 죽음을 향해 한 걸음씩 다가간다

　인생에 현타가 오는 순간이 있다. 일하고 돈 벌고 하는 반복된 삶이 어느 순간 무기력해지고 의미가 없다고 생각되는 순간이 종종 있다. 당장 해결해야 할 문제, 직장, 꿈, 경제적 문제 등 내일 당장 해결해야 문제들이 버겁고 부질없이 느껴진 적이 있다. 그때 다시 한번 나를 일으켜 준 영화가 있다. 〈나의 서른에게〉라는 영화다. 주인공 임약군은 다니던 회사에서 갑자기 승진하게 된다. 일이 바빠지게 되는 동시에 인생의 여러 문제가 겹쳐서 온다. 아버지의 건강 문제, 직장 상사의 갑질, 남자친구와의 권태기 등 여러 문제로 힘들어하는 찰나에 그녀의 집 계약에도 문제가 생긴다. 급한 대로 임시로 다른 집으로 옮기게 되는데, 그 집은 '황천락'이라는 동갑 친구가 사는 집이었다.

　황천락은 파리로 한 달 정도 여행을 떠나는 김에 임약군에게 집을 잠시 임시로 빌려준다. 여러 가지 일로 우울해져 있던 임약군에게 하나의 영상을 남기게 되는데, 그 안의 메시지가 너무나 인상적이었다.

> "내가 몇 살인지는 아무 상관없더라. 우리는 매일 죽음을 향해 걸어가니까.
> 남은 시간이 얼마든 하고 싶은 일을 하고 가고 싶은 곳을 가면 되는 거야.
> 가장 중요한 건 행복했던 모든 순간들을 기억하는 거지.
> 인생은 우리 뜻대로 되진 않아. 우리가 할 수 있는 건 그저 살아가는 것뿐이야."
>
> 영화 〈나의 서른에게〉 중에서

이 영상으로 임약군은 잊고 있었던 자신의 삶을 돌아보게 되고 삶의 중요한 것들을 깨닫는다. 죽음을 향해 우리는 매일 걸어가고 있다는 말에 눈이 번쩍 뜨였다. 우리는 누구나 결국 죽는다는 것을 몸소 느꼈다. 동시에 내 소중한 순간들을 헛되게 써서는 안 되겠다는 생각이 들었다. 내 삶을 만드는 것은 온전히 나의 몫이었다. 내일 죽는다고 생각하니, 죽음이 더 가까이 온 것처럼 느껴졌고 지금 내 삶에 중요한 것과 아닌 것이 무엇인지 점점 보이기 시작했다.

정신을 차리고 내게 주어진 삶을 조금 더 가치 있고 소중하게 써야겠다는 생각을 했다. '무슨 일이든 해보자.'라는 마음가짐으로 지금 내가 다니는 직장이나, 취미 등 모든 상황에 적극적으로 임했다. 무기력하고 지칠 때마다 항상 '메멘토 모리, 죽음을 기억하라.'를 되새겼다. 죽음을 떠올리면 나에게 주어진 한정된 시간을 헛되게 쓸 수가 없었다. 그리고 다짐했다. 내일, 아니 지금 내가 당장 지나가다 차에 치여 죽더라도 '후회 없었다.'라고 말할 수 있는 삶을 살 것이라고 말이다.

철학자 하이데거는 "죽음을 외면하고 있는 동안에는 자신의 존재의 마음을 쓸 수 없다, 죽음이라는 것을 자각할 수 있느냐 없느냐가 자신의 가능성을 바라보고 살아가는 삶의 방식에 영향을 준다."라고 말했다. 이 세상의 모든 사람은 죽음을 피할 수 없다. 죽음이 언제 어느 상황에 내게 닥쳐올지 알 수 없다. 죽음에 직면하는 순간 나의 삶이 유한

하다는 것을 다시 한번 깨달을 수 있고 지금, 이 순간을 더 충실히 살아갈 수 있다. 변하지 않는 사실은 우리는 매일 죽음을 향해 한 걸음씩 걸어가고 있다는 것이다. 삶에는 반드시 끝이 있다. 죽음으로 향해 한 걸음씩 내딛는 우리. 지금 그리고 앞으로의 삶을 어떻게 살고 싶은가?

## (2) 나는 세상에 어떤 사람으로 기억될 것인가

대부분의 많은 사람은 기억 속에 잊힌다. 아무리 잘나갔던 사람도 시간이 지나면 사람들에게 잊힌다. 하지만 오랜 시간이 지나도 여전히 기억되는 사람들이 있다. 그 사람들의 공통점이 뭘까? 돈과 재산이 엄청나게 많았을까? 외적으로 예쁘고 잘생긴 사람일까? 그러나 내가 아는 그들은 대부분 물질과 큰 상관이 없는 사람들이었다. 자신을 희생하며 타인을 돕거나 세상에 긍정적이고 선한 영향력을 끼친 사람들이었다. 이태석 신부님, 법정 스님, 오드리 햅번, 마틴 루터 킹, 넬슨 만델라 등 자신의 재능을 타인과 세상을 위해 썼던 사람들이다.

지금 나의 삶을 돌아봤다. 직장 생활도 어느 정도 했고 하고 싶은 일도 조금씩 하고 있다. 그냥 평범하고 무난히 잘살고 있지만, 삶의 마지막에 왔을 때 '잘 살았는가?'에 대한 질문에 확실히 대답하기 힘들었다. 그러나 더 대답하기 힘들었던 것은 '세상에 어떤 사람으로 기억될 것인가.'에 대한 질문이었다. 나의 삶은 그저 나 하나 먹고 살기에 급급했고 주변을 돌아볼 여유조차 없었다. 나만 잘 먹고 잘살면 되는 것으로 생각했다. 하지만 살아가면서 '잘살고 있다.'라는 존재의 가치와 내면의 만족감은 크게 느낄 수 없었다.

난 스스로 정지 신호를 누르고 잠시 멈추었다. 주위를 둘러보니 내가 참 주변에 무관심했다고 생각했다. 더불어 사는 삶이 없었다. 우리는 어차피 다 죽는데, 뭐 그리 바쁘고 급하게 살았는지. 그럴 필요가 전혀 없었다. 조금 더 내 주변 사람을 챙기면서, 어려운 이웃들을 도우면서 함께 성장하는 삶이 훨씬 더 가치 있고 의미 있는 삶이라 생각했다. 나와 타인이 함께 성장하고 잘 사는 삶을 살 때, 삶의 마지막 질문에 대한 대답을 당당히 할 수 있을 것 같았다.

"제대로 삶을 살고자 한다면 '나는 무엇으로 기억될 것인가?'라는 이 물음 앞에 기꺼이 정면으로 서야만 한다. 그게 삶에 직면하는 자세다. 내가 사는 만큼 그들은 기억할 것이다. 아니 그렇게 기억되는 것이다. 그래서 기억된다는 것은 무서운 것이다. 엄중한 것이다. 세상에 아무리 가려도 진실은 드러나듯이, 아무리 지우려 해도 기억은 살아나기 마련이다. 어제까지는 잘못 살았더라도 오늘부터는 제대로 살아야 하는 것이다. 내가 산만큼, 아니 살아 낸 만큼 아주 냉정하게 기억되는 것이다. 그러니 제대로 살아야 하는 것이다. 혼자 잘났다고 스스로 도취해서 안하무인 격으로 사는 게 아니라 진정으로 제대로 살아야 하는 것이다."

정진홍 『마지막 한 걸음은 혼자서 가야 한다』

'나는 어떤 사람으로 기억될 것인가?'에 대한 물음은 현재 자신의 삶을 돌아보게 만든다. 누구나 삶의 마지막에 섰을 때 피할 수 없는 질문이다. 우리는 모두 이 질문 앞에 정면으로 서야만 한다. 자신의 삶을 돌아보며 제대로 사는 것이 무엇인지, 후회 없이 사는 것이 무엇인지 고민해 봐야 한다. 내가 제대로 살아 낸 만큼 세상은 기억할 것이다. 죽음 앞에 직면한 자신을 상상하며 질문해 보자. 나는 어떻게 살고 있는가? 그리고 나는 세상에 어떤 사람으로 기억되고 싶은가?

죽음은 누구도 피해 갈 수 없다. 지금 어떤 삶을 살고 있는가? 마치 영원히 살 것처럼 시간을 보내고 있지 않은가? 욕심과 집착으로 자신과 타인을 괴롭히지는 않는가? 죽음에 당당히 직면했을 때, 지금 내 삶에 정말 중요한 것이 무엇인지 알 수 있다. 죽음은 언제 어느 시기에 올지 모르지만 언젠간 반드시 온다. 매 순간을 소중히 여기며 감사하며 주어진 삶에 최선을 다할 수 있어야 한다. 인생은 단 한 번뿐. 모두 마지막을 앞두고 당당히 '잘 살았다.'라고 말하면서 편히 눈 감을 수 있는, 스스로가 진정으로 만족할 수 있는 그런 삶이 되기를 바라본다.

# 나가는 글

〈지금 외로움의 긴 터널을 지나고 있는 그대에게〉

외로움이 고립이 되는 가장 큰 이유는 여러 이유가 있겠지만 가장 큰 이유는 스스로 기대가 지나치게 크기 때문이아닐까. 상대가 무조건 나를 사랑해 줘야 하고, 세상이 나의 기대를 모두 충족시켜 줘야 한다는 생각에 빠져 늘 내 생각대로 모든 것이 움직여 주길 바란다. 그러나 이 세상은 절대 내 뜻대로 흘러가지 않는다. 나도 자유가 있듯 누구나 자유가 있고 그렇게 해 주지 않는다고 해서 나쁜 사람이 되는 것도 아니다. 혼자 있는 시간을 잘 보내지 못하는 사람들은 늘 이렇게 타인에게 의존하며 스스로 부정적인 생각에 빠져 있다. 항상 남 탓을 하며 자신은 물론 주변 사람들까지 힘들게 한다. 진실로 나 자신을 사랑하는 사람만이 타인을 사랑할 수 있고 그 행복을 타인에게 줄 수 있다.

혼자 있는 시간을 잘 보내는 사람은 누군가에게 의존하지 않는다. 오히려 자신에게 의존한다. 자신의 삶을 주체적으로 이끌어 가는 사람만이 타인에게 도움도 당당히 건넬 수 있다. 타인이 도움을 건넬 때 흔쾌히 도와줄 수 있고 함께 하는 협업도 훨씬 더 잘해 낼 수 있다. 자신의 삶이 만족스럽고 행복하니 사람 그 자체에서 나오는 좋은 기운이 그대로 타인에게 전달된다. 혼자 잘 지내는 사람이 자연스럽게 관계도 좋아지는 이유다.

어차피 모든 사람은 외롭다. 자기 자신을 알 수 있는 사람도 이 세상에 자기 자신밖에 없다. 타인을 100% 완전히 이해하는 것은 불가능하다. 대신 각자가 온전히 자기 자신에게 집중하고 더 나은 사람이 되려고 할 때 우리의 관계뿐만 아니라 사회 전체가 행복해지지 않을까. 모든 사람이 누군가에게 의존하지 않고 각자가 자신만의 개성으로 온전히 존재하며 살아갈 수 있다면 말이다. 그런 주체적이고 당당한 사람이 타인도 돕고 세상을 이롭게 한다.

그 시간이 바로 혼자 있는 시간이다. 지금 외로운 긴 터널을 지나고 있다면 그 사람은 성장의 시간을 지나고 있는 것이다. 성장에는 늘 고통이 동반된다. 외로움을 피하지 않고 당당히 맞서 싸운 사람만이 자신의 삶에 변화를 이뤄 낼 수 있다. 외로움을 자신을 성장시키는 시간으로 받아들이자. 더 나아가 삶의 주도권을 자신이 쥐고 주체적인 삶을 살아나가다 보면 외로움은 더는 고립이 아닌, 삶의 든든한 파트너가 될 수 있다. 외로움의 시간을 어떻게 보내느냐에 따라 삶은 결정된다. 외로움의 긴 터널을 지나고 있는 우리 모두의 건투를 빈다.

# 나를 변화시키는 혼자 있는 시간

ⓒ 이선후, 2022

초판 1쇄 발행 2022년 6월 13일

지은이    이선후
펴낸이    이기봉
편집      좋은땅 편집팀
펴낸곳    도서출판 좋은땅
주소      서울특별시 마포구 양화로12길 26 지월드빌딩 (서교동 395-7)
전화      02)374-8616~7
팩스      02)374-8614
이메일    gworldbook@naver.com
홈페이지  www.g-world.co.kr

ISBN    979-11-388-1019-7 (03190)